टीआरपी
टीवी न्यूज़
और बाज़ार

टीआरपी
टीवी न्यूज़
और बाज़ार

डॉ. मुकेश कुमार

वाणी प्रकाशन

वाणी प्रकाशन
4695, 21-ए, दरियागंज, नयी दिल्ली 110 002
शाखा
अशोक राजपथ, पटना 800 004
फ़ोनः +91 11 23273167 फ़ैक्सः +91 11 23275710
www.vaniprakashan.in
vaniprakashan@gmail.com

TRP, TV NEWS AUR BAZAR
by Dr. Mukesh Kumar

ISBN : 978-93-5072-868-0
Media

प्रथम संस्करण
मूल्य : ₹ 395

शुभम् ऑफ़सेट, दिल्ली-110 032 में मुद्रित

वाणी प्रकाशन का लोगो मक़बूल फ़िदा हुसेन की कूची से

अनुक्रम

लेखक की ओर से

सन् 2008 में पीएच.डी. के लिए विषय तय करते वक़्त दिमाग़ में किसी तरह का कोई भ्रम या पसोपेश नहीं था। बिल्कुल स्पष्ट था कि शोध कार्य टेलीविज़न न्यूज़ और बाज़ार के बीच बन-बिगड़ रहे सम्बन्धों को लेकर करना चाहिए। गत दो-ढाई दशकों से बाज़ार ने भारत में टीवी जगत को इस क़दर आक्रान्त कर रखा है कि हर क्षण और हर क़दम पर वह एक बाधा की तरह खड़ा दिखता है। ऐसा लगता है कि उसने टीवी की दुनिया को अपनी गिरफ़्त में ले लिया हो और पत्रकारिता को पूरी तरह से संचालित एवं नियन्त्रित कर रहा हो। इसको लेकर एक तरह की बेबसी भी चारों तरफ देखी जा सकती है और प्रबुद्ध समाज तो ख़ैर चिन्तित है ही। चूँकि मैं इस विषय पर लम्बे समय से पत्र-पत्रिकाओं में लिखता आ रहा था इसलिए ये विषय वैसे भी मुझे खींच रहा था। इसलिए ये एक तरह से स्वाभाविक ही था कि टेलीविज़न न्यूज़ और बाज़ार शोध का विषय निर्धारित हुआ। लेकिन जब शोध की रूपरेखा तैयार करने बैठे तो लगा कि ये विषय बहुत व्यापक है और इसके इतने सारे पक्ष हैं कि ठोस काम करना मुश्किल हो जायेगा। कुछ मित्रों और वरिष्ठजनों से बात की तो लगा कि विषय को जितना सीमित और सुस्पष्ट रखा जायेगा, काम उतना ही सारगर्भित होगा। लिहाजा, तय किया कि शोध की परिकल्पना को टेलीविज़न की रेटिंग प्रणाली यानी टीआरपी के टीवी न्यूज़ पर पड़ने वाले प्रभावों पर केन्द्रित किया जाना चाहिए। सिद्ध ये करना था कि रेटिंग प्रणालियाँ यानी टीआरपी दरअसल बाज़ार का औज़ार हैं। टीआरपी पर शोध कार्य को केन्द्रित करने की दो और बड़ी वजहें भी थीं। एक तो ये कि इस मुद्दे पर समूचे टेलीविज़न जगत में माहौल गरम था और हर वाद-विवाद में टीआरपी केन्द्रीय स्थान घेर चुकी थी। दूसरे, इसको लेकर जानकारी और समझ दोनों ही स्तरों पर बहुत सारे भ्रम फैले हुए थे। लिहाजा ये बेहद जरूरी लगा कि जो विषय टेलीविज़न न्यूज़ को आमूल-चूल रूप से बदल रहा हो उसको लेकर फैला धुँधलका दूर किया जाना चाहिए। ये पता किया जाना चाहिए कि टीआरपी टेलीविज़न न्यूज़ को प्रभावित कर रही है या नहीं और अगर कर रही है तो किस तरह एवं कितना।

विषय तो तय हो गया मगर शोध के रास्ते में कई दुश्वारियाँ खड़ी थीं। सबसे बड़ी दुश्वारी तो ये थी कि अत्यधिक उद्वेलित करने वाले इस विषय पर सामग्री का

सर्वथा अभाव था। मैं जितनी जानकारी जुटा सका उसके हिसाब से इस विषय पर हिन्दुस्तान में किसी भी भाषा में कोई ठोस काम नहीं हुआ था। काफी खोजबीन के बावजूद ये पता नहीं चल सका कि बाहर भी इस पर कोई काम हुआ है या नहीं। कोई विदेशी पुस्तक या सन्दर्भ सामग्री भी उपलब्ध नहीं हुई। यानी चुनौतियों का पहाड़ सामने थे। बहरहाल, इस मामले में सबसे अधिक मददगार साबित हुआ दो दशकों का टीवी-अनुभव। इस दौरान टीवी न्यूज़ और टीआरपी के रिश्तों को करीब से देखा था। फिर चैनलों में शीर्ष पदों पर रहने की वजह से उसके तकनीकी एवं बाजार-सम्बन्धी पहलुओं से लगातार वास्ता पड़ता था इसलिए गहराई से इसकी पड़ताल भी करता रहता था। ये पेशे की जरूरत तो थी ही लेकिन टीवी के बदलते चरित्र को समझने की जिज्ञासा भी काम कर रही थी। यही नहीं, मीडिया पर लिखते वक़्त इस ज्ञान का लगातार इस्तेमाल भी हो रहा था, खास तौर पर हंस के लिए लिखे जाने वाले नियमित स्तम्भ कसौटी में। लेकिन शोध की आवश्यकताएँ और भी होती हैं और केवल अर्जित ज्ञान या अनुभव से उसे पूरा नहीं किया जा सकता। इसलिए दूसरे स्रोतों और प्रविधियों का सहारा भी लिया गया। इस काम में कई मित्रों-परिचितों की सहायता मिली। आनन्द प्रधान जी ने आईआईएमसी के पुस्तकालय के अलावा अपने पास से भी अध्ययन एवं सन्दर्भ सामग्री जुटाने में मदद की, तो सीएमएस की निदेशक वासन्ती की वजह से टेलीविज़न न्यूज़ से सम्बन्धित महत्त्वपूर्ण आँकड़े मिल सके। चुनाव विशेषज्ञ यशवंत देशमुख की मदद से एक राष्ट्रव्यापी सर्वेक्षण जैसा असम्भव सा काम भी आसानी से हो गया। इन सभी का धन्यवाद।

सुप्रसिद्ध समालोचक डॉ. नामवर सिंह की प्रेरणा, बल्कि उनके निर्देश पर हुए इस शोध के लिए उनका कृतज्ञ हूँ। डॉ. रमेश त्रिपाठी का भी मैं ऋणी रहूँगा, क्योंकि वे हर समय मार्गदर्शन के लिए उपलब्ध रहे और प्रक्रिया सम्बन्धी कई अड़चनों को दूर करने में भी उन्होंने आगे बढ़कर मदद की। कवि, आलोचक, पत्रकार, डॉ. श्याम कश्यप, जीवनसंगिनी पापोरी गोस्वामी, लखनऊ विश्वविद्यालय के जनसंचार एवं पत्रकारिता विभाग के मुकुल श्रीवास्तव और टीवी पत्रकार प्रदीप विश्वकर्मा का भी मैं आभार व्यक्त किए बिना नहीं रहूँगा, क्योंकि अगर इन्होंने लगातार धक्का न दिया होता तो शायद ये शोध और उसका प्रकाशन सम्भव ही नहीं होता।

मेरी ये हार्दिक इच्छा थी कि ये शोध हिन्दी और अंग्रेजी दोनों भाषाओं में एक साथ प्रकाशित हो, क्योंकि इसकी जरूरत दोनों के पाठकों को है। *वाणी प्रकाशन* के अरुण माहेश्वरी का मैं बेहद शुक्रगुजार हूँ कि वे इसके लिए सहर्ष तैयार हो गये। ये उन्हीं की प्रतिबद्धता है कि इतने कम समय में ये किताबें (टीआरपी, टीवी न्यूज़ और बाज़ार और TRP's Trap) आपके हाथों में हैं।

विषय परिचय

टीवी न्यूज़ एवं बाज़ार के अन्तर्संबंधों को लेकर न केवल भारत में बल्कि विश्व भर में वाद-विवाद चल रहे हैं। इस सम्बन्ध में तरह-तरह के सवाल उठ रहे हैं और उनके जवाब भी ढूँढ़ने की कोशिशें हो रही हैं। समाज, संस्कृति, अर्थ, राजनीति एवं मीडिया आदि विषयों के विशेषज्ञ पिछले पाँच दशकों से इस महत्त्वपूर्ण विषय पर विचार-विमर्श और शोध आदि कर रहे हैं। ख़ास तौर पर चौबीस घंटे समाचार देने वाले न्यूज़ चैनलों के आने के बाद से तो दोनों के सम्बन्धों से जुड़े प्रश्नों पर बहस बहुत तीखी होती जा रही है।

दरअसल, टीवी न्यूज़ और बाज़ार की इस पूरी बहस के केन्द्र में पत्रकारिता की भूमिका और उसका बदलता हुआ चरित्र है। न्यूज़ चैनलों के व्यवहार ने तरह-तरह के सन्देह खड़े कर दिये हैं और उनकी नकारात्मक भूमिका को बार-बार रेखांकित किया जा रहा है। लेकिन हिन्दुस्तान ही नहीं समूचा विश्व इस परिघटना से दो-चार हो रहा है। भारतीय मीडिया में हो रही आत्म-आलोचना में तो इसे देखा ही जा सकता है, इसकी गूँज तमाम सार्वजनिक मंचों यहाँ तक कि संसद तक में सुनाई पड़ी है। अमेरिका और यूरोप में भी मीडिया निशाने पर है। ब्रिटेन के सुप्रीम कोर्ट के लार्ड जस्टिस लेवसन ने ब्रिटिश मीडिया के बारे में जो टिप्पणी की वह इसकी मिसाल है। जस्टिस लेवसन[1] ने मीडिया मुगल रुपर्ट मर्डोक की पत्रिका 'न्यूज़ ऑफ द वर्ल्ड' द्वारा एक छात्रों का फोन हैक करने के मामले में फैसला सुनाते हुए ब्रिटिश मीडिया को आड़े हाथों लिया और कहा कि "वह जनहित से ज़्यादा सनसनी को महत्त्व दे रहा है। यही नहीं, अपने असावधान बर्ताव से उसने अन्धेरगर्दी मचा दी है और उसे अनुशासित रखने के लिए कड़े नियमनों की ज़रुरत है।"

दरअसल, विशेषज्ञों के मुताबिक टीवी न्यूज़ का रुझान इस कदर बाज़ारपरस्त हो गया है कि उसे न तो अपने दर्शकों की चिन्ता रह गयी है और न ही अपनी विश्वसनीयता की। बाज़ार ने उसके चरित्र को पूरी तरह से बदल डाला है। वह जन-सरोकारों से दूर हटा है और लोकतन्त्र में प्रदत्त भूमिका के निर्वहन में भी नाकाम साबित हो रहा है। ये तो पहले भी माना जाता था कि मीडिया संस्थान उद्योग की तरह काम करते हैं और उनका भी उद्देश्य लाभ कमाना है। मगर हाल के वर्षों में स्थितियाँ

इस कदर बदल गयी हैं कि कहा जाने लगा है कि लाभ कमाना ही उनका एकमात्र उद्देश्य बन गया है। अमेरिकी अखबार द न्यूयार्क में प्रकाशित टाइम्स ऑफ इंडिया के प्रबन्ध निदेशक विनीत जैन[2] का ये वक्तव्य कि ''वे न्यूज़ के नहीं एडवर्टाइजिंग के कारोबार में हैं'' इसकी पुष्टि भी करता है। लेकिन बात अगर यहीं तक सीमित रहती तो शायद फिर भी नज़रअन्दाज़ कर दी जाती। हालत तो इस हद तक बिगड़ती चली गयी कि टेलीविज़न और ख़ास तौर पर टेलीविज़न न्यूज़ बाज़ार के पक्ष में सहमति निर्माण का काम करने लगी। अमेरिका के जाने-माने चिन्तक एडवर्ड एस. हर्मन और नोम चोम्स्की[3] ने अपनी बहुचर्चित किताब मैन्यूफैक्चरिंग कंसेंट में इस प्रवृत्ति को बहुत ही विस्तार के साथ प्रस्तुत किया है। उनके मुताबिक ''मीडिया घरानों का आर्थिक ढाँचा इस तरह का बनने लगा कि खुले बाज़ार वाली अर्थव्यवस्था में उनके स्वार्थ निहित हो गये और वे उसके हिस्से भी बन गये, सहयोगी भी।''

भारत में न्यूज़ चैनल जिस मॉडल पर काम कर रहे हैं वह पूरी तरह से अमेरिकी है। अमेरिका में टेलीविज़न शुरू से बाज़ार केन्द्रित और बाज़ार प्रेरित रहा है, इसलिए जाहिर है कि टीवी न्यूज़ का इस्तेमाल बाज़ार ने उसके जन्म के साथ ही शुरू कर दिया। टीवी न्यूज़ का विकास भी बाज़ार के सान्निध्य में हुआ। हालाँकि भारत में टेलीविज़न और टीवी न्यूज़ की शुरुआत के समय उद्देश्य बिल्कुल दूसरे थे और उनमें कारोबारी मानसिकता की सख्त मुमानियत थी। देश के प्रथम प्रधानमन्त्री जवाहर लाल नेहरू[4] ने कहा था कि ''टेलीविज़न का इस्तेमाल उच्च वर्ग के मनोरंजन के लिए नहीं बल्कि उस बड़ी आबादी के उत्थान के लिए करना है जो बेहद ग़रीब है और दूर-दराज के इलाकों में रहती है।'' मगर आहिस्ता-आहिस्ता यहाँ भी बाज़ार हावी होता चला गया। सत्तर के दशक में दूरदर्शन ने व्यावसायिकता का रुख करना शुरू किया और फिर सन् 1991 में लागू किये गये आर्थिक सुधारों की वजह से तेज़ी से विकसित होने वाले बाज़ार ने उसे अपनी गिरफ्त में लेकर अपने रंग में रँगना शुरू कर दिया। नवउदारवादी अर्थव्यवस्था और मीडिया में साथ-साथ दिखने वाले फील गुड के बारे में अडोर्नो[5] ने लिखा है कि ''एक झूठे यथार्थ की आड़ में टेलीविज़न की यांत्रिकी बाज़ार के प्रभुत्व में आकर मिथ्या भूमंडलीय फील गुड फैक्टर का सर्जन करती है।''

वैसे तो बाज़ार का मतलब होता है ऐसी जगह जहाँ चीज़ों का लेन-देन हो, क्रय-विक्रय हो। मगर जब कोई भी चीज क्रय-विक्रय के उद्देश्य से बाज़ार में लायी जाती है तो उसका वस्तुकरण (कमोडिफिकेशन) हो जाता है, जिसका मतलब होता है कि वह उपभोग के लिए है और जो उसे लेगा या खरीदेगा वह उपभोक्ता कहलाएगा। आम उपयोग की वस्तुओं के लिए तो बाज़ारजनित इन सम्बन्धों की आवश्यकता समझ में आती है। मगर जब बात ऐसी चीज़ों की हो जिनका सम्बन्ध व्यक्ति, समाज और देश के मानसिक स्वास्थ्य और सर्वांगीण विकास से हो तो उसके बहुत ही ख़तरनाक परिणाम दिखने लगते हैं। मीडिया चिन्तक एडेन[6] का कहना है कि न्यूज़

मीडिया की वजह से दर्शकों की एकाग्रता की अवधि घटी है, जिज्ञासा, आशावाद, दूसरों के लिए गर्मजोशी और अवधारणात्मक तार्किकता की मृत्यु हो गयी है। जाहिर है कि ये बहुत ही चिन्ता पैदा करने वाली स्थिति है, क्योंकि इससे समाज के दिमागी तौर पर पंगु बन जाने का ख़तरा खड़ा हो रहा है। मीडिया विशेषज्ञ एवं समाजशास्त्री दयाकृष्ण थुस्सू[7] के अनुसार, टीवी न्यूज़ का टेबलॉयडकरण और मनोरंजनीकरण दोनों बाज़ार से प्रेरित हैं और ये प्रवृत्ति विश्व स्तर पर हावी है। ये भी स्पष्ट हो चुका है कि इस प्रवृत्ति की मूल वजह बाज़ारीकरण है। शायद इसीलिए भारत में टीवी के प्रणेता बार-बार उसे अव्यावसायिक कार्यों के लिए इस्तेमाल करने पर ज़ोर देते दिखते थे।

भारत में टीवी न्यूज़ और बाज़ार के करीब आने और परस्पर एक-दूसरे का इस्तेमाल करने की इच्छा के नतीजे दिख भी रहे हैं। इसने टीवी न्यूज़ को अन्दर से लेकर बाहर तक बदल डाला है। उसका रूप-रंग या चाल-ढाल ही नहीं चरित्र तक बदल गया है। एक ओर बाज़ार ने उसे ज़्यादा प्रतिस्पर्धी बनाकर उसका असीमित विस्तार किया है और उसकी पहुँच तेज़ी के साथ एक बड़े विशाल दर्शक (उपभोक्ता) वर्ग तक बढ़ाई है, वहीं उसकी विश्वसनीयता भी खंडित कर दी है। आम जनता की निगाहों में न्यूज़ चैनलों को गैर-ज़िम्मेदार बना दिया है। यहाँ तक कि लोकतन्त्र के चौथे खम्भे का हिस्सा होने की पात्रता को लेकर भी सवाल खड़े कर दिये गये हैं। इससे टीवी न्यूज़ के लिए ही नहीं समूचे मीडिया के लिए गम्भीर संकट खड़ा हो गया है। पहले राडिया लॉबिंग कांड में कुछ नामी पत्रकारों के नाम आने और फिर ज़ी न्यूज़ समूह के दो सम्पादकों के ब्लैकमेलिंग के आरोप में जेल जाने की घटना ने इस संकट को बढ़ा दिया है।

ये सही है कि टीवी न्यूज़ में आये परिवर्तनों के पीछे और भी कारण हैं। वैसे तो पत्रकारिता स्वयं में बहुत ही परिवर्तनोन्मुखी विधा है या कह सकते हैं कि अन्य चीज़ों के अलावा उसकी पहचान को निर्धारित करने वाला एक महत्त्वपूर्ण कारक परिवर्तन भी होता है। पत्रकारिता कभी ठहरती नहीं, उसमें निरन्तर परिवर्तन आते रहते हैं। जब इलेक्ट्रॉनिक मीडिया नहीं था और पत्र-पत्रिकाएँ ही सूचनाओं का मुख्य ज़रिया हुआ करती थीं तो उस समय भी पत्रकारिता में गतिशीलता का तत्व विद्यमान था। ये और बात है कि परिवर्तन की गति उस समय बहुत धीमी हुआ करती थी। लेकिन तुलनात्मक दृष्टि से तत्कालीन परिस्थितियों के सन्दर्भ में उसकी रफ़्तार फिर भी तीव्र ही हुआ करती थी। इसकी वजह शायद ये थी कि किसी भी परिवर्तन को समझने और फिर उसे अभिव्यक्त करने में पत्रकारिता हमेशा से आगे चलती रही है। यही नहीं, बहुत सारे परिवर्तनों की तो वाहक अथवा सूत्रधार स्वयं पत्रकारिता होती है, इसलिए उसमें परिवर्तन की गति का अधिक होना एक तरह से अपरिहार्य माना जा सकता है।

पत्रकारिता में बहुत से परिवर्तन तकनीक में परिवर्तन की वजह से आते हैं। छपाई की तकनीक में लगातार सुधार होने के साथ-साथ पत्रकारिता के चरित्र में भी

बदलाव परिलक्षित होते रहे हैं। फिर तकनीक के प्रचार-प्रसार और उसे इस्तेमाल करने वालों की संख्या में वृद्धि ने भी उसे बदलने में भूमिका निभानी शुरू कर दी। इसके बाद बीसवीं सदी के पूर्वार्द्ध में रेडियो और टेलीविज़न ने पत्रकारिता को नये आयाम देने शुरू कर दिये। ध्वनि और दृश्यों से होने वाली ये पत्रकारिता तो क्रान्तिकारी परिवर्तनों का सूत्रपात करने वाली साबित हुई। इसकी पहुँच और प्रभाव ने पत्रकारिता को बहुत ही प्रभावशाली रूप दे दिया। ख़ास तौर पर किसी घटना को लाइव दिखाने की इसकी क्षमता ने इसे दूसरे माध्यमों से ज़्यादा प्रभावशाली बना दिया। अब जबकि इंटरनेट पत्रकारिता का दौर शुरू हो गया है और उसके भी ऐसे रूप सामने आने लगे हैं जो चमत्कारिक ढंग से शक्तिशाली हैं और परिवर्तनकारी भी, तो हम कह सकते हैं कि पत्रकारिता फिर बदल रही है। वह खुद भी बदल रही है और समाज को भी।

यदि हम पिछले दो दशकों की पत्रकारिता पर नज़र डालें तो पायेंगे कि किसी भी कालखंड की तुलना में ये समयावधि जन संचार की दृष्टि से बहुत ज़्यादा हलचलों से भरी रही है। बल्कि ये कहा जाना चाहिए कि जन संचार ने इस दौरान ऐसे भूचाल पैदा किये हैं जिनसे समाज में भारी उलट-पलट सम्भव हो सकी। जन संचार माध्यमों की ऐसी शक्तिशाली भूमिका इतिहास में कभी नहीं देखी गयी थी। ये सोचा भी नहीं गया था कि एक ऐसा सूचना-समाज निर्मित हो जायेगा जो काफी हद तक जन संचार माध्यमों से संचालित होने लगेगा। उनकी उपस्थिति केवल परिधि में रहकर परिवर्तनों को दर्ज करने की नहीं रह जायेगी, बल्कि वे परिवर्तनों की प्रेरणा शक्ति और जन्मदाता भी बन जायेंगे। सवाल उठता है कि ऐसा कैसे हुआ? ये स्वयमेव हो गया या इन माध्यमों में ही ऐसी विस्फोटक शक्ति छिपी थी जो मौका पाते ही फूटकर सामने आ गयी?

ये तो सर्वविदित है कि समाज में परिवर्तन अकारण नहीं होते। उनके पीछे निश्चित घटनाक्रम होता है, कुछ निश्चित कारण भी होते हैं। इन कारणों में सर्वाधिक प्रभावशाली होते हैं आर्थिक कारण। जब किसी भी प्रयोजन के पीछे आर्थिक शक्तियाँ सक्रिय हो जाती हैं तो वह विशाल रूप धारण कर लेता है और उसकी गति भी तीव्र हो जाती है। इसीलिए हम पाते हैं कि अचानक कोई चीज महत्त्वपूर्ण हो जाती है और कोई अप्रासंगिक। गत वर्षों में टेलीविज़न ने जिस तेज़ी से विस्तार किया है उसमें इस तथ्य को देखा जा सकता है। भूमंडलीककरण और आर्थिक उदारवाद की आँधी ने दुनिया भर में बाज़ारवाद को विस्तार दिया है। बाज़ारवाद के इस विस्तार के लिए बाज़ार की शक्तियों ने मीडिया को अपना हथियार बनाया है और इसमें सबसे अहम रोल अदा किया है टेलीविज़न ने। टेलीविज़न ने दर्शकों को उपभोक्ता में तब्दील किया है। उत्पादों के प्रचार-प्रसार में उसका योगदान अभूतपूर्व रहा है। दर्शकों की मानसिकता को बदलने और उसे बाज़ार की आवश्यकताओं के अनुरूप ढालने में उसका कोई जवाब नहीं है। ख़बरों या मनोरंजन के लबादे में छिपकर वह विभिन्न उत्पादों के पक्ष में एक वातावरण तैयार करता है जो दर्शकों को उत्पादों का इस्तेमाल करने के लिए

लालायित करता है। वह दर्शकों के मन में ऐसे मूल्यों का रोपण करता है जो बाज़ार समर्थक हैं या जिनसे बाज़ार का विरोध करने वाली शक्तियों को कमज़ोर किया जा सकता हो। इस तरह वह बाज़ार आधारित अर्थव्यवस्था को बढ़ावा देने में एक कारगर औजार की तरह इस्तेमाल होता है।

लेकिन मीडिया और उसमें भी टेलीविज़न कंटेंट इतने सीमित दायरे में ही काम नहीं करता। यानी उसकी भूमिका केवल उत्पादों के प्रचार-प्रसार तक ही सीमित नहीं है बल्कि वह तो समूची व्यवस्था को प्रभावित करता है। इसकी एक पूरी पॉलिटिकल इकोनॉमी (राजनीतिक-अर्थशास्त्र) है जिसके तहत वह अपना काम करता है। इस दिशा में हुए शोध एवं अध्ययन बताते हैं कि मीडिया के नये राजनीतिक-अर्थशास्त्र ने किस तरह से मीडिया का चरित्र बदल डाला है।

अमेरिका के सुविख्यात चिन्तक नोम चोम्स्की[8] अपने प्रोपेगंडा मॉडल के ज़रिए बताते हैं कि कैसे पाँच फिल्टर या छन्ने मीडिया को नियंत्रित करते हैं। उनका विश्लेषण ये भी बताता है कि अब मीडिया कार्पोरेट जगत के हितों का पोषक है और उसका चरित्र लोकतन्त्र विरोधी हो गया है। विश्व भर में मीडिया के क्षेत्र में चल रहे ट्रेंड बताते हैं कि या तो कुछ बड़े व्यापारिक घरानों का एकाधिकार हो गया है या होता जा रहा है और वे अब इसे अपने स्वार्थों के हिसाब से चला रहे हैं। नतीजतन, मीडिया का चरित्र अलोकतांत्रिक हो गया है, लोकतन्त्र विरोधी हो गया है। जर्गेन हैबरमास[9] के मुताबिक मीडिया पब्लिक स्फियर यानी जन-क्षेत्र का महत्त्वपूर्ण हिस्सा है और लोकतन्त्र में उसकी अहम भूमिका होती है, क्योंकि वह जनमत तैयार करने की ताक़त रखता है। मगर मीडिया में आये बदलाव ने इस भूमिका को न केवल सीमित किया है बल्कि नकारात्मक भी कर दिया है और जाहिर है कि लोकतन्त्र भी इससे प्रभावित हुआ है। इसका सबसे बड़ा कारण ये माना जाता है कि उसका उद्देश्य अब केवल अपने स्वामियों के लिए मुनाफ़ा कमाना रह गया है। मीडिया और ख़ास तौर पर टेलीविज़न न्यूज़ के कंटेंट में आयी गिरावट इसके सबूत के तौर पर पेश की जाती है। मीडिया विशेषज्ञों का कहना है कि मीडिया में पैदा हुई कई विसंगतियों पर अगर गौर किया जाये तो ये बात बिल्कुल स्पष्ट हो जाती है। न्यूज़ चैनल ऐसी सामग्री परोस रहे हैं जो एक वर्ग विशेष को भाती है। वह उन्हीं विषयों को उठाता है जिसमें उच्च एवं मध्यवर्ग की रुचि होती है। इसका मतलब ये हुआ कि अगर इन वर्गों को मनोरंजन, उत्तेजनाएँ सेक्स, क्राइम आदि पसन्द हैं तो न्यूज़ चैनल पूरी सामग्री को उसी हिसाब से तैयार करते रहते हैं। वे ऐसे तमाम विषयों को अनदेखा कर देते हैं या बहुत कम महत्त्व देते हैं जिनमें उनके दर्शकों की दिलचस्पी नहीं होती भले ही देश और समाज के लिए वे कितनी ही अहमियत क्यों न रखते हों। उन्हें ग़रीब, बेरोज़गार और बदहाल लोगों की समस्याओं से कोई भी लेना-देना नहीं होता। वे गन्दे लोगों, गन्दी बस्तियों से मुँह फेरकर निकल जाते हैं या केवल लाँग शाट से ही देखते-दिखाते हैं। यही नहीं,

वे गाँव और शहर का भेद भी करते हैं। गाँव वाले उनके लिए पराये होते हैं, बशर्ते कोई चमत्कार या भूत-प्रेत न दिखाने हों। वे अन्धविश्वासी और अवैज्ञानिकता पर आधारित ख़बरें एवं कार्यक्रम आदि परोसते हैं। उनका ताल्लुक उद्योग और व्यापार जगत से होता है इसलिए वे खेती-किसानी को भूल जाते हैं, बड़े पैमाने पर किसान आत्महत्याएँ करने लगें या कोई बड़ा नेता दौरे पर पहुँच जाये तो बात और है। सेंटर फॉर मीडिया द्वारा तीन साल तक की गयी प्रमुख चैनलों के कंटेंट की जाँच-पड़ताल भी यही सिद्ध करती है। इसी तरह रंग, जाति और धार्मिक आधार पर भी चैनल भेदभाव करते हैं, जो कई बार बहुत स्पष्ट दिखलाई पड़ता है तो कई बार बहुत ही गुपचुप तरीके से होने की वजह से आम दर्शकों की समझ में नहीं आता।

इसमें सन्देह नहीं कि बाज़ारवाद की वजह से टेलीविज़न का असाधारण विस्तार हुआ है और लगातार होता जा रहा है। भारत में ही दूरदर्शन के एक अकेले चैनल से आज लगभग साढ़े आठ सौ चैनल[10] हो गये हैं और औसतन हर महीने पाँच चैनल और जुड़ जाते हैं। अनुमान है कि सन् 2015 तक देश में बारह सौ के आसपास चैनल हो जायेंगे। आज से दो दशक पहले इतने चैनलों की कल्पना भी नहीं की जा सकती थी। ज़्यादा चैनलों के आने से रोज़गार की सम्भावनाएँ बढ़ी हैं और इसके शिक्षण-प्रशिक्षण के लिए सैकड़ों टीवी पत्रकारिता के संस्थान खुल गये हैं। इस तरह लगभग चौदह फ़ीसदी सालाना की दर से बढ़ता करीब तीस हज़ार करोड़ रुपये का टेलीविज़न चैनलों का कारोबार खड़ा हो चुका है। ये एक विशाल इंडस्ट्री का रूप ले चुका है। और ये सब हुआ है पिछले डेढ़-दो दशकों के अन्दर। इतने कम समय में बहुत कम उद्योग इतने बड़े पैमाने पर विस्तार कर पाते हैं। लेकिन जैसा कि हमने ऊपर कहा है, इस बड़े परिवर्तन ने पत्रकारिता का चेहरा और चरित्र भी बदला है। हमारा उद्देश्य टीवी न्यूज़ के इसी नये चेहरे को पढ़ने का है। हम देखना चाहते हैं कि आख़िर टीवी न्यूज़ के बाज़ारीकरण का क्या असर हुआ है और किस तरह से हुआ है। आज टीवी न्यूज़ की विश्वसनीयता क्या है, समाज के लिए उसकी उपादेयता क्या है और उसमें जो भी परिवर्तन आये हैं वे कितने सकारात्मक और नकारात्मक हैं।

हम मुख्य रूप से ये देखने की कोशिश करेंगे कि टीवी न्यूज़ को बदलने में बाज़ार किस तरह से काम करता है। बाज़ार का वह कौन सा हथियार है जो न्यूज़ चैनलों को अपने एजेंडे पर चलने के बजाय बाज़ार के एजेंडे पर चलने के लिए बाध्य कर देता है। और जब हम इसकी पड़ताल करते है तो हमें टीवी चैनलों की आय के स्रोतों पर ध्यान केन्द्रित करना पड़ता है। भारत में न्यूज़ चैनलों की आय का मुख्य स्रोत विज्ञापन हैं। कुल आय का लगभग नब्बे प्रतिशत तो विज्ञापनों से ही आता है। जाहिर है कि टीवी इंडस्ट्री में विज्ञापनदाता और विज्ञापन एजेंसियों की ही चलती है। वे अपनी शर्तें चैनलों पर थोपते हैं या फिर चैनल विज्ञापन लेने के चक्कर में स्वेच्छा से उनके हिसाब से चलने में अपनी ख़ैरियत समझते हैं। इस पूरी प्रक्रिया में टीवी न्यूज़,

कार्यक्रमों और चैनलों की लोकप्रियता बताने वाली रेटिंग प्रणाली (टीआरपी) की निर्णायक भूमिका होती है। इसीलिए हाल के वर्षों में टीआरपी को लेकर गरमागरम बहसें होती रही हैं। रेटिंग की मौजूदा प्रणालियों की खामियों पर आम अवाम से लेकर संसद और यहाँ तक विदेशी अदालतों तक मामले उठते रहे हैं। केन्द्र की सरकारें इसको लेकर चिन्तित रही हैं और उन्होंने वैकल्पिक व्यवस्थाओं के निर्माण के लिए कदम भी उठाये गये हैं। हिन्दुस्तान ही नहीं विदेशों में भी रेटिंग प्रणालियाँ विवादों के केन्द्र में रही हैं और उन्हें न्यूज़ कंटेंट को बरबाद करने के लिए ज़िम्मेदार भी माना जाता रहा है।

हम जानते हैं कि हम जिस समाज में रह रहे हैं उसमें मीडिया की और ख़ास तौर पर इलेक्ट्रॉनिक मीडिया की भूमिका कितनी ज़बर्दस्त है। चौबीस घंटे न्यूज़ देने वाले न्यूज़ चैनल न केवल जनमत तैयार करने में अहम भूमिका निभा रहे हैं बल्कि वे देश का राजनीतिक-सामाजिक-आर्थिक एजेंडा निर्धारित करने तक की हैसियत में आ गये हैं। बहुत सारे देशों में हुए परिवर्तन इसके प्रमाण हैं। इसलिए टीवी न्यूज़ के बाज़ार के साथ सम्बन्धों को समझते हुए उसके चरित्र की पड़ताल करना बेहद ज़रूरी हो गया है।

हालाँकि टेलीविज़न कार्यक्रमों को लेकर पश्चिमी देशों में लगातार शोध होते रहे हैं और कुछेक भारत में भी हुए हैं। ख़ास तौर पर समाज के विभिन्न वर्गों पर पड़ने वाले प्रभावों पर काफी अध्ययन एवं सर्वेक्षण हुए हैं। मगर अफसोस की बात ये है कि टेलीविज़न न्यूज़ को लेकर बहुत थोड़ा काम हुआ है। विशेषज्ञों और विद्वानों ने इस पर चिन्तन किया है और कुछ बहुत चर्चित लेख भी लिखे गये हैं, मगर समग्रता में इस पर विचार नहीं किया गया है। ये इस दिशा में एक छोटा सा प्रयास है।

सन्दर्भ

1. द हिन्दू, 30 नवम्बर, 2012, पृष्ठ संख्या-1
2. सिटिजन जैन, न्यूयार्क टाइम्स, 8 अक्टूबर, 2012
3. मैन्युफैक्चरिंग कंसेंट, पेज 8, विंटेज बुक्स, 1994
4. एन इंडियन पर्सनाल्टी फॉर टेलीविज़न, पीसी जोशी कमेटी रिपोर्ट, 1985, पृष्ठ संख्या-6
5. थियोडोर अडोर्नो, द कल्चर इंडस्ट्री, सलेक्टेड एस्से ऑन मास कल्चर, 1991
6. एडेन, 2003
7. न्यूज़ एज एंटरटेनमेंट, दयाकृष्ण थुस्सू, 2007
8. मैन्युफैक्चरिंग कंसेंट 1994
9. जर्गेन हैबरमास
10. स्रोत-वेबसाइट www.thehoot.org

प्रस्तावना

टेलीविज़न न्यूज़ और बाज़ार के आपसी सम्बन्धों के कई आयाम हैं। किसी मीडिया संस्थान के स्वामित्व की संरचना से लेकर उसके उद्देश्यों तक ऐसी बहुत सारी चीज़ें हैं जो दोनों के सम्बन्धों को परिभाषित करती हैं, निर्धारित करती हैं। इन सम्बन्धों में शासन व्यवस्था की भी महत्त्वपूर्ण भूमिका होती है, क्योंकि उसकी नीतियाँ ही तय करती हैं कि अर्थव्यवस्था के अन्दर वे आपस में और अलग-अलग किस तरह से व्यवहार करेंगे। यही नहीं, भूमंडलीकृत विश्व में अन्तरराष्ट्रीय परिस्थितियाँ और शक्तिशाली देशों की इच्छाओं-आकांक्षाओं का असर भी मीडिया (टीवी न्यूज़ उसका एक हिस्सा है) और बाज़ार के रिश्तों पर पड़ता है। इन दोनों को ही प्रभावित करने वाला एक महत्त्वपूर्ण कारक वह दर्शक वर्ग भी होता है जो कि टीवी न्यूज़ का निर्माण करने वाली कम्पनियों का लक्ष्य होता है। उसकी रुचियों और जरूरतों के हिसाब से उसे अपना स्वरूप निर्धारित करना पड़ता है और कई बार अपने लाभ के लिए दर्शकों की रुचियों को आकार देने के लिए भी वह टीवी न्यूज़ के रंग-रूप एवं कथावस्तु में परिवर्तन लाता है। इस प्रक्रिया में दर्शकों की जीवन शैली में न केवल वह दखल देता है बल्कि उसे बदलता भी है। पिछले कुछ दशकों में समाज में आये परिवर्तनों के लिए मीडिया को बड़ी हद तक ज़िम्मेदार माना जाता है।

ये तो सर्वमान्य तथ्य है कि पूँजीवादी व्यवस्था में टेलीविज़न न्यूज़ का निर्माण एवं वितरण भी एक उद्योग है, एक कारोबार है। जाहिर है कि इस उद्योग का भी अपना एक आर्थिक आधार होगा और कुछ सुनिश्चित लक्ष्य भी। इनमें सर्वोपरि है टेलीविज़न न्यूज़ प्रदान करने वाले उपक्रम को इस ढंग से चलाया जाना जिससे वह लाभकारी हो। इसके लिए उसे बाज़ार के साथ अधिक से अधिक मित्रवत् होना पड़ता है और उसकी आवश्यकताओं को समझते हुए टीवी न्यूज़ सामग्री का निर्माण करना होता है। किसी भी टीवी चैनल के लिए बाज़ार मुख्य रूप से उसके दर्शक होते हैं और टीवी न्यूज़ देने वाले किसी भी चैनल की लोकप्रियता और आर्थिक लाभ उसकी दर्शक संख्या पर निर्भर करती है। इस तरह जो न्यूज़ चैनल जितनी अधिक दर्शक संख्या वाला होता है बाज़ार में उसकी ताक़त उतनी अधिक होती है और लाभ कमाने की क्षमता भी उसी अनुपात में घटती या बढ़ती जाती है। हालाँकि, दर्शकों की संख्या ही लाभ कमाने

का एकमात्र आधार नहीं होता। दर्शकों की सामाजिक-आर्थिक स्थिति भी उतनी ही महत्त्वपूर्ण होती है, इसलिए न्यूज़ चैनल अपना बाज़ार ख़ास आर्थिक हैसियत वाले दर्शकों में देखते हैं और उनकी संख्या बढ़ाने में दिलचस्पी लेते हैं।

दूसरी ओर बाज़ार जहाँ टीवी न्यूज़ को एक उत्पाद के रूप में देखता है और उसे क्रय-विक्रय की वस्तु के रूप में तब्दील करता है, वही अपने लक्ष्यों के लिए टीवी न्यूज़ का उपयोग भी करता है। इस क्रम में वह टीवी न्यूज़ को प्रभावित भी करता है। बाज़ार यानी उत्पादकों एवं उपभोक्ताओं के बीच सम्बन्धों का निर्धारण करने वाली एक प्रक्रिया। इस प्रक्रिया में वे उद्योग-धन्धे शामिल होते हैं जो अपने उत्पादों को विशाल उपभोक्ता वर्ग तक पहुँचाकर, उन्हें बेचकर लाभ अर्जित करना चाहते हैं। इस बाज़ार से समूची अर्थव्यवस्था जुड़ी हुई है। बहुराष्ट्रीय कम्पनियों से लेकर ऐसी हर गतिविधि, हर कार्य, जिसमें किसी न किसी तरह के लाभ कमाने की इच्छा निहित है, इस बाज़ार में शामिल हैं। आर्थिक उदारवाद ने इस बाज़ार आधारित व्यवस्था को और भी अधिक विस्तार दे दिया है। अब तो जीवन की हर छोटी-बड़ी चीज़ बाज़ार की जद में है।

इस तरह एक त्रिकोण है जिसमें टीवी न्यूज़ उत्पादक, दर्शक और बाज़ार-तंत्र टीवी न्यूज़ को एक शक्ल देते हैं। लेकिन इस त्रिकोण में सर्वाधिक शक्तिशाली बाज़ार होता है, ख़ास तौर पर जहाँ बाज़ारवादी व्यवस्था का वर्चस्व है। भारत में लम्बे समय तक बाज़ार को सरकार नियन्त्रित करती रही, लेकिन राष्ट्रीय एवं अन्तरराष्ट्रीय स्तर पर आये आर्थिक परिवर्तनों से प्रेरित होकर उसने नियन्त्रण ढीले कर दिये। नतीजतन, बाज़ार की ताकत बढ़ती चली गयी और उसने जीवन के हर क्षेत्र में हस्तक्षेप करके उसे प्रभावित करना शुरू कर दिया। उसके प्रभाव में मीडिया भी आ गया और इस प्रभाव में उसका चरित्र भी बदलने लगा।

टीवी न्यूज़ में बाज़ार के हस्तक्षेप को कई तरह से देखा जा सकता है। न्यूज़ चैनलों के निगमीकरण (corporatization), उनमें देशी-विदेशी पूँजी का निवेश, प्रशासनिक नियमों एवं प्रक्रियाओं का प्रभाव, स्वामित्व का स्वरूप एवं लगने वाली पूँजी का चरित्र आदि ऐसे कारक हैं जो टीवी न्यूज़ की दिशा एवं दशा को निर्धारित कर रहे हैं। यही नहीं, ये तत्त्व पत्रकारिता को भी नये ढंग से परिभाषित कर रहे हैं और पत्रकारों की भूमिकाओं को भी बदल रहे हैं। लेकिन प्रत्यक्ष और परोक्ष रूप से किसी एक कारक की बात की जाये तो इसमें रेटिंग प्रणालियों की भूमिका सबसे ज़्यादा निर्णायक साबित होती है। इसीलिए जब भी टीवी न्यूज़ में आये अच्छे-बुरे परिवर्तनों की बात की जाती है तो न्यूज़ चैनलों और उनके विभिन्न कार्यक्रमों की रेटिंग यानी टीआरपी (Television Rating Points) केन्द्र में होती है। हर हफ्ते आने वाली टीआरपी तय करती है कि किस तरह की ख़बरों का कवरेज होना चाहिए और उन्हें चैनल पर प्रस्तुत करने का तरीका क्या होना चाहिए।

रेटिंग प्रणालियों और उनके द्वारा दी जाने वाली टीआरपी का इतना शक्तिशाली होने का मुख्य कारण उनका विज्ञापन से सीधा सम्बद्ध होना है। भारत में न्यूज़ चैनलों की अर्थव्यवस्था नब्बे प्रतिशत तक विज्ञापनों से होने वाली आय पर निर्भर रहती है और विज्ञापन मिलने का मुख्य आधार टीआरपी होती है। इसीलिए न्यूज़ चैनलों में टीआरपी खुदा तो नहीं पर खुदा से कम भी नहीं मानी जाती। टीआरपी के विज्ञापनों के साथ इस सम्बन्ध की वजह से ही ये तक कहा जा सकता है कि टीआरपी बाज़ार का औजार है, हथियार है। हालाँकि टीआरपी के पक्ष में अकसर ये तर्क दिया जाता है कि वह प्रतिस्पर्धा लाती है जिससे एक ओर तो उपभोक्ताओं को विकल्प मिलते हैं और दूसरी तरफ उत्पादों तथा सेवाओं की गुणवत्ता बढ़ती है, जिसका सीधा लाभ ग्राहकों को मिलता है। मगर टेलीविज़न न्यूज़ के उद्योग में ऐसा देखने को नहीं मिल रहा है। कहने को ढेर सारे न्यूज़ चैनल आ गये हैं मगर इसके बावजूद दर्शकों के सामने विकल्प बहुत सीमित हैं, क्योंकि ज्यादातर चैनलों का कंटेंट और कलेवर एक ही जैसा है। यही नहीं, प्रतिस्पर्धा ने उनकी गुणवत्ता को सुधारने की बजाय और बिगाड़ दिया है। आम भाषा में कहें तो वे बाजारू हो गये हैं और इसके लिए यत्र, तत्र, सर्वत्र उनकी आलोचना भी होती है।

पत्रकारिता पर टीआरपी के प्रभावों का असर सामाजिक सरोकारों पर भी देखा जा सकता है। सरोकारों के मामले में बाज़ार की दृष्टि विशुद्ध मुनाफावादी है। यही वजह है कि बाज़ार ने टीआरपी का सहारा लेकर टीवी न्यूज़ को सुनियोजित तरीके से एक वर्ग विशेष पर केन्द्रित कर दिया है। ये वर्ग पढ़ा-लिखा, सम्पन्न और मुख्य रूप से शहरों में रहने वाला है। इस वर्ग की क्रय शक्ति को अपने हक में इस्तेमाल करना ही बाज़ार का लक्ष्य है। इसलिए उसने मीडिया को और ख़ास तौर पर टीवी न्यूज़ को अपना हथियार बनाया है क्योंकि ये सबसे विश्वसनीय एवं शक्तिशाली माध्यम है। जाहिर है अपने दर्शक वर्ग के चरित्र को ध्यान में रखकर उसने टीआरपी के ज़रिए ख़बरों को विशेष ढंग से ढालने का काम किया है। उसने उन्हें मनोरंजन आदि की चाशनी में लपेटकर सरोकारों से अलग कर दिया है। अगर कहीं सरोकार दिखते भी हैं तो वे या तो दिखावटी होते हैं या फिर इसी वर्ग की जरूरियात को ध्यान में रखकर तैयार किये जाते हैं। कई चैनल जन सरोकारों के पक्ष में खड़े दिखने की कोशिश करते हैं ताकि उनकी जन-समर्थक छवि बने जिसे वे लोकप्रियता या विज्ञापनों के रूप में भुना सकें। अकसर सरोकारों से जुड़े चैनलों के अभियान प्रायोजकों की मदद से चलते हैं और वे दबे-छिपे प्रायोजकों की ब्रांड बिल्डिंग के उद्देश्य से चलाये जाते हैं।

टीवी न्यूज़ पर टीआरपी के प्रभाव से पैदा होने वाली और भी कई विकृतियों की चर्चा की जाती है। मीडिया में बढ़ता भ्रष्टाचार इसकी एक बड़ी देन मानी जाती है। पेड न्यूज़ का कारोबार तो इस भ्रष्टाचार का एक लक्षण मात्र है। असल में तो पूरा

मीडिया एक भ्रष्ट-तन्त्र के चंगुल में फँसता नज़र आ रहा है। कार्पोरेट जगत के लिए लॉबिंग करना और सरकारों से मनचाहे लाभ न मिलने की सूरत में उन्हें ब्लैकमेल करने पर उतर आने के कई उदाहरण हाल के वर्षों में सामने आये हैं। सत्ताधारियों और पूँजीपति वर्ग ने मीडिया को अपने स्वार्थ पूरा करने का औजार बना लिया है और ऐसे में ये स्वाभाविक ही है कि वे इसे भ्रष्टाचार के दलदल में घसीट ले जायें। नामी-गिरामी पत्रकारों की ऐसे कामों में संलिप्तता जाहिर करती है कि मीडिया की आचरण संहिता बेमानी बना दी गयी है। मीडिया का नाजायज इस्तेमाल करने वाले इस वर्ग ने पत्रकारों को भी लालची और भ्रष्ट बनाने में कोई कोर-कसर नहीं छोड़ी है। बाज़ार की कृपा से, मिशन से प्रोफेशन और फिर कमीशन तक का सफर करने वाली पत्रकारिता ने आदर्शों और सिद्धान्तों को अप्रासंगिक बना दिया है। अब पत्रकारों में घटनाओं की तह में जाने और जमीनी स्तर पर मेहनत करने की प्रवृत्ति कमज़ोर पड़ती जा रही है। वे टीआरपी को ध्यान में रखकर काम करने लगे हैं। नतीजतन, सम्पादकीय सामग्री में सतहीपन और गिरावट साफ़ तौर पर देखी जा सकती है। स्पष्ट है कि एक ओर व्यवसाय के तौर पर पत्रकारिता पथभ्रष्ट हो गयी है और दूसरी ओर टीआरपी के दबाव, प्रभाव या प्रलोभन में पत्रकारों में भी कदाचार बढ़ा है। बाज़ारवाद के प्रभाव से पत्रकारिता का व्यवसाय और भी असुरक्षित हो गया है। ज्यादातर पत्रकार अनुबन्ध पर रखे जाने लगे हैं और प्रबन्धन उन्हें कुछ दिनों के नोटिस पर निकाल देता है। जाहिर है कि टीआरपी के लिए काम न करने वाले असुरक्षाबोध से ग्रस्त पत्रकार प्रबन्धन की पत्रकारिता विरोधी नीतियों का विरोध करने की स्थिति में नहीं रहते जिससे पत्रकारिता के पतन की गुंजाइश और भी बढ़ती जाती है।

मीडिया पर बाज़ारवाद टीआरपी के ज़रिए के कसते शिकंजे का प्रभाव लोकतन्त्र पर भी पड़ा है। नवउदारवादी सभ्यता में बड़ी पूँजी ने मीडिया को बड़े निवेश का कारोबार बना दिया है। टीवी न्यूज़ के सम्बन्ध में तो ये और भी सही है, क्योंकि इसका कारोबार छोटी पूँजी से सम्भव ही नहीं है। बड़ी पूँजी के स्वार्थ भी बड़े होते हैं और ऐसा देखा गया है कि उन स्वार्थों की पूर्ति के लिए वह लोकतान्त्रिक तरीकों को दरकिनार करने से भी नहीं हिचकती। कहने का मतलब ये है कि बाज़ार अपने उद्देश्यों की पूर्ति के लिए एक तरह की तानाशाही स्थापित करता है। वह तमाम विरोधी विचारों और गतिविधियों को नियन्त्रित करने के लिए मीडिया का इस्तेमाल करता है। इस तरह मीडिया बाज़ार की तानाशाही का औजार बनकर लोकतन्त्र विरोधी रूप अख़्तियार करने लगता है। चूँकि मीडिया को वह पहले ही नियन्त्रण में ले लेता है इसलिए मीडिया बाज़ार की तानाशाही को स्थापित करने में अग्रगामी भूमिका निभाने लगता है। वह बाज़ार के पक्ष में सहमति का निर्माण करता है। वह अपने बाज़ार को भी उसी सन्दर्भ में निर्धारित करता है और उसके हिसाब से कंटेंट प्रस्तुत करता है।

यही वजह है कि वह आम जन के बजाय प्रभु वर्ग की आवाज़ बन जाता है। ग़रीब, मज़दूर, किसान और शोषित वर्ग उसकी चिन्ता का विषय नहीं रह जाते। ऐसे में लोकतन्त्र का चरित्र भी बदल जाता है, वह अधिकाधिक अभिजनवादी होता जाता है। ये शोध टीवी न्यूज़ के वर्तमान परिदृश्य और उपरोक्त तथ्यों एवं प्रचलित धारणाओं के आलोक में लिखी गयी है।

टेलीविज़न न्यूज़ के बाज़ार के साथ सम्बन्धों की पड़ताल के क्रम में हम मुख्य रूप से रेटिंग प्रणालियों और उनके द्वारा दी जाने वाली टीआरपी की भूमिका एवं प्रभाव की जाँच करेंगे। हम देखेंगे कि टीआरपी ने टीवी न्यूज़ को कितना और कैसे बदला और इस बदलाव के पीछे बाज़ार का कौन सा एजेंडा काम कर रहा है।

बाज़ार में टीवी न्यूज़ और टीवी न्यूज़ का बाज़ार

आख़िर न्यूज़ क्या है...न्यूज़ की परिभाषा क्या है? ये सवाल थोड़े-थोड़े अन्तराल के बाद उठते रहते हैं और इसकी सबसे बड़ी वजह यही है कि न्यूज़ देश, काल एवं परिस्थितियों के हिसाब से नया चोला धारण कर लेती है, लिहाजा उसको नये सिरे से जानने-पहचानने और समझने की ज़रूरत पड़ने लगती है। पिछले दो दशक भी न्यूज़ के लिए कुछ ऐसे ही रहे हैं, ख़ास तौर पर टीवी न्यूज़ के लिए। टीवी न्यूज़ की वजह से भारत में एक किस्म की समाचार क्रान्ति हुई है। इससे टीवी न्यूज़ और चौबीस घंटों के न्यूज़ चैनलों का जो रूप-रंग और चरित्र सामने आया है उसने फिर से यही सवाल खड़ा कर दिया है कि क्या ये न्यूज़ है या न्यूज़ आख़िर है क्या ?

वैसे तो पत्रकारिता की किताबों में न्यूज़ की ढेरों परिभाषाएँ दी गयी हैं। मसलन, विलियम एल, रिवर्स[1] की राय में, जिसे अच्छा सम्पादक प्रकाशित करना चाहे, वही समाचार है। जे. जे. सिलडर[2] के मुताबिक, जो पाठक जानना चाहे, वही समाचार है। रंगास्वामी पार्थसारथी[3] ने एक साथ कई परिभाषाएँ बताई हैं, जिनमें से कुछ हैं—

सामान्य से हटकर सब कुछ समाचार हैं।

समाचार पत्रों में जो कुछ प्रकाशित होता है और जिसमें लोगों की दिलचस्पी होती है, समाचार है।

पत्रकार जो भी लिखते हैं वे समाचार हैं।

अच्छी ख़बर, ख़बर नहीं है।

लम्बे समय तक ये माना जाता रहा कि बड़ा आदमी जो भी बोलता है वह ख़बर है।

अकसर इन्हीं परिभाषाओं के सन्दर्भ में न्यूज़ को देखा और समझा जाता रहा है। एक प्रचलित परिभाषा ये भी है कि जब कुत्ता आदमी को काटे तो न्यूज़ नहीं है, हाँ अगर आदमी कुत्ते को काट ले तो वह जरूर न्यूज़ बन जाती है। लेकिन वर्तमान सन्दर्भ में तो इस बात पर भी ख़बर बन सकती है कि कुत्ते ने काटा किसको है। अगर कोई जानी-मानी हस्ती उसका शिकार बनी है तो निश्चय ही न्यूज़ चैनलों के लिए बड़ी ख़बर बन जायेगी और सम्भव है कि वह घंटों उन पर छाई भी रहे। किसी. फिल्म स्टार की छींक का ब्रेकिंग ख़बर बन जाना भी यही साबित करता है कि न्यूज़ की परिभाषा बदल गयी है।

बहरहाल, इन प्रवृत्तियों को विपर्यय मान लें तो मोटे तौर पर माना जा सकता है कि किसी भी तरह की घटना की ताजातरीन जानकारी ही न्यूज़ है या जिस घटना व्यक्ति, स्थान आदि के बारे में लोग जानना चाहते हैं वह जानकारी न्यूज़ है। टेलीविज़न के सन्दर्भ में सूचनाएँ और जानकारियाँ दृश्यों के माध्यम से दी जाती हैं और वहाँ न्यूज़ के मायने थोड़ा बदलते भी हैं और नया रूप भी ले लेते हैं। संचार विज्ञानी मार्शल मैक्लूहान[4] ने अंडरस्टैंडिंग मीडिया में जो विख्यात वाक्य कहा है उसे यहाँ याद किया जा सकता है। मैक्लूहान के अनुसार "माध्यम ही सन्देश है।" जाहिर है कि जब ख़बरें टेलीविज़न माध्यम के ज़रिए दर्शकों तक पहुँचती हैं तो उनका संदेश भी परिवर्तित हो जाता था। लेकिन न्यूज़ या टेलीविज़न न्यूज़ को इतने संकुचित दायरे में रखकर देखा और समझा नहीं जा सकता, क्योंकि मैक्लूहान का ज़ोर टेक्नालॉजी पर ज़रूरत से ज़्यादा रहा है जिसकी आलोचना भी हुई है। इसके और भी कारण हैं जिन पर ध्यान देना अनिवार्य है। ख़ास तौर पर ऐसे समय में जबकि मीडिया की ताकत में ज़बर्दस्त इजाफा हुआ है और विभिन्न सामाजिक-राजनीतिक परिवर्तनों में हम इसका अनुभव भी कर चुके हैं। यही नहीं, विभिन्न शक्तियाँ उसका अपने हक़ में इस्तेमाल भी करती हैं, जिनमें राष्ट्रीय-अन्तरराष्ट्रीय राजनीति और आर्थिक रणनीतियाँ भी शामिल हैं। नवसाम्राज्यवाद की कोख से जन्मा बाज़ारवाद भी इनमें से एक है।

बीसवीं सदी के साठ और सत्तर के दशक में पश्चिमी शक्तियों द्वारा सूचना प्रवाह को नियन्त्रित करके अपने हित साधने और सांस्कृतिक उपनिवेशवाद स्थापित करने की बहस जोरों पर थी। मीडिया के ज़रिए साम्राज्यवादी देशों द्वारा सांस्कृतिक धरातल पर प्रभुत्व कायम करने की प्रक्रिया को एंतोनियो ग्रामशी सिद्ध कर चुके थे। सांस्कृतिक साम्राज्यवाद के बारे में शिलर की व्याख्या महत्त्वपूर्ण है। शिलर[5] के मुताबिक, "इस प्रक्रिया का निचोड़ ये है कि इसके ज़रिए किसी समाज को विश्व व्यवस्था के मातहत लाया जाता है। इसमें इसकी प्रभुत्वशाली संरचना में सामाजिक संस्थाओं पर दबाव डालकर, बलपूर्वक या कई बार रिश्वत के ज़रिए आकर्षित किया जाता है ताकि वे विश्व व्यवस्था के अनुकूल काम करें अथवा यहाँ तक कि व्यवस्था के प्रभावशाली केन्द्र के मूल्यों को बढ़ावा भी दें।" दूसरे समाजशास्त्रियों और संचार विज्ञानियों ने भी मीडिया और ख़ास तौर पर टेलीविज़न के प्रभावों का अध्ययन करके बहुत ही क्रान्तिकारी निष्कर्ष निकाले थे। इन निष्कर्षों से जन संचार की प्रक्रिया, भूमिका तथा प्रभावों के अध्ययन में बहुत मदद मिली और इसने सूचना एवं समाचार के विभिन्न तरह से इस्तेमाल के बारे में ज़बर्दस्त जागरूकता भी पैदा की। उसी दौरान यूनेस्को के मातहत हैमरशोल्ड फाउंडेशन[6] द्वारा आयोजित अध्ययन में कहा गया कि "मौजूदा सूचना तन्त्र में बहुराष्ट्रीय निगमों का वर्चस्व चिन्तनीय है।" इसी के बाद यूनेस्को ने सीन मैकब्राइड आयोग का गठन किया था जिसने सूचना के स्वतन्त्र प्रवाह की वकालत करते हुए कहा था कि तीसरी दुनिया को एक समानान्तर सूचना तन्त्र

विकसित करना चाहिए। मैकब्राइड आयोग ने अपनी रिपोर्ट 'मेनी वॉयसेज, वन वर्ल्ड'[7] में बहुराष्ट्रीय मीडिया कार्पोरेशन की कड़ी आलोचना की। आयोग ने विशेष रूप से तीसरी दुनिया के विकासशील देशों में इन पाश्चात्य दानवाकार मीडिया कम्पनियों द्वारा किये जा रहे विचारधारात्मक और सांस्कृतिक हमले के प्रति गहरी चिन्ता प्रकट की। इस रिपोर्ट के बाद वैकल्पिक सूचना व्यवस्था के निर्माण की पहल भी हुई थी। कहने का मतलब ये है कि न्यूज़ को केवल सूचना के चश्मे से देखना ठीक नहीं होगा, क्योंकि प्रसारित की जाने वाली हर सूचना का अपना सन्दर्भ एवं प्रयोजन होता है और उसे अनदेखा करने से पूरी तस्वीर सामने नहीं आ सकती।

पिछले दो-ढाई दशकों में विश्व स्तर पर जन संचार की स्थिति में गुणात्मक बदलाव आये हैं। इसकी सबसे बड़ी वजह तो नवउदारवादी आर्थिक नीतियाँ थीं। इन नीतियों ने समूची व्यवस्था पर प्रभाव डाला और जाहिर है कि मीडिया भी उससे बचा नहीं। सबसे बड़ी बात ये हुई कि मीडिया में मुनाफ़ा कमाने की प्रवृत्ति हावी हो गयी। वरिष्ठ पत्रकार प्रोनंजय गुहा ठाकुरता[8] बताते हैं, "जब इंदर मल्होत्रा को टाइम्स ऑफ इंडिया के सम्पादक पद से हटाया गया तो उन्होंने चेयरमेन समीर जैन से पूछा था कि क्या वे साबुन और अखबार को एक जैसा समझते हैं। क्या साबुन को विश्सनीयता और ईमानदारी साबित करने की ज़रूरत पड़ती है...जवाब में समीर जैन ने एक ही बात कही और वह ये कि वे कारोबार करते हैं और उन्हें मुनाफ़ा कमाना है। तो जब मुनाफ़ा कमाना ही कम्पनियों का लक्ष्य होगा तो आप कुछ भी कर सकते हैं ख़बर का। आप नाग-नागिन की शादी बेचते हैं, भूत-प्रेत की कहानियाँ भी शुरू हो जाती हैं।"

जिस समय भारत में नवउदारवादी आर्थिक नीतियों का आगाज़ हुआ उस समय सरकारी जन माध्यम था जिसमें मुनाफे को लेकर वैसी मारामारी या लालच नहीं था। मगर इसके तहत होने वाले निजीकरण ने उन्हें भी बाज़ार के रंग में रँगना शुरू कर दिया और इस काम में हथियार बनी रेटिंग व्यवस्था। "पब्लिक संस्थानों के निजीकरण की दिशा में पहला कदम होता है व्यवसायिकतावाद की विचारधारा से उनका औपनिवेशीकरण। पब्लिक टेलीविज़न (लोक प्रसारण) में चूँकि रेटिंग ज़्यादा महत्त्वपूर्ण हो गयीं इसलिए बाज़ार आधारित मान्यताएँ भी ज़्यादा स्वीकृत होने लगीं। नागरिक और उपभोक्ता का अन्तर कम होने लगा क्योंकि दोनों टेलीविज़न पर क्या देखना है इस सम्बन्ध में पसन्द तय करते हुए नज़र आने लगे। जब जनसेवा भी व्यावसायिक मार्केटिंग के पैमाने पर निर्भर करने लगी तो जनता की सेवा करने और दर्शकों को जीतने के बीच अन्तर भी अन्ततः धुँधला पड़ने लगा[9]।"

नवउदारवाद के साथ ही साथ हुआ टेक्नालॉजी का विस्फोट। टेक्नालॉजी के क्षेत्र में आये युगान्तकारी परिवर्तनों की वजह से सूचना क्रान्ति का जन्म हुआ और उसने नये संचार युग की आधारशिला रख दी। टेक्नालॉजी में हुई प्रगति के फलस्वरूप सैटेलाइट संचार ने एक लम्बी छलाँग लगाई और इसका सबसे ज़्यादा लाभ मिला

टेलीविज़न को। इसने किसी भी कार्यक्रम के विश्वस्तर पर प्रसारण को सम्भव बना दिया। घटनाओं को लाइव दिखाने की क्षमता हासिल होने से टीवी न्यूज़ को मानो पंख लग गये और वह एक चमत्कारिक ढंग से लोकप्रियता हासिल करने लगा। उसकी इस नयी क्षमता ने टेलीविज़न न्यूज़ के एक बड़े बाज़ार की राह भी खोल दी, उसे लोकल से ग्लोबल बना दिया। यही मीडिया आगे चलकर नवउदारवादी आर्थिक नीतियों को दुनिया भर में फैलाने का औजार बन गया। भारत में भी टेलीविज़न उद्योग का असली विकास 1991 के आसपास हुआ जब सैटेलाइट प्रसारण की टेक्नालॉजी से देश लैस हो गया और उसने अपनी अर्थव्यवस्था के दरवाज़े दुनिया भर के कारोबारियों के लिए खोल दिये।

हम टीवी न्यूज़ तथा बाज़ार के अन्तःसम्बन्धों की पड़ताल रेटिंग प्रणालियों के प्रभावों के आधार पर कर रहे हैं। लेकिन रेटिंग प्रणालियों और टीवी न्यूज़ पर पड़ रहे उसके प्रभावों का अध्ययन करने से पहले ये देखना ज़रूरी है कि आख़िरकार टीवी न्यूज़ या उन्हें प्रसारित करने वाले न्यूज़ चैनलों का कारोबार कैसे चलता है, इन चैनलों की अर्थव्यवस्था किस तरह की होती है, उनमें पूँजी की क्या भूमिका है, वह कहाँ से आती है और उसके प्रमुख उद्देश्य क्या होते हैं। यही नहीं, न्यूज़ चैनल अपने आर्थिक लक्ष्यों के साथ बाज़ार की संरचना में कहाँ अवस्थित हैं और बाज़ार उन्हें किस तरह से देखता है।

टीवी न्यूज़ का वस्तुकरण

सर्वप्रथम तो ये समझ लेना ज़रूरी है कि टीवी न्यूज़ बाज़ार की संरचना में किस जगह अवस्थित है। टीवी न्यूज़ से समाज की चाहे जो भी अपेक्षाएँ हों और वह उन पर भिन्न कारणों से कितना ही भरोसा क्यों न करता हो मगर सचाई यही है कि वह एक उत्पाद, एक वस्तु बनाई जा चुकी है। टीवी न्यूज़ का उत्पादन होता है और उसे बाकायदा बाज़ार में बेचा जाता है। बाज़ार की दिलचस्पी हर तरह की न्यूज़ में नहीं होती। उसे उसी तरह की न्यूज़ चाहिए होती हैं जो उसके उत्पादों या सेवाओं को बेचने में सहायक हों या कम से कम उसमें किसी तरह का व्यवधान तो पैदा न ही करें। बाज़ार विज्ञापनों के ज़रिए ऐसा वातावरण निर्मित करते हैं कि न्यूज़ उत्पादक चैनल उसकी जरूरतों के अनुरूप व्यवहार करें। वे अपने दर्शकों को मानसिक रूप से ऐसे तैयार करें कि उनका रूपान्तरण उपभोक्ताओं के रूप में हो जाये। इस तरह मीडिया और टीवी न्यूज़ भी, उपभोक्ता संस्कृति का निर्माण करते हैं, जिसमें न्यूज़ भी उपभोग की वस्तु बन जाती है, उसका वस्तुकरण हो जाता है। टीवी न्यूज़ की राजनीतिक-अर्थव्यवस्था (Political economy) का अध्ययन करने से ये बात और भी स्पष्ट हो जाती है। मैक्वेल[10] के मुताबिक व्यावसायिक टेलीविज़न की राजनीतिक अर्थव्यवस्था का अन्तिम लक्ष्य है दर्शकों की संख्या में इजाफा। वाणिज्यिक-व्यवस्था

में दर्शकों को जीतने का प्रयास इस तरह से होता है कि दर्शक ही बाज़ार हैं और इसमें दर्शक के सम्भावित उपभोक्ता होने को दोहरे अर्थों में परिभाषित किया जाता है। वे न केवल टीवी कार्यक्रमों के उपभोक्ता होते हैं, बल्कि विज्ञापनों के भी। मैक्वेल के उपरोक्त कथन से स्पष्ट है कि बाज़ार में टीवी न्यूज़ एक उपभोग की वस्तु है और उसे देखने वाले दर्शक उपभोक्ता। ऐसे में दोनों के बीच वैसे सम्बन्ध नहीं रह जाते जैसे कि आम धारणा के मुताबिक हम सोचते हैं, जिसमें टीवी न्यूज़ एक पवित्र चीज है और दर्शक एक नागरिक के रूप में उसका उपयोग करता है। डेनियल सी. हालिन[11] नवउदारवादी परिवर्तनों के प्रभाव का ज़िक्र करते हुए कहते हैं कि मीडिया ने जन-क्षेत्र में काम करने वाले संस्थान की भूमिका खो दी है। वह वाणिज्य तथा उपभोग के लिए एक साधन और वस्तुकृत (Commoditized) मनोरंजन उद्योग बनकर रह गया है।

मैक्वेल[12] ने इसे स्पष्ट करते हुए ये भी कहा है कि जैसे-जैसे मीडिया एक बड़े कारोबार में बदलता गया मार्केट शब्द की अहमियत बढ़ती चली गयी। मार्केट ने मास (Mass) यानी जन की जगह ले ली। आम तौर पर मीडिया खुद को मार्केट को बेचता है या फिर विज्ञापनदाताओं को उपभोक्ता (दर्शक) बेचता है। दर्शकों को परिभाषित करते हुए मैक्वेल ने कहा कि वे मीडिया सेवाओं और उत्पादों के सम्भावित उपभोक्ताओं के ऐसे समूह होते हैं, जिनकी सामाजिक-आर्थिक स्थिति ज्ञात होती है।

यहाँ दो बातें महत्त्वपूर्ण हैं। पहली तो ये कि टीवी न्यूज़ के निर्माता या न्यूज़ चैनल न केवल दर्शकों को अपने कार्यक्रम और विज्ञापन बेचते हैं, बल्कि अपने दर्शकों को भी वे बेचते हैं और उनके खरीदार होते हैं विज्ञापनदाता। दर्शकों को भी उपभोक्ता बनाया जाता है और ऐसा करते समय उनकी सामाजिक-आर्थिक स्थिति को ध्यान में रखा जाता है क्योंकि बाज़ार के लिए वह सबसे अहम होती है। अपने उत्पादों को वह ख़ास तरह के उपभोक्ताओं में ही बेच सकता है इसलिए उसे उनके बारे में जानकारी होना लाजिमी होता है। डेनियल हालिन[13] यकीन के साथ कहते भी हैं कि जन संचार ने निश्चित रूप से उपभोक्ता समाज को बढ़ावा देने की भूमिका अदा की है।

इस तरह ये स्पष्ट हो जाता है कि टेलीविज़न न्यूज़ का बाज़ार के साथ सम्बन्ध व्यापारिक है। इस सम्बन्ध में दर्शक की स्थिति उपभोक्ता की बना दी गयी है और न्यूज़ चैनल के लिए वे भी एक उत्पाद हैं जिन्हें वह विज्ञापनदाताओं को बेचते हैं। टेलीविज़न न्यूज़, उसके दर्शकों और बाज़ार के बीच स्थापित इन सम्बन्धों को रेटिंग प्रणाली कैसे मजबूत करती है और इस प्रक्रिया में न्यूज़ को कैसे बदलती है इसका अध्ययन हम आने वाले अध्यायों में करेंगे। अब ये देखते हैं कि टेलीविज़न न्यूज़ का भारतीय बाज़ार कैसा है, कितना बड़ा है और किस तरह की सम्भावनाएँ उसमें मौजूद हैं।

टीवी न्यूज़ का भारतीय बाज़ार

पिछले दो दशकों में भारत का मीडिया बाज़ार अभूतपूर्व ढंग से बढ़ा है। इसमें भी टेलीविज़न उद्योग के विकास की गति दूसरे क्षेत्रों की तुलना में और भी तेज रही है। अगर विश्व स्तर पर उसकी स्थिति का आकलन किया जाये तो वह विकास दर के मामले में ब्राजील के बाद दूसरे नम्बर पर आ गया है[14]

चुनिंदा देशों में टीवी की पहुँच और भारत (सन् 2010-2011)

अमेरिका	-	2.1%
ब्रिटेन	-	3.6%
चीन	-	10.6%
रूस	-	14.4%
भारत	-	15.8%
ब्राजील	-	22.5%

मार्केट रिसर्च एजेंसी केपीएमजी द्वारा सन् 2011 में किये गये अध्ययन से पता चलता है कि टेलीविज़न बहुत तीव्र गति से भारतीय बाज़ार में अपनी पैठ बना चुका है और लगातार बनाता चला जा रहा है। भारतीय टेलीविज़न 14.6 करोड़ घरों तक पहुँच चुका है ये कुल आबादी का लगभग साठ फीसदी है (देश में कुल 23.2 करोड़ घर हैं)। सन् 2016 तक ये संख्या बढ़कर सत्तर फीसदी तक हो जायेगी, जिसका मतलब है कि इस क्षेत्र में विकास की बहुत बड़ी सम्भावना मौजूद है[15]। एक अन्य मार्केट रिसर्च एजेंसी टैम इंडिया की वेबसाइट के मुताबिक सन् 2012 में टीवी की पहुँच 14.8 करोड़ घरों तक हो जायेगी[16]।

टेलीविज़न इंडस्ट्री के विकास को टेलीविज़न सेट्स की बढ़ती बिक्री में भी देखा जा सकता है। अनुमान है कि 2011 में एक करोड़ सत्तर लाख टीवी थे। सन् 2005 से हर साल लगभग एक करोड़ बीस लाख से लेकर एक करोड़ साठ लाख तक टीवी सेट्स बिक रहे हैं। हर साल साठ से सत्तर लाख नये घरों में टीवी पहुँच रहे हैं, जिसका मतलब है कि लगभग चालीस फ़ीसदी प्रति वर्ष की दर से टीवी की बढ़ती पहुँच की ओर संकेत करता है, जबकि बाकी टीवी सेट्स लोगों द्वारा बदले जाने की वजह से या फिर एक से ज़्यादा टीवी रखने की वजह से खरीदे जा रहे हैं।

टीवी इंडस्ट्री का आकार

टीवी उद्योग का आकार (अरबों में)	2007	2008	2009	2010	औसत वृद्धि दर (2007-2010)
	211	241	257	297	12%

टीवी उद्योग का आकार (अरबों में)	2011	2012	2013	2014	2015	औसत वृद्धि दर (2011-2015)
	341	389	455	533	630	16%

टेलीविज़न इंडस्ट्री का आकार पिछले एक दशक में अभूतपूर्व गति से बढ़ा है। यहाँ तक कि इस उद्योग की विकास दर राष्ट्रीय विकास दर को भी लाँघ गयी है। सन् 2007 से 2010 के बीच में इसकी विकास दर बारह फ़ीसदी के आसपास रही और इसका आकार इक्कीस हज़ार एक सौ करोड़ से बढ़कर उनतीस हज़ार सात सौ करोड़ हो गया। सदी के दूसरे दशक में ये रफ्तार और भी तेज हो गयी। सन् 2011 में टीवी इंडस्ट्री लगभग चौंतीस हज़ार एक सौ करोड़ की थी। अनुमान है कि सन् 2015 तक ये तिरेसठ हज़ार करोड़ की हो जायेगी। ये अनुमानित वृद्धि दर सोलह फ़ीसदी के आसपास है। ज्यादातर उद्योगों की तुलना में ये विकास दर काफी ज़्यादा है।

विज्ञापन राजस्व में वृद्धि

टीवी उद्योग का आकार (अरबों में)	2007	2008	2009	2010	औसत वृद्धि दर (2007-2010)
	71	83	88	103	13%

विज्ञापन राजस्व (अरबों में)	2011	2012	2013	2014	2015	औसत वृद्धि दर (2011-2015)
	118	136	157	183	214	16%

जहाँ तक टेलीविज़न उद्योग को विज्ञापनों से होने वाली आय का प्रश्न है तो उसमें भी लगातार वृद्धि देखी जा रही है। सन् 2007 में ये सात हज़ार एक सौ करोड़ थी जो कि तेरह फ़ीसदी की दर से सन् 2010 में बढ़कर दस हज़ार तीन सौ करोड़ हो गयी। 2011 में ये आय बढ़कर ग्यारह हज़ार आठ सौ करोड़ हो गयी। ये वृद्धि विश्वव्यापी मन्दी के बावजूद दर्ज की गयी। इसके एक साल पहले ये वृद्धि दर बीस फ़ीसदी के आसपास थी। अनुमानों के मुताबिक सन् 2015 तक विज्ञापन से प्राप्त होने वाला राजस्व 16 प्रतिशत की अनुमानित वृद्धि दर से लगभग दोगुना यानी इक्कीस हज़ार चार सौ करोड़ हो जाएगा[17]।

विज्ञापन राजस्व में विभिन्न माध्यमों की हिस्सेदारी

प्रिंट	टेलीविज़न	रेडियो	इंटरनेट	ओओएच
44%	41%	5%	4%	6%

अगर विज्ञापन से प्राप्त होने वाले कुल राजस्व में हिस्सेदारी को देखा जाये तो निश्चित रूप से प्रिंट हावी दिखता है[18]। सन् 2011 में कुल चवालीस फ़ीसदी राजस्व उसके खाते में जाता है। मगर टेलीविज़न भी उससे बहुत पीछे नहीं रहा, इकतालीस फ़ीसदी विज्ञापन वह ले गया। ये स्थिति तेज़ी से बदल रही है। अनुमान है कि अगले तीन साल में टेलीविज़न प्रिंट से आगे निकल जायेगा। सूचना एवं प्रसारण मन्त्रालय[19] की वेबसाइट के मुताबिक दिसम्बर, 2012 तक देश में कुल 831 चैनलों के लिए लायसेंस जारी किये जा चुके हैं। इनमें से 351 न्यूज़ चैनल के हैं। बहुत सारे चैनल मन्त्रालय की मंजूरी की प्रतीक्षा में हैं। अनुमान है कि अगले तीन साल में चैनलों की संख्या एक हज़ार पार कर जायेगी। दर्शकों की संख्या में तो इजाफा हो ही रहा है, टीवी देखने की अवधि में भी लगातार वृद्धि होती जा रही है। स्पष्ट है कि टीवी उद्योग के तेज विकास की पूरी सम्भावना है और इसमें न्यूज़ चैनलों का भी बड़ा हिस्सा, लगभग चालीस फ़ीसदी रहेगा। ये सही है कि मनोरंजन और दूसरी तरह के चैनलों के मुकाबले न्यूज़ चैनलों के हिस्से में विज्ञापनों का हिस्सा छोटा होता है, मगर दिलचस्प बात ये है कि अगर दर्शकों की संख्या के हिसाब से देखा जाये तो विज्ञापनों से होने वाली उसकी आय ज़्यादा ही है।

न्यूज़ चैनलों का स्वामित्व और उसका चरित्र

इसमें तो सन्देह नहीं है कि टीवी न्यूज़ का भारतीय बाज़ार गरम है और इसीलिए इसमें पूँजी लगाने वालों की तादाद में भी लगातार वृद्धि होती जा रही है। इसी का नतीजा है कि न्यूज़ चैनलों की संख्या में बड़ी तेज़ी से इजाफा हो रहा है। अगर मार्केटिंग की भाषा में कहा जाये तो ये चैनल राष्ट्रीय स्तर से लेकर क्षेत्रीय और यहाँ तक कि शहरों तक के बाज़ार को केन्द्रित करके खुद को चला रहे हैं। यहाँ ये बता देना आवश्यक है कि मीडिया संस्थानों के ढाँचे में ही उसका चरित्र छिपा होता है, इसलिए उसका अध्ययन करना ज़रूरी हो जाता है। लन्दन विश्वविद्यालय में संचार के प्राध्यापक जेम्म करेन[20] ने मीडिया के यथास्थितिवादी चरित्र के लिए जो ग्यारह कारण गिनाये हैं उनमें से सात ऐसे हैं जिनका सम्बन्ध मीडिया के कारोबार और कारोबारी ढाँचे से है।

अब सवाल उठता है कि इन चैनलों का ढाँचा क्या है और इनमें लगने वाली पूँजी कहाँ से आ रही है, उसका मकसद क्या है। कई शीर्ष चैनलों में वरिष्ठ पदों पर काम कर चुके वरिष्ठ पत्रकार शैलेश का कहना है कि टीवी न्यूज़ उद्योग में चार तरह की पूँजी और पूँजी लगाने वाले लोग आये हैं। पहले तो वे हैं जिनका कारोबार ही मीडिया है और वे दूसरे धन्धों में नहीं हैं। दूसरे वे लोग या कम्पनियाँ हैं जिनका मूल कारोबार मीडिया नहीं है मगर उन्होंने तेज़ी से बढ़ते इस उद्योग में भी दिलचस्पी दिखाई है। तीसरी संदिग्ध छवियों वाली कम्पनियाँ हैं जिनका कारोबार जनता को रकम दोगुनी-चौगुनी कर देने का लालच देकर पैसा इकट्ठा करना है। चिट फंड के धन्धों में लिप्त ऐसी

कम्पनियाँ अपने धन्धों को संरक्षण प्रदान करने के लिए मीडिया को अपने हाथ में लेने के मक़सद से न्यूज़ चैनल शुरू करती हैं। इसी वर्ग में शामिल एक समूह निर्माण (Construction) और रीयल इस्टेट के कारोबार से जुड़े लोगों और कम्पनियों का है। रीयल इस्टेट और कंस्ट्रक्शन से जुड़ी ये कम्पनियाँ सरकार एवं प्रशासन में पैठ बनाने के इरादे से मीडिया में आ रही हैं। चौथा प्रकार उन न्यूज़ चैनलों का है जो विशुद्ध रूप से राजनीतिक दलों या नेताओं द्वारा अपनी राजनीति को शक्ति प्रदान करने के लक्ष्य को लेकर मीडिया में आया या आ रहा है। शैलेश का मानना है कि बाद के दोनों प्रकार के निवेशक न्यूज़ कंटेंट को लेकर गम्भीर नहीं होते और उन्हें केवल अपने दूसरे व्यापारिक हितों की चिन्ता रहती है। इसीलिए असफल चैनलों की फेहरिस्त में ऐसे ही प्रतिष्ठानों की तादाद सबसे अधिक है। टेलीविज़न न्यूज़ सहित मीडिया में बड़ी तादाद में अगम्भीर और गैर-पत्रकारीय एजेंडे वाले पूँजी निवेशकों के आने से धन कमाने की गलत प्रवृत्तियाँ एकदम से बढ़ गयी हैं[21]।

हालाँकि, हाल के वर्षों में देखा गया है कि पुरानी मीडिया कम्पनियों ने अपने व्यापार को विस्तार देने के लिए दूसरे क्षेत्रों में भी कदम रख दिये हैं। यानी उनके व्यावसायिक स्वार्थ अर्थव्यवस्था के दूसरे क्षेत्रों में भी हैं और इससे उनकी पत्रकारीय निष्ठा पर प्रश्नचिह्न लगना लाजिमी है। ज़ी समूह का स्वामित्व निर्माण, प्रॉपर्टी के अलावा खदानों के क्षेत्र में भी कारोबार कर रहा है।

मीडिया के स्वामित्व के चरित्र के बारे में अमेरिकी चिन्तक एडवर्ड एस. हर्मन और नोम चोम्सकी का कहना है कि मीडिया कम्पनियों का एक पक्ष सरकार भी है। बहुत सारी चीज़ों के लिए उनकी निर्भरता सरकार पर भी रहती है, इसलिए राजनीतिक नियन्त्रण भी उन पर काम करता है। चूँकि वे बहुत सारे दूसरे धन्धे भी करती हैं इसलिए उन्हें सरकार और प्रशासन से बनाकर चलना पड़ता है। संक्षेप में कहा जाये तो बड़ी मीडिया कम्पनियों को बहुत धनी लोग नियन्त्रित करते हैं। ये कम्पनियाँ अपने मालिकों और विभिन्न तरह से लाभ देने वाले मार्केट से बँधे होते हैं। इनके बीच करीबी सम्बन्ध होते हैं और बड़े निगमों, बैंकों और सरकारों के साथ उनके साझा स्वार्थ होते हैं[22]।

एक महत्त्वपूर्ण बात ये भी गौर करने लायक है कि मीडिया का कारोबार करने वालों का अपने व्यवसाय के बारे में भी रवैया बदल गया है। अमेरिकी पत्रिका 'द न्यूयार्कर' में बेनेट एंड कोलमैन (टाइम्स समूह) के प्रबन्ध निदेशक विनीत जैन ने कहा कि वे न्यूज़ का नहीं, विज्ञापनों का कारोबार करते हैं[23]। उनके इस वक्तव्य का सीधा सा मतलब यही निकलता है कि उनके संस्थान के लिए विज्ञापन सर्वोपरि हैं और न्यूज़ की अहमियत निश्चित रूप से कम है। जाहिर है कि ये मीडिया मालिकों की नये सोच को प्रतिबिंबित करता है जो कि मीडिया संचालन की पूर्व धारणा के ठीक विपरीत है। पहले पत्र-पत्रिकाएँ चलाने के लिए विज्ञापनों की चिन्ता की जाती थी, मगर विनीत

जैन के लिए विज्ञापन प्रमुख हो गये हैं इसलिए कंटेंट दूसरी प्राथमिकता बन गया है। ऐसे में जनहित का उनके लिए केवल और केवल व्यावसायिक महत्त्व रह जाता है।

यहाँ मीडिया मुगल रुपर्ट मर्डोक का ये बयान गौर करने लायक है। कुछ समय पहले मर्डोक ने कहा था, ''सिंगापुर उदार देश नहीं है, मगर साफ़-सुथरा है और नशीले पदार्थों से मुक्त है। कुछ समय पहले तक ये ग़रीब और शोषित मुल्क था, जहाँ अकाल, बीमारियाँ और दूसरी समस्याएँ थीं। आज लोग तीन कमरों के मकान में रह रहे हैं और अपना रोज़गार कर रहे हैं। भौतिक विकास की प्रेरणा मुक्त बाज़ार वाली अर्थव्यवस्था का निर्माण करती है। यदि नेताओं ने लोकतन्त्र कायम करने की कोशिश की होती तो उसकी हालत रूस जैसी हो जाती। नब्बे फ़ीसदी लोग समृद्ध जीवन चाहते हैं न कि वोट देने का अधिकार[24]।''

रुपर्ट मर्डोक का ये बयान बताता है कि न तो उनकी श्रद्धा लोकतन्त्र में है और न ही अभिव्यक्ति की स्वतन्त्रता में। उनके लिए व्यावसायिक हित सर्वोपरि हैं। शायद उनके इसी सोच का ही परिणाम था कि उनकी विश्वविख्यात पत्रिका 'न्यूज़ ऑफ द वर्ल्ड' ने एक छात्रा का फोन हैक किया जो कि उनकी विश्वव्यापी फजीहत का कारण भी बना। इस मामले पर फैसला सुनाने वाले जस्टिस लेवसन ने मीडिया के रवैये को बेहद गैर-ज़िम्मेदार माना था और यहाँ तक कह दिया था कि वह जनहित से ज़्यादा महत्त्व सनसनी को देता है[25]।

टीवी संस्थानों में कार्पोरेट दिलचस्पी

बहरहाल, मीडिया और टीवी न्यूज़ के प्रसारण में स्वामित्व नये रूप भी अख़्तियार कर रहा है। दुनिया भर में कम्पनियाँ या तो मौजूदा मीडिया संस्थानों को खरीद रही हैं या फिर उनमें पूँजी लगाकर हिस्सेदारी बढ़ा रही हैं। इस प्रवृत्ति को मीडिया के कंसोलिडेशन का नाम दिया गया है। ये सही है कि बहुत सारे टेलीविज़न चैनलों की हालत खस्ता हो रही थी। इसकी सबसे बड़ी वजह रोज़मर्रे के ख़र्चे और वितरण पर होने वाला व्यय था। ऐसे लड़खड़ाते चैनलों को पूँजी की ज़रूरत थी और कार्पोरेट घराने भी मीडिया की बढ़ती शक्ति और उसके व्यापारिक फायदों पर नज़र गड़ाये हुए थे। इसी का परिणाम ये निकला कि भारत में न्यूज़ चैनल चलाने वाली कई प्रमुख कम्पनियों में बड़े कार्पोरेट घरानों ने मोटा धन निवेश किया है। मीडिया से सम्बन्धित समाचारों की वेबसाइट www.thehoot.org के मुताबिक[26] टीआरपी के हिसाब से अव्वल चैनल आज तक (लिविंग मीडिया ग्रुप) में आदित्य बिड़ला की साढ़े सत्ताईस फ़ीसदी की हिस्सेदारी है। समाचार और मनोरंजन से जुड़े चैनल समूह टीवी 18 में मुकेश अंबानी ने पहले लगभग छब्बीस सौ करोड़ का निवेश किया और इस निवेश के ज़रिए उनकी कम्पनी का ईनाडु टीवी ग्रुप में भी दखल हो गया। इसके बाद उन्होंने साल भर के अन्दर पूरे मीडिया समूह को ही अपनी जेब में डाल लिया। इसी तरह एक और चैनल

समूह एनडीटीवी न्यूज़ में भी ओसवाल ग्रीनटेक की हिस्सेदारी है। इंडस्ट्री के जानकारों का मानना है कि ये प्रवृत्ति बढ़ती जायेगी, इसलिए नहीं कि इसमें व्यापारियों और उद्योगपतियों को टीवी इंडस्ट्री में बड़ा मुनाफ़ा दिख रहा है, बल्कि इसलिए कि उनको एहसास हो गया है कि टेलीविज़न न्यूज़ की ताकत में बेहिसाब इजाफा हुआ है और अपने हितों को आगे बढ़ाने के लिए उस पर अपना नियन्त्रण रखना ज़रूरी भी है और कई दूसरी वजहों से फायदेमन्द भी।

प्राक्टर एंड गैंबल एफएमसीजी (Fast moving consumer products) प्रोडक्ट बनाने वाली दुनिया की सबसे बड़ी कम्पनियों में गिनी जाती है और विज्ञापन देने के मामले में भी वह अव्वल रहती है। वह पत्र-पत्रिकाओं एवं टीवी चैनलों के कंटेंट में सीधे-सीधे दखल देती है। अमेरिका में फेडरल कम्यूनिकेशंस कमीशन में 1965 में हुई सुनवाई में कम्पनी ने स्वीकार किया कि वह उन मीडिया कम्पनियों को अपनी ओर से निर्देशत करती है जिन्हें विज्ञापन देती है[27]। ये काम हर बड़ी कम्पनी करती है। उसके पास मीडिया कम्पनियों का हाथ मरोड़ने के लिए आर्थिक ताक़त होती है और वे इसका भरपूर इस्तेमाल करती हैं। जब कभी कम्पनियों के बारे में या उनके किसी उत्पाद के बारे में कोई नकारात्मक समाचार आते हैं तो उन्हें भी वह इसी तरह से नियन्त्रित करती है। कई बार भरपूर विज्ञापन देकर मीडिया का मुँह बन्द कर दिया जाता है और दर्शकों-पाठकों को पता भी नहीं चलता कि हुआ क्या।

मीडिया कम्पनियों में एक और ट्रेंड चल पड़ा है जो कि उनके कामकाज में कारर्पोट दखलन्दाजी को बढ़ाने वाला है। "वे अपने प्रबन्धन में बड़ी कार्पोरेट कम्पनियों के नुमाइंदों को शामिल करने लगी हैं। टीवी टुडे के बोर्ड में भारती एंटरप्राइज के ज्वायंट एम.डी.राजन, भारती मित्तल और अनिका इंटरनेशनल के एम. डी. अनिल विग शामिल हैं। जागरण प्रकाशन के बोर्ड ऑफ डायरेक्टर्स में पेंटालून रिटेल के एम.डी. किशोर बियानी, मैक्डोनाल्ड इंडिया के एम.डी. बिक्रम बख्शी, लोडस्टार यूनिवर्सल इंडिया के सीईओ शशिधर सिन्हा, मिर्जा इंटरनेशनल के राशिद मिर्जा और रीयल एस्टेट कंस्लटेंसी फर्म जे. एल. एल. मेघराज के चेयरमैन अनुज पुरी शामिल हैं। एचटी मीडिया के डायरेक्टर्स में अर्नेस्ट एंड यंग इंडिया के पूर्व चेयरमैन के. एन. मेमानी, आई.टी.सी.लिमिटेड के चेयरमैन वाई. सी. देवेश्वर, पूर्व ब्यूरोक्रेट और जनता दल यूनाइटेड के सांसद एन. के. सिंह भी हैं[28]।" जाहिर है कि मीडिया कम्पनियों और कार्पोरेट की इस गलबहियाँ से हितों का टकराव पैदा होता है, क्योंकि मीडिया घराने आर्थिक लाभ के लिए कार्पोरेट को खुश करने में लगे रहेंगे और कार्पोरेट भी उनको अपने फायदे के हिसाब से चलाने के लिए ड्रायविंग सीट पर ही बैठ जायेगा। यहाँ दर्शकों और बृहत्तर अर्थों में लोकतन्त्र का पक्ष रखने वाला और उनके हितों की रखवाली करने वाला कोई नहीं होगा और वैसी सूरत में क्या होगा ये समझना मुश्किल नहीं है।

क्रॉस मीडिया ऑनरशिप का सवाल

एक ओर ये प्रवृत्ति चल रही है तो दूसरी ओर मीडिया संस्थानों में बढ़ती एकाधिकारवादी प्रवृत्ति यानी मोनोपली को रोकने के लिए कोशिशें तेज हो रही हैं। विदेशों में क्रॉस मीडिया ऑनरशिप यानी एक कम्पनी का मीडिया के विभिन्न माध्यमों में स्वामित्व को वर्चस्व कायम करने की कोशिश के रूप में देखा जाता है और उसे सख्ती से रोका भी जाता है। मसलन, ज़ी टेलीफिल्म्स न केवल एक साथ कई चैनल चला रहा है बल्कि वह डिस्ट्रीब्यूशन के क्षेत्र में भी एक बड़ी ताकत बन चुका है। वह प्रिंट मीडिया में भी सक्रिय है। टीवी 18 भी टीवी चैनल और फ़िल्म निर्माण से लेकर चैनल डिस्ट्रीब्यूशन तक हर क्षेत्र में अपने पैर पसारे हुए है। लिविंग मीडिया, टीवी और प्रिंट के अलावा रेडियो सेवाएँ भी दे रहा है। यही हाल बैनेट एंड कोलमैन लिमिटेड (टाइम्स समूह), दैनिक भास्कर ग्रुप एवं जागरण समूह का है। सहारा तो प्रिंट और टेलीविज़न के साथ-साथ वितरण के क्षेत्र में उतर चुका है। तमिलनाडु, आन्ध्र प्रदेश और केरल आदि में राजनीतिक आधिपत्य वाली ऐसी बीसियों कम्पनियाँ हैं जो एक साथ मीडिया के विभिन्न कारोबारों में सक्रिय हैं।

किसी भी लोकतन्त्र के लिए ये स्वास्थ्यकर नहीं है कि मीडिया पर कुछ व्यक्तियों या कम्पनियों का कब्जा हो जाये, क्योंकि इससे अभिव्यक्ति की स्वतन्त्रता बाधित होती है, उस पर अंकुश लगता है। हालाँकि बड़े मीडिया घराने इस तरह की किसी रोक के हर प्रयास का विरोध कर रहे हैं और उनके दबाव में सरकार भी कोई कदम उठाने से हिचकिचा रही है लेकिन अमेरिका और यूरोप में इस खतरे को भाँपकर पहले ही एकाधिकार रोकने के कड़े नियम-कानून बना दिये गये हैं। देर अबेर भारत में भी ये होगा।

मीडिया में विदेशी निवेश

मीडिया में विदेशी निवेश का सवाल भी कई वर्षों से उलझा हुआ है। सरकार ने गैर न्यूज़ मीडिया में विदेशी निवेश की सीमा को तो बढ़ा दिया है मगर न्यूज़ के मामले में वह फूँक-फूँककर चल रही है। अभी विदेशी कम्पनियाँ छब्बीस प्रतिशत तक किसी न्यूज़ प्रतिष्ठान में निवेश कर सकती हैं। इससे उन्हें उस कम्पनी को नियन्त्रित और संचालित करने का अधिकार नहीं मिलता। इसका सीधा अर्थ ये है कि वे शान्त हिस्सेदार होती हैं और न्यूज़ चैनल की सम्पादकीय नीति पर अपने विचार नहीं थोप सकतीं। मगर यदि विदेशी पूँजी की हिस्सेदारी बढ़ाई जाती है तो ये ख़तरा भी खड़ा हो जायेगा।

भारत की बहुत से बड़े मीडिया संस्थान पैरवी कर रहे हैं कि न्यूज़ में विदेशी निवेश की सीमा को बढ़ा दिया जाना चाहिए। जाहिर है इसमें वे अपना फायदा देख रहे हैं, क्योंकि विदेशी हिस्सेदारों के साथ मिलकर वे कमज़ोर कम्पनियों को निगल

सकेंगे और देश के बाहर भी अपना विस्तार कर सकेंगे। यही वजह है कि अपेक्षाकृत छोटे मीडिया संस्थान नहीं चाहते कि ऐसा हो और लॉबिंग के ज़रिए सरकार पर दबाव बना रहे हैं ताकि वह ऐसा कोई क़दम न उठाए।

लोक प्रसारक बनाम-व्यावसायिक प्रसारक

अब थोड़ी सी चर्चा हम लोक प्रसारक (Public Broadcaster) की करेंगे। भारत में पहले दूरदर्शन और अब प्रसारभारती एक लोक प्रसारक के रूप में महत्त्वपूर्ण उपस्थिति रखता है। करीब पचपन हज़ार करोड़ की परिसम्पत्ति वाला प्रसारभारती पैंतीस टीवी चैनल चलाता है। देश भर में फैले 1415 ट्रांसमीटरों के ज़रिए टेरेस्ट्रियल प्रसारण पर उसका एकाधिकार है। केबल एवं सैटेलाइट चैनलों के आने और छा जाने के बावजूद ग्रामीण इलाकों में अभी भी उसकी पकड़ ढीली नहीं हुई है। डीडी न्यूज़ के नाम से वह एकमात्र न्यूज़ चैनल चलाता है। टेरेस्ट्रियल नेटवर्क के ज़रिए इसकी पहुँच देश के 49.4 फ़ीसदी इलाकों तक है[29]। सैटेलाइट और केबल के माध्यम से उसकी पहुँच किसी भी न्यूज़ चैनल की तुलना में सबसे ज़्यादा है क्योंकि सभी केबल ऑपरेटरों के लिए उसे दिखाना अनिवार्य है। दूरदर्शन के लगभग सभी चैनल मिले-जुले कंटेंट के साथ न्यूज़ बुलेटिन दिखाते हैं।

ढाई दशक पहले तक भारतीय टेलीविज़न का परिदृश्य सरकारी माध्यमों से आच्छादित था। दृश्य माध्यम में केवल और केवल दूरदर्शन था जो सरकारी सीमाओं को ध्यान में रखकर भारतीय समाज की सूचनाएँ शिक्षा और मनोरंजन की आवश्यकताओं को पूरा करता था। अस्सी के दशक के मध्य में ही बाज़ार ने उसमें घुसपैठ शुरू कर दी थी और उपभोक्ता संस्कृति का विस्तार भी वह करने लगा था। सन् 1976 की जनवरी से उसने विज्ञापन सेवा की शुरुआत कर दी थी और 1983 में प्रायोजित कार्यक्रम भी शुरू हो गये। निरमा पावडर, विको टर्मरिक और मैगी नूडल्स आदि के विज्ञापन अपना जलवा दिखाने लगे।

समाचारों की दुनिया में भी उसका एकछत्र राज था और सरकारी नियन्त्रण में रहते हुए वह जो कुछ दिखा सकता था दिखाता था। उस कालखंड में दूरदर्शन के लिए न तो कोई चुनौती थी और न ही किसी से किसी तरह की कोई प्रतिस्पर्धा। टीवी न्यूज़ पर उसका एकाधिकार था, वर्चस्व था। जाहिर है उस पर बदलाव और बेहतर होने के लिए किसी तरह का दबाव नहीं था। उस समय तक उस पर बाज़ार का भी कोई दबाव नहीं था। लेकिन नब्बे के दशक के उत्तरार्ध में प्रायोजित कार्यक्रमों के बढ़ते ज़ोर के साथ बाज़ार का प्रभाव भी दिखने लगा था। फिर भी वह ऐसा नहीं था कि सरकार के अधीन चलने वाले दूरदर्शन की नीतियों में आमूल-चूल परिवर्तन कर डाले।

यह भी सचाई है कि उस समय अर्थव्यवस्था में बाज़ार की भूमिका बहुत सीमित थी इसलिए उसकी शक्ति और प्रभाव भी सीमित था। सन् 1991 में आर्थिक

उदारवाद की शुरुआत के साथ बाज़ार बड़ी तेज़ी के साथ शक्तिशाली होने लगा। सरकार यही चाहती भी थी। उसने बाज़ार आधारित व्यवस्था को मजबूत करने के लिए नीतिगत फैसले लिए और उनमें से एक ये भी था कि निजी क्षेत्र को भी हर क्षेत्र में दाखिल होने दिया जाये, उसे रोका न जाये। इसी क्रम में पहले निजी चैनलों का आगमन शुरू हुआ और फिर दूरदर्शन पर ही प्रायोजित समाचारों का सिलसिला शुरू हुआ। कुछ वर्षों के भीतर ही चौबीस घंटे के निजी न्यूज़ चैनल भी शुरू होने लगे।

मीडिया विशेषज्ञ एवं समाजशास्त्री सुधीश पचौरी लिखते हैं, ''दूरदर्शन का उपभोक्तावादी संस्कृति से जो रिश्ता 1990 के बाद से बना उसे समझने के लिए हमें उसके दोहरे अर्थशास्त्र को समझना होगा क्योंकि विश्व में जहाँ कहीं भी टीवी फैला है, वहाँ उसने अपनी प्रक्रिया से दोहरे अर्थशास्त्र को जन्म दिया है। जाहिर है ये दोहरी अर्थव्यवस्था बिना विज्ञापन जगत के निर्मित नहीं होती[30]।'' अमरीकी पॉपुलर कल्चर और टीवी के मशहूर विशेषज्ञ जॉन फिस्के ने 'अंडरस्टैंडिंग पॉपुलर कल्चर' में कहा है कि ''टेलीविज़न अपने 'पण्य' (कार्यक्रमों) के 'निर्माण' और वितरण की प्रक्रिया को दोहरी अर्थव्यवस्था में सम्भव करता है। इस अर्थव्यवस्था का एक पहलू है 'वित्तीय' और दूसरा है 'सांस्कृतिक'। टीवी पर हम जो कुछ देखते हैं वह न तो सिर्फ सांस्कृतिक होता है न सिर्फ वित्तीय। वह एक साथ 'अर्थ-सांस्कृतिक' या 'आर्थिक-सांस्कृतिक' होता है[31]।'' जॉन फिस्के के इस सिद्धान्त के सन्दर्भ में भारतीय टेलीविज़न के उस रूपान्तरण को आसानी से समझा जा सकता है जो अस्सी एवं नब्बे के दशक में हुआ। आर्थिक नीतियों ने बाज़ार के पक्ष में टेलीविज़न के माध्यम से उपभोक्ता संस्कृति को बढ़ावा दिया और इस उपभोक्ता संस्कृति ने आर्थिक नीतियों को बल प्रदान करके उन्हें आगे बढ़ाने में योगदान दिया।

बहरहाल, लोक प्रसारक की भूमिका व्यावसायिक प्रसारणकर्ताओं (Private or commercial broadcasts) से भिन्न होती है। लोक प्रसारक आम जनता के धन से चलते हैं जो कि अधिकांशतः सरकार के ज़रिए उसे प्राप्त होता है। ब्रिटेन में बीबीसी और भारत में प्रसार भारती पब्लिक ब्राडकास्टर यानी लोकप्रसारक की श्रेणी में आते हैं। लोक प्रसारकों की आय के स्रोतों में विज्ञापन से प्राप्त होने वाला राजस्व भी होता है मगर मुख्य रूप से वे पब्लिक फंडिंग से ही चलते हैं और माना जाता है कि उनकी जवाबदेही भी जनता के प्रति ही होती है। इसके विपरीत निजी न्यूज़ चैनलों का स्वामित्व निजी हाथों में होता है जिसकी कमान या तो कोई व्यक्ति, व्यक्तियों का समूह या निगम सँभालता है। ऐसे चैनल पूरी तरह से बाज़ार से प्राप्त होने वाले राजस्व पर ही निर्भर रहते हैं। बाज़ार से उन्हें धन की प्राप्ति या तो विज्ञापन के ज़रिए होती है या फिर वितरण के मार्फत आने वाली सदस्यता राशि से। सदस्यता शुल्क उन्हीं चैनलों को मिलता है जिनकी बाज़ार में माँग होती है और जो एक पे चैनल के तौर पर वितरकों के ज़रिए दर्शकों से निश्चित राशि प्राप्त करते हैं। भारत में ज्यादातर

न्यूज़ चैनल फ्री टू एअर हैं, क्योंकि बहुत सारे विकल्प होने की वजह से और दर्शकों का रुझान मनोरंजन चैनलों की तरफ़ ज़्यादा होने के कारण वे न्यूज़ चैनलों पर धन खर्चना नहीं चाहते।

लोक प्रसारक की राजनीतिक-अर्थव्यवस्था में दर्शक उपभोक्ता के रूप में नहीं होता, उसे नागरिक या लोक के तौर पर देखा जाता है। ये मामूली फ़र्क़ नहीं है क्योंकि इस सम्बन्ध की वजह से लोक प्रसारक दर्शकों के साथ ख़रीदने-बेचने का सम्बन्ध नहीं बनाता। उसके सामने ऐसा करने की कोई व्यावसायिक मजबूरी नहीं होती, इसलिए वह कार्यक्रमों और न्यूज़ को मुनाफ़ा कमाने की गरज से तोड़ता-मरोड़ता नहीं है। ये और बात है कि लोक प्रसारक अकसर राजनीतिक एवं शासन के दबाव में भी काम करते हैं और अपने दर्शकों के साथ न्याय नहीं कर पाते। भारत में ही प्रसार भारती लोकप्रसारक की भूमिका का सही ढंग से निर्वाह नहीं कर पा रहा। मगर वहाँ हम ये भी पाते हैं कि वह निजी चैनलों की तरह फूहड़ और सस्ते हथकंडे नहीं अपनाता। लोक प्रसारण यदि सचमुच स्वतन्त्र हो तो उसमें वस्तुनिष्ठता बने रहने की गुंजाइश ज़्यादा रहती है।

दया कृष्ण थुस्सू के अनुसार, "विज्ञापनों के ज़रिए चलने वाला प्रसारण व्यावसायिक स्वार्थों के सामने जल्दी आत्मसमर्पण कर देता है। लोक प्रसारण व्यवस्था में टीवी निर्माता धन लेकर कार्यक्रमों का निर्माण करता है जबकि व्यावसायिक प्रसारण व्यवस्था में वह धन कमाने के लिए कार्यक्रम बनाता है। दोनों के आर्थिक मॉडल का ये फ़र्क़ बहुत बुनियादी है और ये स्पष्ट रेखा दोनों के बीच खींच देता है। लोक प्रसारण व्यवस्था में निर्माता के समक्ष कार्यक्रम को बेचने के लिए दबाव नहीं होता इसलिए जनहित से खिलवाड़ करने की कोई मजबूरी उसके सामने नहीं होती, बल्कि जनता के फंड से चलने की वजह से लोक प्रसारक को कुछ निश्चित अपेक्षाओं पर हमेशा खरा उतरना होता है[32]।"

एक दौर था जब दुनिया भर में लोक प्रसारकों ने ज़िम्मेदार प्रसारणकर्ता के रूप में निजी टीवी चैनलों के मुकाबले ज़्यादा सकारात्मक भूमिका निभाई। ख़ास तौर पर पश्चिमी यूरोप के देशों में। मगर व्यावसायिक प्रसारण से होड़ लेने के चक्कर में या नवउदारवादी दौर में जब उनसे भी मुनाफ़े की उम्मीद की जाने लगी तो वे भी भटकने लगे, उनमें भी गिरावट आयी। भारत में भी लोक प्रसारक के तौर पर दूरदर्शन जब बाज़ारोन्मुख कार्यक्रमों के प्रदर्शन की तरफ झुकने लगा तो इसे उसके मार्ग से विचलन के तौर पर दर्ज किया गया। यही नहीं, भारत में उपभोक्ता संस्कृति को सबसे पहले तो उसी ने पाला-पोसा और उस सोच के साथ दगाबाजी की जिसके तहत उसकी शुरुआत हुई थी।

हालाँकि ये भी माना जाता है कि दूरदर्शन या प्रसारभारती केवल नाम का ही लोक प्रसारक है और उसकी भूमिका सरकारी भोंपू की है। वह स्वतन्त्र और निष्पक्ष

ढंग से काम नहीं कर पाता, जिसकी वजह से एक लोक प्रसारक के तौर पर उसकी छवि भी नहीं बन पायी है। ख़ास तौर पर टेलीविज़न न्यूज़ के मामले में तो वह कतई खरा नहीं उतर पाया या शासक वर्ग ने उसे अपनी भूमिका को साबित करने की आज़ादी ही नहीं दी।

निजी न्यूज़ चैनलों की अर्थव्यवस्था

भारत में टेलीविज़न के बड़े विस्तार के बावजूद हकीकत यही है कि कुछ स्थापित चैनलों को छोड़कर अधिकांश न्यूज़ चैनल घाटे में चल रहे हैं। इसकी एक बड़ी वजह यही है कि यहाँ के बाज़ार की बनावट कुछ ऐसी है जिसमें उनके खर्चे ज़्यादा होते हैं और आय कम। मशीनरी आदि पर निवेश तो सीमित है, मगर हर महीने होने वाले खर्चों को पूरा कर पाना उनके लिए टेढ़ी खीर साबित होता है। भारतीय बाज़ार में न्यूज़ के निर्माण और प्रसारण से बड़ा खर्च उसके वितरण का है। एक राष्ट्रीय न्यूज़ चैनल को देश भर में वितरण के लिए पचास से सत्तर करोड़ रुपये हर साल खर्च करने पड़ते हैं। इसके अलावा उन्हें हर महीने दो से चार करोड़ रुपये वेतन और कार्यक्रमों के निर्माण आदि में खर्च करने होते हैं। अगर हम औसत छह करोड़ रुपये मासिक खर्च भी लें तो ये चैनल की अर्थव्यवस्था के लिए बहुत भारी पड़ते हैं, क्योंकि उन्हें ऊँची दरों पर इतने विज्ञापन नहीं मिल पाते जिससे वे अपने खर्चों की पूर्ति कर सकें। योजनाबद्ध ढंग से न्यूज़ चैनल शुरू करने वाले मानकर चलते हैं कि तीन से पाँच साल तक उन्हें घाटा उठाना पड़ेगा। मगर कई बार इस अवधि के बाद भी चैनल को फायदेमंद बनाना सम्भव नहीं हो पाता, क्योंकि टीआरपी के मामले में वे प्रमुख चैनलों का मुक़ाबला नहीं कर पाते जबकि विज्ञापन मिलने की कसौटी ही है टीआरपी। ऐसे में टीआरपी की होड़ में शामिल होना और न्यूज़ को हल्का या मनोरंजक बनाना उनकी मजबूरी हो जाती है। वे विज्ञापनदाताओं की शर्तों के सामने समर्पण करना शुरू कर देते हैं।

बिना योजना बनाये और पर्याप्त जानकारी जुटाकर न्यूज़ चैनल शुरू करने वाले प्रबन्धन तो और भी जल्दी हौसला खो बैठते हैं और धन अर्जित करने के लिए हर तरह के गोरखधंधे करने लगते हैं। इनमें कंटेंट के साथ खिलवाड़ तो है ही, पेड न्यूज़ से लेकर ब्लैकमेलिंग और धन वसूली तक शामिल हैं। इस खेल में चाहे-अनचाहे बहुत सारे पत्रकारों को भी शामिल होना पड़ता है और जब कभी उनके कार्यकलाप उजागर होते हैं तो जन-विश्वास को गहरा धक्का लगता है।

आर्थिक दबावों के चलते ही न्यूज़ चैनल घटनाओं के कवरेज और ख़बरों के निर्माण से लेकर उनके प्रसारण तक के ख़र्चे में कटौती करते जाते हैं। वे अनुभवी और प्रशिक्षित पत्रकारों के बजाय प्रशिक्षुओं से काम करवाते हैं क्योंकि वे बहुत सस्ते में उपलब्ध हो जाते हैं। इसके अलावा घटनाओं के बेहतर कवरेज में उनकी दिलचस्पी

कम हो जाती है क्योंकि वे उन पर ज़्यादा साधन-संसाधन खर्च करने से बचने लगते हैं।

एडवर्टोरियल, मीडिया नेट एवं प्रायवेट ट्रिटी (निजी समझौते)

ऐसा नहीं है कि बढ़ते ख़र्च के दबाव में ही मीडिया कम्पनियाँ ऐसे कदम उठाती हैं जो टीवी न्यूज़ को भ्रष्ट बनाती हैं। यहाँ तक कि स्थापित एवं प्रतिष्ठित कम्पनियाँ भी ऐसी योजनाएँ लेकर आयी हैं जिनका उद्देश्य अपने मुनाफे को मोटा करना भर था। इन योजनाओं को पत्रकारिता के मानदंडों पर भी उचित नहीं माना गया।

अव्वल तो न्यूज़ चैनल ऐसी बहुत सारी सामग्री दिखाते हैं जो कि प्रायोजित होती है मगर उसकी जानकारी दर्शकों को नहीं दी जाती। सन् 2012 के पूर्वार्द्ध में अधिकांश न्यूज़ चैनलों ने निर्मल बाबा से धन लेकर उनके अन्ध विश्वासों से भरे कार्यक्रमों का महीनों प्रसारण किया और ये ज़रूरी नहीं समझा कि वे अपने दर्शकों को बताएँ कि ये प्रायोजित सामग्री है। अधिकांश चैनलों पर ज्योतिष और स्वास्थ्य से जुड़े कार्यक्रमों में ज्योतिषी और विशेषज्ञ डॉक्टर धन देकर आते हैं। चुनाव के समय बहुत सारे समाचार और कार्यक्रमों में किसी नेता, उम्मीदवार और पार्टी विशेष का पक्ष लिया जाता है और जाहिर है कि इसका आधार आर्थिक लेनदेन होता है। बहुत सारे क्षेत्रीय चैनल प्रादेशिक सरकारों से नियमित धन प्राप्त करते हैं और एवज़ में उनकी सुविधा के हिसाब से न्यूज़ कवरेज करते हैं।

टाइम्स समूह ने धन कमाने के कुछ नये मगर बेहद विवादास्पद तरीके ईजाद किये हैं, जिनमें मीडिया नेट और प्रायवेट ट्रिटी प्रमुख हैं। सन् 2003 में बीसीसीएल द्वारा पैसे के बदले प्रकाशन यानी पेड कंटेंट की मीडियानेट नाम से सेवाएँ आरम्भ की गयीं। इसके तहत पैसे के बदले पत्रकारों को किसी प्रोडक्ट के लांच या व्यक्ति से सम्बन्धित कार्यक्रमों व घटनाओं को कवर करने के लिए भेजने का खुला प्रस्ताव दिया गया[33]।

कम्पनी ने सन् 2005 में एक और विवादास्पद योजना शुरू की, जिसे प्रायवेट ट्रिटीज का नाम दिया गया। इसके तहत कम्पनियों की इक्विटी यानी हिस्सेदारी के एवज में बीसीसीएल के विभिन्न प्रकाशनों में विज्ञापन के लिए जगह प्रदान की गयी। कम्पनी के एक प्रतिनिधि एस शिवकुमार द्वारा जुलाई, 2008 को एक वेबसाइट को दिये गये इंटरव्यू के मुताबिक कम्पनी के साथ 175-200 के बीच निजी समझौते वाले ग्राहक जुड़े हुए हैं और उनके साथ 15-20 करोड़ रुपये वाले समझौते किये गये हैं। इस तरह कुल निवेश 2600 करोड़ से लेकर 4000 करोड़ रूपए तक का किया गया है[34]। इस तरह के निजी समझौते का असर सीधे न्यूज़ कंटेंट पर पड़ना लाजिमी है क्योंकि जिन कम्पनियों में टाइम्स समूह ने निवेश किया है उनके खिलाफ ख़बरें दिखाने का तो सवाल ही नहीं उठता, उलटे उनके बारे में सकारात्मक ख़बरें प्रकाशित

की जाने की सम्भावना ज़्यादा है क्योंकि इससे शेयरों के भाव बढ़ेंगे और इसका लाभ कम्पनी को ही मिलेगा।

बीसीसीएल द्वारा शुरू की गयी प्रायवेट ट्रिटी की इस योजना को बाद में कई प्रिंट और टीवी संस्थानों ने भी अपना लिया। निजी कम्पनियों के लिए भी ये योजना फायदेमंद थी क्योंकि इससे वे मीडिया में अपने ख़िलाफ ख़बरें प्रसारित होने से रोक पाने में सफल हो रहे थे। वैसे भी भारतीय मीडिया में निजी कम्पनियों के बारे में नकारात्मक समाचार न के बराबर प्रकाशित या प्रसारित होते हैं। इसकी सबसे बड़ी वजह तो उनसे मिलने वाले विज्ञापन ही होते हैं, मगर दोनों के बीच कई और तरह के सम्बन्ध भी विकसित हो गये हैं और मीडिया कम्पनियाँ उन्हें फलता-फूलता देखना चाहती हैं।

ज़ाहिर है टीवी न्यूज़ का बाज़ार बहुत सारी विसंगतियों और विकृतियों का शिकार हो रहा है और इस सबका उस पर बहुत बुरा असर पड़ता है। जनता की निगाहों में न्यूज़ चैनलों और पत्रकारों की विश्वसनीयता घटती जाती है। इसको लेकर पूरे पत्रकारिता जगत में चिन्ता का भाव है और ये विभिन्न रूपों में प्रकट भी होता रहता है।

सन्दर्भ

1. समाचार सम्पादन-कमल दीक्षित, पृष्ठ-27, 1991
2. उपरोक्त
3. Basic Journalism by M. V. Kamath, page-11, 1984
4. Media And culture studies : Key works. Edited by Meenakshi Gigi Durham, Douglas M. Kellner, Page-20
5. Indian Media in A globalised world by Rodrigues Usha M, Sage Publication, 2010, Page-7
6. ब्रेक के बाद–सुधीश पचौरी, पेज-30, 1998
7. टेलीविज़न की कहानी, 2008, पेज-229-230
8. साक्षात्कार
9. Audience, Market and the Public, 1987, Page-125
10. Audience, Market and the Public, 1987, page-27-28
11. The Media and Social Theory. Edited by David Hesmondhalgh And Jason Toynbee, Routledge-2008
12. Selling Audience : The role of media in creating consumer culture in Bangladesh by Fahmidul Haq, MediaAsia, Vol-38 No 4, 2011, Page-200
13. The Media and Social Theory. Edited by. David Hesmondhalgh And Jason Toynbee, Routledge-2008 Page-48
14. CII-PWC Report, Page-19, 2011
15. KPMG report, Page&21, 2011

16. www.tamindia.com
17. KPMG report, Page-11, 2011
18. CII-PWC Report, Page-6, 2011
19. www.mib.nic.in
20. Media and Power, James Karen, 2002, Page-14-150
21. साक्षात्कार
22. The Media and Social Studies : Key works, Edited by Meenakshi Gigi Durham and Douglas M. Kellner, Page-35
23. The New Yorker, 8th October, 2012
24. The elements of Journalism—Bill Kovach, Tom Rosenstein, 2003, page-30
25. The Hindu, Page-1, 30 November, 2012
26. www.thehoot.org (देखें संलग्नक)
27. The Media Monopoly, Ben Begdikiyan, 1992, Page-156
28. मीडिया का अंडरवर्ल्ड–दिलीप मंडल, 2011, पेज-112-113
29. Source : www.ddindia.gov.in
30. ब्रेक के बाद–सुधीश पचौरी, पेज-49, 1998
31. उपरोक्त
32. News As Entertainment by DayaKrishna Thussu, Sage publication, 2007
33. मीडिया का अंडरवर्ल्ड–दिलीप मंडल, पेज-183
34. उपरोक्त

भारत में टीवी रेटिंग प्रणाली का इतिहास और विकास

पिछले डेढ़-दो दशकों से टेलीविज़न रेटिंग या टीआरपी (टेलीविज़न रेटिंग पॉइंट) लगातार विवादों का विषय बनी हुई है। एक तो रेटिंग देने की विधियों की वजह से और दूसरे, टेलीविज़न सामग्री पर उसके पड़ने वाले प्रभावों के कारण। रेटिंग एजेंसियों द्वारा दी जा रही रेटिंग को लेकर सन्देह प्रकट किये जाते रहे हैं और ऐसे प्रमाण भी मिलते रहे हैं कि उन्हें ज़्यादा विश्वसनीय नहीं माना जा सकता। दूरदर्शन और फिर प्रसार भारती तो शुरू से ही इन एजेंसियों द्वारा भेदभाव बरतने की शिकायत करते रहे हैं, मगर निजी चैनलों ने भी न केवल आपत्तियाँ उठाई हैं, बल्कि वे अदालतों तक चले गये हैं। जहाँ तक चैनलों की सामग्री का सवाल है तो ये आम धारणा बन चुकी है कि रेटिंग यानी टीआरपी की वजह से उसमें भारी गिरावट आयी है। यही वजह है कि रेटिंग प्रणालियों में बड़े बदलाव की सिफारिशें भी की गयी हैं। सवाल उठता है कि टेलीविज़न उद्योग को रेटिंग प्रणाली की ज़रूरत क्यों पड़ी, वह कहाँ से आ गयी और कैसे सब उसे अपना भगवान मानने लगे? टीआरपी में किसके स्वार्थों की पूर्ति होती है और चौतरफा विरोध के बावजूद क्यों वह बाज़ार को निर्धारित करने वाली शक्ति बनी हुई है?

टेलीविज़न रेटिंग का सीधा सम्बन्ध बाज़ार से है, उसी ने इसका आविष्कार किया है और वही इसे बनाये रखे हुए है। यही वजह है कि पश्चिमी देशों में करीब अस्सी वर्षों से टीआरपी का खेल चल रहा है और उसके नकारात्मक प्रभावों का विरोध भी हो रहा है मगर उसे रोकना असम्भव साबित हुआ है। यही नहीं, इसे मुक्त बाज़ार व्यवस्था की आवश्यक बुराई मानते हुए मन मसोसकर ही सही स्वीकार कर लिया गया है और अब इसी के दायरे में परिवर्तन की बात सोची जाने लगी है।

क्यों और किसको चाहिए रेटिंग प्रणाली

भारतीय संचार नियामक प्राधिकरण यानी ट्राई ने सन् 2008 में रेटिंग प्रणालियों के कामकाज को सुधारने के लिए तैयार की अपनी रिपोर्ट में टीआरपी की ज़रूरत को रेखांकित करते हुए कहा है कि "इसके पीछे मुख्य रूप से विज्ञापन जगत है। विज्ञापनों पर होने वाला ख़र्च मुख्य रूप से टीआरपी और विभिन्न दर्शक वर्ग तक पहुँचने की लागत से ही तय होता है। हकीकत यही है कि विभिन्न तरह के मीडिया के लिए आय

का मुख्य स्रोत विज्ञापन ही हैं[1]।" ट्राई का कहना बिल्कुल सही है। उत्पादक अपने लिए बाज़ार की तलाश में रहते हैं या अपने उत्पादों के सम्भावित उपभोक्ताओं तक पहुँचना उनके लिए आवश्यक होता है। इतना ही नहीं, उत्पादक या निर्माता अपने उत्पादों के लिए बाज़ार का निर्माण करना चाहता है और अपने बाज़ार को बढ़ाना भी चाहता है। इसके लिए विज्ञापनों का सहारा लिया जाता है मगर जब तक विज्ञापन उसके लक्षित उपभोक्ता वर्ग तक पहुँचेगा नहीं तब तक उसके उत्पाद के बारे में जागरूकता भी पैदा नहीं होगी। अतः सम्भावित उपभोक्ता की पहचान करना और उस तक पहुँचने के लिए कौन सा चैनल या कार्यक्रम ज़्यादा उपयुक्त होगा इसकी जानकारी होना ज़रूरी है, अन्यथा विज्ञापन पर ख़र्च होने वाली मोटी राशि पानी में जा सकती है। इसी नुकसान से बचने के लिए या अपने धन के सदुपयोग के लिए उसे टीआरपी की ज़रूरत पड़ती है। वही उसे बताती है कि किस चैनल के किस कार्यक्रम को लोग कितना देखते हैं और किस सामाजिक-आर्थिक वर्ग के लोग देखते हैं। यही नहीं, टीआरपी के आधार पर ही वह ये भी तय कर पाता है कि किस चैनल की विज्ञापन की दरें क्या होनी चाहिए। अगर विभिन्न चैनलों की दर्शक संख्या और उसके दर्शकों की सामाजिक-आर्थिक स्थिति का पता नहीं होगा तो वह कैसे तय करेगा कि किस पर विज्ञापन दे, किस समय दे और किस दर पर दे।

विज्ञापनदाताओं की इस ज़रूरत ने टीवी चैनलों को भी अपनी गिरफ्त में ले लिया है, क्योंकि उन्हें विज्ञापन चाहिए और विज्ञापनों के लिए विज्ञापनदाताओं की ज़रूरतों का ध्यान रखना उनके लिए सर्वाधिक महत्त्वपूर्ण हो जाता है। चैनलों को इस तरह के कार्यक्रम बनाने होते हैं और उन्हें ऐसे समय में प्रदर्शित करना होता है ताकि अधिकतम टीआरपी मिल सके और जिसके आधार पर ज़्यादा एवं अच्छी दरों पर विज्ञापन हासिल किये जा सकें। ये तभी मुमकिन होगा जबकि उन्हें अपनी खामियों और खूबियों के बारे में पता हो। टीआरपी के ज़रिए ही उन्हें ये पता चलता है कि दूसरे चैनलों के बरक्स वह कहाँ खड़ा है और विज्ञापनदाताओं की अपेक्षाओं पर खरा उतरने के लिए उसे क्या करना होगा, कैसे और किस दर्शक वर्ग में अपनी लोकप्रियता को बढ़ाना होगा। इसका मतलब है कि चैनलों की सामग्री को टीआरपी केन्द्रित बनाना, उनकी बनावट और बुनावट ऐसी करना कि वे रेटिंग को गिराने के बजाय बढ़ाये यही चैनलों के लिए रेटिंग प्रणालियों की आवश्यकता या विवशता बन गयी है। इसके अलावा कई बार चैनल बहुत पैसा ख़र्च करके किसी कार्यक्रम का निर्माण करते हैं। अब अगर उनके पास दर्शकों की पसन्द-नापसन्द और दर्शक के तौर पर उसके व्यवहार के बारे में (मसलन, इस तरह का कार्यक्रम वह कब देखना पसन्द कर सकता है) जानकारी नहीं होगी तो वह अँधेरे में तीर मारने का काम करेगा यानी धन एवं प्रयास के बेकार जाने का जोखिम उठाएगा। जानकारी होने पर वह उसके प्रदर्शन के बारे में सही फैसला ले पायेगा।

यहाँ ये बता देना भी ज़रूरी है कि निजी क्षेत्र की कम्पनियाँ ही विज्ञापन नहीं देतीं, बल्कि केन्द्र और राज्य की सरकारें भी बहुत बड़ी विज्ञापनदाता हैं। अपने प्रचार तंत्र के ज़रिए वे टीवी चैनलों को बड़े पैमाने पर विज्ञापन देती हैं। वे भी इस सम्बन्ध में फैसले लेने के लिए टीआरपी पर ही निर्भर करती हैं। टीआरपी को ही आधार बनाकर वे विभिन्न चैनलों के लिए विज्ञापन की दरें तय करती है। इसका मतलब है कि चैनलों को सरकारों की आवश्यकताओं का ख़याल भी रखना पड़ता है और उनकी अपेक्षाओं के अनुरूप अपनी सामग्री को आकार देना होता है।

ट्राई की रिपोर्ट के अनुसार "चैनलों की संख्या में अत्यधिक इजाफा होने से प्रसारकों और विज्ञापनदाताओं दोनों के लिए दर्शकों को बनाये रखना मुश्किल हो गया है। नतीजतन, मार्केट का वर्गीकरण करके और लक्ष्य बनाकर काम करना महत्त्वपूर्ण हो गया है। इसके लिए दर्शकों के बारे में सटीक और नियमित जानकारी का होना अनिवार्य है[2]।" स्पष्ट है कि रेटिंग प्रणाली की ज़रूरत न केवल विज्ञापनदाताओं और बाज़ार को है बल्कि सरकार और टीवी चैनलों की आवश्यकता भी वह बन गयी है।

रेटिंग के इस पेचीदे मुद्दे को इसके इतिहास में जाकर और बेहतर ढंग से समझा जा सकता है।

रेटिंग प्रणाली का इतिहास

रेटिंग प्रणाली की ऐतिहासिक पृष्ठभूमि को समझने के लिए टीवी के बाज़ार के इतिहास को भी खँगालना पड़ेगा। अमेरिका में अख़बारों की प्रसार संख्या तय करने का सिलसिला उन्नीसवीं सदी की शुरुआत में ही प्रारम्भ हो चुका था और इसी के आधार पर विज्ञापनों की दरें निर्धारित होने लगी थीं। प्रसार संख्या जानने का काम वर्ष में एक या दो बार होता था। मगर जब रेडियो आया तो उसकी दर्शक संख्या नियमित रूप से जानने की ज़रूरत महसूस की गयी, क्योंकि उसी के आधार पर विज्ञापनदाता तय कर सकते थे कि किसे और किस समय विज्ञापन देना अपने उत्पाद के प्रचार के लिहाज से ठीक होगा।

"मोटे तौर पर सन् 1930 के दशक में पहली बार टेलीफ़ोन के ज़रिए ली गयी जानकारी के आधार पर रेडियो की रेटिंग बताने का सिलसिला शुरू हुआ। इसमें श्रोताओं से याद करके ये बताने के लिए कहा गया कि पिछले कुछ घंटों में उन्होंने क्या देखा। सन् 1935 में बेहतर विधि के साथ हूपर रेटिंग शुरू हुई। टेंड्रेक्स बहुत ही शुरुआती रेटिंग सेवा थी जिसमें फ़ोन के ज़रिए टीवी के दर्शकों से जानकारी इकट्ठी की गयी। पचास के दशक में नीलसन ने टीवी सेट्स में रिकार्ड करने वाली एक चिप लगाकर नियमित रेटिंग देनी शुरू की। इसे आडिमीटर का नाम दिया गया। 1960 में अमेरिकन रिसर्च ब्यूरो ने आर्बिट्रान रेटिंग की शुरुआत की। इसमें कुछ नमूना-घरों (Sample Homes) में इलेक्ट्रॉनिक बॉक्स लगाया गया जो कि हर डेढ़ मिनट में

दर्शकों से जुड़ी जानकारी एक सेंट्रल कम्प्यूटर में रिकार्ड करता था। इस दशक में ये रेटिंग हावी रही, क्योंकि फ़ोन के ज़रिए जानकारी लेने से ये विधि ज़्यादा प्रभावशाली मानी गयी। इसी दौरान वीडियोटेक्स के नाम से डायरी आधारित रेटिंग सेवाओं का आगाज़ हुआ। नब्बे के दशक में आर्बिटान ने टीवी रेटिंग देने का काम बन्द कर दिया, जिससे नीलसन के लिए मैदान साफ हो गया। उसने नीलसन टेलीविज़न इंडेक्स (NTI) के नाम से रेटिंग देना शुरू कर दिया[3]।''

स्पष्ट है कि चूँकि अमेरिका में मुक्त बाज़ार व्यवस्था थी और वहाँ पत्र-पत्रिकाएँ और रेडियो-टीवी सबके सब बाज़ार से जुड़े हुए थे, इसलिए वहाँ मार्केट रिसर्च और रेटिंग की शुरुआत बहुत जल्द हो गयी। अमेरिका ही नहीं, यूरोप का टेलीविज़न भी अपने जन्मकाल से ही बाज़ार से जुड़ गया था और उसी के साथ उसका विकास एवं विस्तार भी हुआ। अमेरिका में शुरू से टेलीविज़न का उपयोग विज्ञापनों के लिए किया जाने लगा था। यहाँ तक कि टीवी न्यूज़ तक विज्ञापनों से बची नहीं थीं। स्पष्ट है कि पश्चिम में बाज़ार की जरूरतों को पूरा करने के लिए रेटिंग व्यवस्था का आविष्कार और विस्तार हुआ।

भारत में टीवी और टीआरपी का विकास

भारत में टीवी का प्रारम्भ और विस्तार दोनों बिल्कुल अलग परिस्थितियों में हुआ। भारत में स्थितियाँ इसके ठीक विपरीत थीं। यहाँ टीवी को बाज़ार से सायास दूर रखा गया था। बाज़ार को टीवी के लिए एक बुराई की तरह देखा गया और इसीलिए वे सारे एहतियात बरते गये जिनसे टेलीविज़न कार्यक्रम, चाहे वे शैक्षणिक हों या सूचनात्मक, सामाजिक सरोकारों से सम्बद्ध रहें, उन पर कारोबारी दृष्टि की छाया भी न पड़े। पी.सी. जोशी कमेटी की रिपोर्ट एन इंडियन पर्सनाल्टी फॉर टेलीविज़न इस बात को अच्छी तरह बताती है कि ''दूरदर्शन की समूची भूमिका एवं परिकल्पना सामाजिक विकास में योगदान करने वाले माध्यम के रूप में की गयी थी[4]।'' यही वजह है कि रेटिंग प्रणाली भी यहाँ देर से शुरू हुई और उसके परिणाम भी हमें काफी बाद में देखने को मिले।

भारत में टेलीविज़न की शुरुआत 15 सितम्बर 1959 में ही हो गयी थी मगर उस वक्त किसी ने सोचा भी नहीं था कि दो-तीन दशक बाद टीवी समाचार या कार्यक्रम बाज़ार के रंग में ढल जायेंगे और उनकी लोकप्रियता को मापने के लिए कोई प्रणाली भी निर्धारित की जायेगी। ये स्वाभाविक ही था कि टेलीविज़न के जन्मकाल के दौरान न तो बहुत सारे न्यूज़ चैनलों वाले बाज़ार के बारे में सोचा गया था और न ही ये कि सरकारी धन और देखरेख में चलने वाले इस माध्यम को आगे चलकर आर्थिक रूप से आत्मनिर्भर अथवा कमाऊ भी बनाया जाना है। वह तो एक हिचकिचाहटों से भरी हुई प्रयोगात्मक शुरुआत थी। उस समय की सबसे बड़ी हिचकिचाहट ये धारणा थी

कि एक बहुत ही ग़रीब मुल्क के लिए टीवी एक विलासिता की वस्तु तो नहीं होगी? वरिष्ठ पत्रकार प्रोनंजय गुहा ठाकुरता बताते हैं, "हमारे देश में जब बात उठी तो कहा गया कि सरकार नागरिक का पैसा क्यों खर्च करे, ये एक लक्ज़री है, मनोरंजन के लिए है, नाच-गाने के लिए है। बहुत-सी आपत्तियों का आधार यही था कि जहाँ लोगों को जीवन की बुनियादी चीज़ें ही मयस्सर नहीं हैं, वहाँ टीवी जैसा महँगा माध्यम उनके किस काम का होगा? उसका इस्तेमाल समाज का मुट्ठी भर सम्पन्न वर्ग ही कर पायेगा। बाद में ये समझ बनी कि ये सूचना भी दे सकता है, शिक्षा भी दे सकता है, सशक्तीकरण भी कर सकता है[5]।" इस सोच का परिणाम ही था कि भारत में टीवी शुरू ही बहुत देर से हुआ और जब हुआ भी तो बहुत ही छोटे स्तर पर। उस दौरान टेलीविज़न में बहुत लोगों की दिलचस्पी भी नहीं थी और उसके सामाजिक विकास में उपयोग की समझ भी बहुत कम लोगों को ही थी। इसीलिए प्रारम्भ के पहले दशक में उसकी प्रगति की गति भी बहुत धीमी रही।

सत्तर के दशक के उत्तरार्द्ध में टीवी यानी दूरदर्शन के महत्त्व के बारे में बेहतर समझ बननी शुरू हुई। दूसरे देशों के अनुभवों और तत्कालीन राजनैतिक-बौद्धिक वर्ग ने टीवी में छुपी परिवर्तन की ताकत को पहचानकर उसकी वकालत शुरू कर दी। यही वजह थी कि सरकार ने दो कमेटियों—भगवंतम कमेटी और चंदा कमेटी का गठन करके उसके उद्देश्य को स्पष्टता प्रदान करने की पहल की। हिन्दुस्तान में उस समय समाजवादी राजनीति का दौर था और आजादी की लड़ाई के दौरान जन्मे और फले-फूले जीवन मूल्य भी उस पर हावी थे। अर्थव्यवस्था भी इसी दर्शन के साँचे में ढली हुई थी। मिश्रित अर्थव्यवस्था की परिकल्पना में आर्थिक उदारवाद और बाज़ारवाद का नाम-ओ-निशान नज़र नहीं आता था। जाहिर है ऐसे वातावरण में सरकार के अधीन चलने वाले जन माध्यमों को समाज के विकास में लगना था और बाज़ार के बजाय सामाजिक सरोकारों को तरजीह देनी थी। लिहाजा दूरदर्शन के मार्गदर्शक सिद्धान्त बनाये गये, जिनमें तय किया गया कि अशिक्षित और हर लिहाज से पिछड़े देश को शिक्षित एवं जागरूक बनाया जाये और उसके अन्दर वैज्ञानिक सोच को विकसित किया जाये। इन्हें तय करने में प्रमुख वैज्ञानिकों और बुद्धिजीवियों ने सक्रिय हिस्सेदारी निभाई। देश की आवश्यकताओं को ध्यान में रखकर तय किया गया था कि दूरदर्शन की भूमिका विकासात्मक होगी। वह व्यावसायिकता से परहेज करेगा और ऐसे कार्यक्रमों का निर्माण करेगा जिनसे बहुसंख्यक आबादी लाभान्वित हो। इसीलिए उस समय खेती-किसानी, नागरिक अधिकारों एवं दायित्वों के प्रति जागरूकता, शिक्षा, विज्ञान जैसे विषयों को सर्वाधिक महत्त्व दिया गया और उस एजेंडे में स्वस्थ मनोरंजन की गुंजाइश रखी गयी। जब टीवी समाचारों की शुरुआत हुई तो वहाँ भी यही मानदंड सर्वोपरि रखे गये। जाहिर है कि उस समय टेलीविज़न की उपयोगिता के विचार में बाज़ार कहीं नहीं था, इसलिए उसका ख़याल रखने की भी ज़रूरत नहीं थी। इस

वातावरण में कार्यक्रमों की रेटिंग तय करने की आवश्यकता भी महसूस नहीं की गयी। अलबत्ता, दर्शकों की चिट्ठियों के आधार पर ये जरूर आँका जाता था कि किस कार्यक्रम को दर्शक कितना पसन्द कर रहे हैं। टीवी समाचारों के सम्बन्ध में तो ये भी नहीं था।

सत्तर के दशक के उत्तरार्द्ध में परिदृश्य बदलना शुरू होता है। कुछ बड़े परिवर्तन आपातकाल के दौरान दिखलाई देते हैं। इसी दौरान दूरदर्शन में विज्ञापन प्रसारण सेवा की शुरुआत हुई और पहली बार सन् 1976 में छोटे परदे पर विज्ञापन भी दिखने लगे। इस तरह बुद्धू बक्सा यानी टेलीविज़न यानी दूरदर्शन बाज़ार की तरफ़ क़दम बढ़ाना शुरू कर देता है। निरमा आदि के विज्ञापन दर्शकों के दिल-ओ-दिमाग़ में छाने लगते हैं। आपातकाल के बाद जनता पार्टी की सरकार बनती है और अर्थव्यवस्था को खोलने की इच्छुक दिखलाई देती है। वह अभी तक चले आ रहे समाजवादी एजेंडे से पीछे हटने की तैयारी करती है और लायसेंस-परमिट राज से तौबा करने के नाम पर आर्थिक नीतियों में फेरबदल शुरू कर दी जाती है। सरकारी माध्यमों को स्वायत्तता देने की दिशा में भी वह पहल करती है और बी.जी. वर्गीस की अध्यक्षता में एक कमेटी का गठन किया जाता है। लेकिन इसका असर कुछ पड़ता इसके पहले ही वह सरकार गिर गयी। परिणामस्वरूप, टेलीविज़न के बाज़ारीकरण की प्रक्रिया भी वहीं थम गयी, लेकिन ये कहना उचित होगा कि उसके बीज तो पड़ ही गये थे।

सन् 1980 में इन्दिरा गाँधी की वापसी के साथ ये प्रक्रिया फिर प्रारम्भ होती है। अर्थव्यवस्था में उदारवादी परिवर्तन दिखने शुरू होते हैं। अर्थव्यवस्था खुलने लगती है, विदेशी निवेश को लेकर उत्साह बढ़ने लगता है और मुनाफ़ा शब्द की गूँज सुनाई पड़ने लगती है। ऐसे में जाहिर है कि दूरदर्शन या सरकारी जन-माध्यमों को पवित्र गाय मानकर भले ही एकदम से छुआ नहीं जाता, मगर उसके बदलाव की भूमिका तैयार ज़रूर होने लगती है। दूरदर्शन के अन्दर दबाव महसूस किया जाने लगता है। नतीजतन, धीरे-धीरे विज्ञापनों की संख्या में वृद्धि होने लगती है। वास्तव में यही वह समय था जब दूरदर्शन डरते-सकुचाते ही सही बाज़ार में उतरने की तैयारी कर रहा था। प्रायोजित कार्यक्रमों का दौर शुरू होने वाला था।

भारतीय टेलीविज़न के लिए 1982 का साल निर्णायक मोड़ साबित होता है। इस साल एशियाड का आयोजन हुआ और उसी के साथ दूरदर्शन श्वेत-श्याम से रंगीन भी। दूरदर्शन के रंगीन होते ही हिन्दुस्तान में टीवी का बाज़ार एकदम से बढ़ने लगा। टीवी सेट्स की बिक्री छलाँग लगाने लगी, दर्शक संख्या में दिन दूनी रात चौगुनी बढ़ोतरी शुरू हो जाती है। नतीजा ये होता है कि भारत में टीवी उद्योग तेज़ी से फैलने लगता है। इसका मतलब था कि टेलीविज़न का बाज़ार अब आकार लेने के लिए तैयार है। बाज़ार इस परिवर्तन को न केवल देख रहा था बल्कि इसका लाभ उठाने के लिए भी तैयार था। यही वजह है कि उसने टीवी के दर्शकों में बड़े उपभोक्ता वर्ग

की शिनाख़्त करते हुए ढेर सारे उत्पाद विज्ञापनों के रूप में उतार दिये। मैगी नूडल्स आदि के आने और छाने का यही समय था।

बढ़ती दर्शक संख्या से हासिल हो रही ताकत के बल पर दूरदर्शन ने राजनीतिक हल्क़ों में भी हलचल पैदा कर दी। सरकार के लिए दूरदर्शन बहुत महत्त्वपूर्ण हो गया और सूचना एवं प्रसारण मन्त्रालय बहुत ही शक्तिशाली मन्त्रालय। दूरदर्शन की ख़बरों की पहुँच और प्रभाव का इस्तेमाल करने की चाह सरकार में बढ़ती चली गयी। वह उसका खुलकर इस्तेमाल शुरू भी कर देती है। यानी ग़ैर-समाचार और सम-सामयिक कार्यक्रम अगर बाज़ारोन्मुख होने लगे तो समाचार सरकारोन्मुख। सरकार ही समाचारों का बाज़ार बन गयी और उसने उनका चरित्र अपनी जरूरियात के हिसाब से बदल डाला। दूरदर्शन का मतलब ही हो गया सरकार दर्शन। हर समय प्रधानमन्त्री का चेहरा या उनके सन्देश समाचारों में पसरने लगे। समाचारों की विश्वसनीयता समाप्तप्राय हो गयी। लेकिन ऐसा कहना कि दूरदर्शन के समाचार बाज़ार से बिल्कुल मुक्त थे, गलत होगा। उद्योग एवं व्यापार जगत अब तक उनमें भी घुसपैठ करने लगा था। नब्बे के दशक के मध्य में ये प्रभाव तेज़ी से बढ़ने लगा। सरकार के साथ बढ़ती उसकी निकटता ने इसे और शक्ति प्रदान की। सरकार ने भी आर्थिक उदारवाद की तरफ तेज़ी से क़दम बढ़ाने शुरू कर दिये। इसी दौरान समाजवादी दुनिया के पतन ने भी वैचारिक आग्रहों को कमज़ोर करना शुरू कर दिया था।

बाज़ार के बढ़ते प्रभाव और निर्धारित दिशा-निर्देशों से विचलन ने समाज में चिन्ता बढ़ा दी थी। दूरदर्शन के कार्यक्रम बाज़ार की ज़रूरत के हिसाब से खुद को ढालने लगे थे और इसके प्रभाव भी दिखने लगे थे। विज्ञापनों में नारी देह का इस्तेमाल, बच्चों को लुभाने की तरकीबें, बढ़ती अश्लीलता अगर समाज को झकझोर रही थी तो कार्यक्रमों का रुझान भी शहरी मध्यवर्ग की तरफ होता जा रहा था। जाहिर है इन सब कारणों से दूरदर्शन की आलोचना ही नहीं निन्दा-भर्त्सना तक होने लगी। भारत जैसे पारम्परिक समाजों वाले देश में अगर सीधे घरों के अन्दर आपत्तिजनक सामग्री पहुँचने लगे तो प्रतिक्रिया होनी स्वाभाविक थी। बौद्धिक वर्ग तो ख़ास तौर पर इसे बख्शने के लिए तैयार नहीं था। शायद इसी वातावरण में सरकार ने पीसी जोशी कमेटी का गठन किया। कमेटी ने इंडियन पर्सनाल्टी फॉर इंडियन टेलीविज़न यानी भारतीय टीवी का भारतीय व्यक्तित्व कैसा हो, निर्धारित करने के लिए बहुत ही सारगर्भित रिपोर्ट दी। दूरदर्शन के बाज़ार के प्रति बढ़ते रुझान को सरासर नकारते हुए उसने बताया कि दूरदर्शन को क्या करना चाहिए और क्या नहीं। लेकिन सचाई ये है कि अर्थव्यवस्था में किये जा रहे बदलाव दूरदर्शन को बाज़ार की तरफ़ ढकेल रहे थे। वह आदर्शों और सरोकारों की बाधाओं को तोड़कर बह जाने के लिए बेताब था और उस दिशा में क़दम बढ़ाता चला जा रहा था।

कुल मिलाकर आर्थिक नीतियों की वजह से दूरदर्शन के लिए बाज़ार का रास्ता

साफ हो चला था, मगर एक बड़े झटके की दरकार थी और वह मौक़ा आया 1991 में। सदी के आख़िरी दशक की शुरुआत में दो चीज़ें एक साथ ऐसी हुईं जिन्होंने भारत में टेलीविज़न और उससे जुड़े बाज़ार के इतिहास की दिशा ही बदलकर रख दी। एक तो खाड़ी युद्ध के सीधे प्रसारण ने भारत में टेलीविज़न की दुनिया को एक झटके के साथ खोल दिया। लोग सीएनएन और बीबीसी को आश्चर्य मिश्रित उत्साह के साथ देखने के लिए टूट पड़े। जगह-जगह डिश लगने लगीं और विदेशी चैनल पाँच सितारा होटलों से होते हुए उच्च और मध्य वर्ग के घरों के अन्दर पहुँचने लगे। इस परिघटना ने भारतीय टेलीविज़न के बाज़ार को एकदम से खोल दिया। सरकारी नियन्त्रण में चलने वाले चैनलों के बरक्स निजी चैनल खड़े होने लगे। पहले स्टार टीवी समूह के चैनल आये और फिर ज़ी टीवी शुरू हुआ। जी टीवी निजी क्षेत्र की पहली न्यूज़ बुलेटिन भी लेकर आया। दूरदर्शन इस झटके और अचानक सामने आकर खड़ी हो गयी चुनौती के लिए तैयार नहीं था। मगर उसने किया ये कि आदर्श और सिद्धान्तों के सारे मुखौटे उतार फेंके और बाज़ार में कूद पड़ा।

सदी के प्रारम्भ की दूसरी बड़ी घटना थी अर्थव्यवस्था का निर्णायक मोड़ लेना। तत्कालीन प्रधानमन्त्री नरसिंह राव के नेतृत्व वाली सरकार ने आर्थिक उदारवाद और निजीकरण की नीतियों को अपनाते हुए देश के बाज़ार खोलने शुरू कर दिये। इससे देशी और विदेशी दोनों व्यापारियों के लिए भारतीय बाज़ार में अपने उत्पाद बेचने का रास्ता साफ होने लगा। मगर उपभोक्ताओं तक पहुँचने के लिए उसे एक माध्यम की ज़रूरत थी और टेलीविज़न इस मामले में सबसे प्रभावशाली था। नोम चोम्स्की के मैन्यूफैक्चरिंग कंसेंट यानी सहमति के निर्माण के सिद्धान्त के लिए मानो ये सबसे सटीक मिसाल है। भारतीय मीडिया ने बाज़ार का साथ देना शुरू कर दिया। वह उसके औजार के रूप में इस्तेमाल होने लगा और फिर जिंस से लेकर जिस्म तक सभी चीज़ों की मंडियाँ सजाई जाने लगीं। एक तरह से ये विचार स्थापित किया जाने लगा कि जो बाज़ार के हित में है वही देश हित में और बाज़ार का चरित्र सर्वग्रासी होता चला गया।

दूरदर्शन ने एक बार फिर मुक़ाबले के लिए बाज़ार का रास्ता अपनाया। मनोरंजन के कार्यक्रम तो बहुत पहले प्रायोजित होने लगे थे, अब न्यूज़ भी निजी निर्माताओं के ज़रिए प्रायोजकों के हवाले की जाने लगीं। पहले डीडी-2 में समाचारों के स्लॉट बिकने लगे। निजी निर्माताओं ने प्रायोजक जुटाकर ख़बरें दिखानी शुरू कर दीं। गुड मार्निंग इंडिया, द फर्स्ट एडिशन, आजतक, न्यूज़ टुनाइट आदि निजी निर्माताओं द्वारा प्रायोजकों की मदद से प्रस्तुत की जाने वाली समाचार सामग्री ही थीं। बहुत सारे सम-सामयिक कार्यक्रम भी प्रायोजित होने लगे और इन सबके बीच प्रतिस्पर्धा भी शुरू हो गयी। इस तरह ख़बरों का बाज़ार भी सजने लगा। प्रोनंजय गुहा ठाकुरता बताते हैं, ''नब्बे के दशक से टेलीविज़न इंडस्ट्री का व्यवसायीकरण शुरू हुआ

और सदी के अन्त तक टेलीविज़न पूरी तरह से व्यावसायिक हो गया। एक तरफ़ तो साठ के दशक में ये बहस हो रही थी कि हमें टेलीविज़न शुरू करना चाहिए या नहीं और दूसरी तरफ़ आज की स्थिति है[6]।"

भारत में रेटिंग प्रणाली का प्रारम्भ

अस्सी के दशक के मध्य में दूरदर्शन पद प्रायोजित धारावाहिकों और दूसरे गैर-समाचार कार्यक्रमों ने टेलीविज़न जगत में प्रतिस्पर्धा का वातावरण बनाना शुरू कर दिया था। हालाँकि टीवी चैनल एक ही था मगर कार्यक्रमों के निर्माताओं की संख्या एकदम से बढ़ गयी थी और उनके बीच लोकप्रियता तथा लाभ कमाने की होड़ भी बढ़ने लगी। ऐसे में दूरदर्शन के विपणन विभाग के लिए ज़रूरी हो गया कि वह अपने कार्यक्रमों की लोकप्रियता के विवरण जुटाए ताकि विज्ञापनदाताओं से विज्ञापन के समय की अधिकतम कीमत हासिल की जा सके। विज्ञापनदाताओं को भी ऐसे आँकड़ों की ज़रूरत थी जिनके आधार पर वे तय कर सकें कि किस समय और किस कार्यक्रम को विज्ञापन दें और किस दर पर दें।

"मार्केट रिसर्च एजेंसी आईएमआरबी इंटरनेशनल के पूर्व वरिष्ठ उपाध्यक्ष हेमंत मेहता के अनुसार 1983 में पहली बार उनकी कम्पनी ने टेलीविज़न के दर्शकों की पसन्द बताने का काम शुरू किया। लेकिन ओआरजी मार्ग के पूर्व महाप्रबन्धक शंकर पिल्लै का कहना है कि ये काम 1986 में आईएमआरबी ने शुरू किया। इसके तहत उसने आठ बड़े शहरों के दर्शकों में 3600 डायरियाँ बाँटीं और उनसे ये दर्ज करने के लिए कहा गया कि उन्होंने कब क्या देखा[7]।" लेकिन ये कोई नियमित व्यवस्था नहीं थी और बाज़ार ने इसका नोटिस भी नहीं लिया।

ट्राई की रिपोर्ट के मुताबिक "सन् 1988 में दूरदर्शन के अन्दर ही डार्ट (दूरदर्शन दर्शक अनुसन्धान दल) की स्थापना की गयी। डार्ट ने सबसे पहले 40 दूरदर्शन केन्द्रों और ऑल इंडिया रेडियो के सौ स्टेशनों से जानकारी इकट्ठी करके रेटिंग देनी शुरू की। इसके बाद 1989 में उसने डायरी सिस्टम पर आधारित रेटिंग प्रणाली प्रारम्भ की। शुरुआत में दिल्ली और मुम्बई दो महानगरों में ही कार्यक्रमों की लोकप्रियता मापी गयी मगर बाद में शहरों की संख्या में बढ़ोतरी की जाती रही। ये व्यवस्था 2001 में बन्द कर दी गयी। इसके बाद 2004 में इसे फिर शुरू किया गया और इस बार ग्रामीण इलाकों के 3600 घरों के और शहरों के 1600 टीवी घरों को सैंपल को रेटिंग का आधार बनाया गया[8]।"

डार्ट के हर हफ्ते आने वाले आँकड़ों ने टेलीविज़न बाज़ार को प्रभावित करना ही नहीं, बदलना भी शुरू कर दिया। टेलीविज़न प्रोग्रामिंग का अर्थशास्त्र विज्ञापनों पर निर्भर हो गया (पहले ये पूरी तरह से सरकारी धन पर निर्भर था) और विज्ञापनों का बँटवारा रेटिंग पर। यानी रेटिंग तय करने लगी कि किसे क्या मिलेगा। रेटिंग ने ही दर्शकों की रुचियों के बारे में ऐसी जानकारियाँ देनी शुरू कर दीं जिन पर दूरदर्शन के

अधिकारियों और कार्यक्रम निर्माताओं की लालची आँखें गड़ गयीं। उन्होंने ज़्यादा रेटिंग वाले विषयों पर प्रोग्राम निर्माण को तरजीह देना शुरू कर दिया। यही वजह थी कि पुराणों, मिथकों और ऐतिहासिक चरित्रों पर धारावाहिकों की बाढ़ आ गयी, जबकि साहित्यिक कृतियों पर बनने वाले कार्यक्रमों में कमी आने लगी। दूरदर्शन का समय प्राइम टाइम (सुबह सात से नौ और रात को सात से ग्यारह बजे तक) और नॉन प्राइम टाइम में बाँट दिया गया। शनिवार और रविवार को प्राइम टाइम का और भी विस्तार हो जाता था। प्राइम टाइम पर यानी सबसे ज़्यादा टीवी देखे जाने वाले समय पर मुनाफ़ा कमाऊ कार्यक्रमों ने कब्जा कर लिया। सुरुचिपूर्ण कार्यक्रम हाशिए पर सिमटते गये।

जहाँ तक समाचारों का ताल्लुक है तो वे डार्ट की रेटिंग से अप्रभावित रहे। हिन्दी और अँग्रेज़ी के समाचार निर्धारित समय पर बने रहे मगर वे कुल आधे घंटे के ही होते थे, हालाँकि उनकी दर्शक संख्या भी अच्छी-खासी होती थी, क्योंकि टीवी समाचारों के नाम पर कहीं कुछ और था ही नहीं। दूरदर्शन में समाचारों के प्रति एक श्रद्धा का भाव भी अभी बाकी था, इसलिए उन्हें छेड़ने के बारे में किसी ने सोचा नहीं। एक तो सरकारी ज़रूरत की वजह से और दूसरे सामाजिक सरोकारों के प्रति सम्मान की रक्षा के नाम पर। इस दौरान समाचारों की आवृत्ति में भी बढ़ोतरी हुई। दूरदर्शन के विस्तार ने क्षेत्रीय केन्द्रों को समाचार प्रसारित करने की सुविधा प्रदान कर दी थी। दूरदर्शन को राष्ट्रीय और क्षेत्रीय नेटवर्क में बाँटकर ये व्यवस्था की गयी थी।

दरअसल, टीवी समाचारों की दुनिया में प्रतिस्पर्धा का युग निजी चैनलों के आगमन के साथ शुरू हुआ। खाड़ी युद्ध के दौरान सीनएनएन के जीवंत प्रसारण ने भारतीय दर्शकों में हलचल मचा दी और उसके बाद स्टार टीवी आदि ने टीवी बाज़ार पर हमला बोल दिया। इसी के आसपास ज़ी टीवी का आगमन हुआ जिसने समाचारों का प्रसारण शुरू करके पहली चुनौती खड़ी की। इसका जवाब देने के लिए दूरदर्शन ने सन् 1995 में निजी क्षेत्र को समाचार दिखाने के लिए आमन्त्रित किया। शुरुआत में निजी कम्पनियों ने कमीशंड वर्ग में समाचार तैयार करके दिखाने शुरू किए। आधे घंटे की अवधि के समाचारों में तीन-तीन मिनट के दो ब्रेक होते थे, जिनमें विज्ञापन दिखाये जाते थे। पहले पहल दूरदर्शन के विपणन विभाग ने ही इन्हें बेचने का काम किया मगर बाद में ये अवधि निजी निर्माताओं से बेचने के लिए कहा गया। इसमें बहुत तरह की दुश्वारियाँ आयीं क्योंकि समाचारों को बनाने की लागत बहुत ज़्यादा थी, जबकि उसके दर्शकों की संख्या मनोरंजक कार्यक्रमों के मुकाबले बेहद कम। जाहिर है कि वे व्यावसायिक स्तर पर उनके सामने टिक नहीं सकते थे। ढेर सारी रियायतों के बावजूद कुछ ही निर्माता मैदान में टिक सके। इस सबके बावजूद अब समाचारों के कई निर्माता अपने-अपने ब्रांड के साथ बाज़ार में आ चुके थे। जाहिर है उनमें प्रतिस्पर्धा भी होनी थी और प्रतिस्पर्धा से टीवी समाचारों की दुनिया भी बदलनी थी, अतः वह बदलने लगी।

निजी रेटिंग एजेंसियों का आगमन

टेलीविज़न के सजते बाज़ार को देखकर देशी-विदेशी मार्केटिंग एजेंसियों को लगा कि ये उनके लिए सुनहरा मौका हो सकता है। विज्ञापनदाताओं की आवश्यकताओं को भी वे भाँप रहे थे और विशालकाय दूरदर्शन के सामने मामूली हैसियत वाले निजी न्यूज़ चैनलों की उम्मीदें और बेचैनी भी वे देख रहे थे। "सन् 1991 के बाद ये देखना ज़रूरी हो गया कि केबल और सैटेलाइट के ज़रिए प्रसारित होने वाले चैनलों को देखने वाले घरों में क्या देखा जा रहा है। ऐसे में आईएमआरबी और मार्ग ने केबल और सैटेलाइट (सी एंड एस) घरों के आधार पर रेटिंग की शुरुआत की। उनकी विधि वही दूरदर्शन वाली थी, बस फर्क ये था कि दर्शकों को दूरदर्शन के बजाय केवल स्टार, सीएनएन, एमटीवी आदि के बारे में जानकारियाँ दर्ज करनी थीं। लेकिन 1995 के आसपास चैनलों की संख्या एकदम से बढ़ गयी और तब उन्हें पीपल्स मीटर में निवेश करने का फैसला करना पड़ा[9]।"

ट्राई की रिपोर्ट के अनुसार "इनटैम (Indian National TelevisionAudience Measurement) के नाम से रेटिंग एजेंसी की शुरुआत मार्केट रिसर्च एजेंसी ओआरजी-मार्ग ने 1994 में की। इनटैम के नमूनों की संख्या बहुत मामूली थी[10]।" उसने दूरदर्शन की डायरी आधारित रेटिंग विधि के बजाय नई तकनीक का सहारा लिया। कुछ चुनींदा शहरों के चुनिंदा घरों में पीपल्स मीटर लगाए और उनसे मिलने वाले नमूनों के आधार पर रेटिंग देनी शुरू कर दी। इनटैम को निजी क्षेत्र के चैनलों का समर्थन मिला, जिससे बाज़ार में उसकी साख और माँग दोनों बढ़ गयी। विज्ञापन एजेंसियों ने भी उसके आँकड़ों का उपयोग करना शुरू कर दिया, जिससे डार्ट का महत्त्व कम होता चला गया।

दूरदर्शन का आरोप है कि ये इंडस्ट्री के कुछ निहित स्वार्थों की साजिश थी क्योंकि वे उसके एकाधिकार को तोड़ पाने में कामयाब नहीं हो पा रहे थे। इसमें निजी चैनलों के शामिल होने की तरफ इशारा किया गया था, जो दूरदर्शन की पहुँच और प्रभाव का किसी भी रूप में मुक़ाबला करने में स्वयं को अक्षम पा रहे थे, इसीलिए उन्होंने नयी एजेंसी के ज़रिए ऐसे आँकड़े गढ़ने शुरू कर दिये जिनसे उनके कार्यक्रमों की लोकप्रियता ज़्यादा दिखलाई पड़े। वरिष्ठ पत्रकार बी. जी. वर्गीस का कहना है, "जब मैं दूरदर्शन के बोर्ड में था तो अकसर हमें ये सचाई बताई जाती थी कि केबल ऑपरेटर दूरदर्शन को अपने नेटवर्क से बाहर कर रहे हैं। वे निजी चैनलों को तरजीह देते हैं और रेटिंग को अपने हिसाब से प्रभावित किया जा सकता है[11]।"

साफ है कि दूरदर्शन के आरोपों में काफ़ी हद तक सचाई भी थी, क्योंकि इनटैम केवल कुछ शहरों के आधार पर रेटिंग देती थी, जबकि डार्ट गाँव के दर्शकों की पसन्द-नापसन्द को भी ध्यान में रखता था। नमूने इकट्ठा करने के उसके तरीकों में भी कमियाँ बताई गयीं। फिर दूरदर्शन के टेरेस्ट्रियल नेटवर्क और केबल आधारित

सैटेलाइट चैनलों की पहुँच की कोई तुलना ही बेकार थी। दूरदर्शन आज भी इस मामले में सबसे आगे है और इकलौता भी, इसलिए समझा जा सकता है कि उस समय दोनों के बीच का अन्तर कितना बड़ा रहा होगा। बहरहाल, बाज़ार इसी तरह की तरकीबें आज़मा कर अपनी सत्ता स्थापित करता है और उसने अपनी रेटिंग एजेंसी शुरू करके टीवी के बाज़ार में पहला बड़ा हस्तक्षेप करना शुरू कर दिया।

इनटैम के बाद टैम

बीसवीं सदी के अन्तिम दशक के मध्य में मार्केट रिसर्च एजेंसियों को टेलीविज़न के क्षेत्र में अपने लिए एक बड़ा बाज़ार दिखने लगा था। मगर मुश्किल ये थी कि इसके लिए बड़ी पूँजी और टेक्नालॉजी की ज़रूरत थी। भारतीय एजेंसियों के पास न तो पूँजी थी और न ही टेक्नालॉजी। फिर खुली अर्थव्यवस्था में बाज़ार को अपने हिसाब से चलाने के लिए विदेशी बहुराष्ट्रीय कम्पनियों की निगाहें भी लगी ही हुई थीं। लिहाजा एक और अमेरिकी मार्केट रिसर्च एजेंसी ए.सी. नील्सन इनटैम को चुनौती देने के लिए सन् 1998 में मैदान में उतर पड़ी। उसे टीवी इंडस्ट्री के तीन महत्त्वपूर्ण संगठनों का संयुक्त समर्थन मिला। ये संगठन हैं इंडियन सोसायटी ऑफ एडवर्टाइजर्स (आईएसए), इंडियन ब्राडकास्टर्स फाउंडेशन (आईबीएफ) और एडवर्टाइजिंग एजेंसीज एसोसिएशन ऑफ इंडिया (एएएआई)। समय पर धन इकट्ठा न कर पाने की वजह से टैम तुरन्त रेटिंग देने का काम शुरू नहीं कर सकी सन् 2000 से उसने कुछ शहरों में पीपल मीटर स्थापित करके अपना काम शुरू कर दिया। वह टीवी चैनलों और उनके कार्यक्रमों की लोकप्रियता की जानकारी देने के अलावा विज्ञापनदाताओं द्वारा विज्ञापनों पर खर्च की जा रही राशि की निगरानी रखने का काम भी करने लगी और विभिन्न चैनलों की उपलब्धता और वितरण के बारे में भी साप्ताहिक रिपोर्ट उपलब्ध करवाने लगी। इस तरह से कमोबेश उसके द्वारा प्रदत्त आँकड़ों पर टीवी इंडस्ट्री की अर्थव्यवस्था चलाई जाने लगी।

टैम इंडिया के राष्ट्रीय अध्यक्ष एल.वी. कृष्णन के अनुसार "टैम दो रिसर्च एजेंसियों ए.सी. नील्सन और आईएमआरबी का पचास-पचास प्रतिशत साझेदारी वाला संयुक्त उपक्रम है। ये दोनों एजेंसियाँ नीलसन इंटरनेशनल और आईएमआरबी इंटरनेशनल का हिस्सा हैं। आईएमआरबी का स्वामित्व अन्तरराष्ट्रीय कंटार मीडिया रिसर्च के पास है। इन दोनों ने मिलकर टैम की स्थापना की है। दुनिया के 48 देशों में हम अपनी सेवाएँ दे रहे हैं[12]।"

ए सी नील्सन की कम्पनी टैम अमेरिका और यूरोप में पहले ही टीवी रेटिंग के क्षेत्र में काम कर रही थी। उसके पास साधन-संसाधन भी थे और अनुभव भी। लिहाजा आते ही उसने मार्केट पर अपना दबदबा कायम करना शुरू कर दिया। मगर शुरू से ही उसके द्वारा हर हफ्ते दिये जाने वाले आँकड़ों पर सवाल भी उठने लगे।

ये सवाल नमूनों यानी पीपल मीटर के ज़रिए प्राप्त होने वाली जानकारियों को लेकर भी थे और टैम की अपारदर्शी कार्य प्रणाली के सम्बन्ध में भी। चंद शहरों में करीब दो हज़ार मीटर भारत की विशाल आबादी और उसी पैमाने की विविधता को देखते हुए कुछ भी नहीं थी। फिर भी विडंबना देखिए कि न केवल विज्ञापन जगत, बल्कि समाचार और कार्यक्रमों का निर्माण करने वाले पत्रकार और प्रोड्यूसर भी उसी के आधार पर अपनी दिशा और दशा निर्धारित करने लगे।

इनटैम और टैम दोनों की रेटिंग प्रणाली सन्देह के घेरे में तो थी ही मगर उनकी साख को ज़बर्दस्त धक्का तब लगा जब ये बात जगजाहिर हो गयी कि उनके काम करने का तरीका विश्वसनीय नहीं है और आँकड़ों में धाँधली की जा सकती है, की जा रही है। हुआ यूँ कि मीडिया में मुम्बई के उन घरों की अति गोपनीय सूची प्रकाशित हो गयी जहाँ पीपल मीटर लगाये गये थे। इस सूची को प्रकाशित करने का मकसद ये बताना था कि यदि ये जानकारियाँ टीवी चैनल चलाने वालों और उनके लिए कार्यक्रम बनाने वालों को मिल जायें तो वे टीआरपी के आँकड़ों को मन मुताबिक बना सकते हैं। सच तो ये था कि ऐसा हो भी रहा था, क्योंकि कुछ धारावाहिकों की टीआरपी में अचानक हैरतअंगेज़ छलाँग दिखलाई दे रही थी। न्यूज़ और दूसरे किस्म के चैनल भी अगर इस हथकंडे को आजमाकर अपनी टीआरपी बढ़ा रहे हों तो इसमें कोई हैरत नहीं होनी चाहिए। जाहिर है इस भंडाफोड़ ने पूरी इंडस्ट्री को हिलाकर रख दिया और जवाबदेही की माँग उठने लगी। प्रमुख संस्थाओं ने इनटैम और टैम दोनों से जवाब तलब किए। इस पूरे प्रकरण का अन्त दोनों एजेंसियों के विलय के रूप में हुआ और सन् 2002 से टैम इंडिया के नाम से एक एजेंसी ही रह गयी। सीएमएस के चेयरमैन एन. भास्कर राव का कहना है, "भारतीय विज्ञापनदातों की संस्थाओं और एजेंसियों ने मिलकर दोनों पर दबाव डाला मगर हकीकत ये थी कि अन्तरराष्ट्रीय स्तर पर दोनों ने हाथ मिला लिए थे, जिसका परिणाम हिन्दुस्तान में देखने को मिला[13]।"

टैम ने पिछले एक दशक में काफ़ी विस्तार किया है, बल्कि उसे ऐसा करना पड़ा है। अब करीब डेढ़ सौ शहरों में उसके आठ हज़ार से ज़्यादा पीपल मीटर लग चुके हैं। मगर जहाँ तक विश्वसनीयता का सवाल है वह अभी भी संदिग्ध मानी जाती है। देश के एक बड़े मीडिया समूह एनडीटीवी इंडिया ने तो बाकायदा अमेरिकी अदालत में उसके खिलाफ मुकद्दमा करके हर्जाने की माँग तक की हैं। उसका दावा है कि टैम ने टीआरपी के आँकड़ों में हेराफेरी की जिसकी वजह से उसे बड़ा नुक़सान हुआ। प्रसार भारती की भी यही शिकायत रही है और उसने भी क़ानूनी कार्रवाई करने की बात कही थी।

टैम इंडिया को एमैप की चुनौती

ट्राई की रिपोर्ट के अनुसार "सन् 2004 में रेटिंग के क्षेत्र में एक और मार्केट रिसर्च एजेंसी एमैप का आगमन हुआ लेकिन रेटिंग देने का काम वह 2006 से ही शुरू

कर पाई[14]।" ऑडिएंस मेजरमेंट एनालिटिक्स लिमिटेड नामक कम्पनी द्वारा शुरू की गयी इस एजेंसी ने इस दावे के साथ बाज़ार में प्रवेश किया कि वह चैनलों के कार्यक्रमों की दैनिक स्तर पर रिपोर्ट प्रदान करेगी। प्रतिस्पर्धा के दुष्चक्र में फँसी टीवी इंडस्ट्री के लिए ये एक और नियामत हो सकती थी, क्योंकि विज्ञापनदाताओं को विज्ञापन देने के फ़ैसले लेने के लिए एक हफ्ते तक इन्तजार करने की ज़रूरत नहीं होनी थी। एमैप की टेक्नालॉजी भी ज़्यादा भरोसेमन्द थी क्योंकि उसके आँकड़ों में ज़्यादा छेड़छाड़ की गुंजाइश नहीं थी। एमैप के पीपल मीटर में एक चिप के ज़रिए दर्शकों द्वारा टीवी देखने के विवरण इकट्ठे किये जाते थे जो कि बिना किसी फेरबदल के केन्द्रीय कार्यालय में पहुँचाये जा सकते थे। टैम में ये काम उसके कर्मचारियों को करना पड़ता है। वे पीपल मीटर से हफ़्ते में एक बार आँकड़े इकट्ठे करते थे और अगर वे चाहें तो उनमें बदलाव भी कर सकते थे। मगर इन दोनों खूबियों के बावजूद कुछ अमेरिकी आप्रवासियों का ये प्रयास बहुत स्वीकार्य नहीं हुआ। एमैप सन् 2012 में बन्द हो गयी। इंडस्ट्री में टैम का ही सिक्का चलता रहा और अभी भी चल रहा है।

हकीक़त तो ये है कि टैम का सिक्का भले ही चल रहा हो मगर उसे भी किसी ने स्वीकार नहीं किया। उसकी कार्यप्रणाली और आँकड़े हमेशा सबकी निगाहों में संदिग्ध बने रहे। उसके द्वारा दिये गये आँकड़ों पर इंडस्ट्री के फैसले होते रहे मगर उन पर कभी भी भरोसा नहीं किया गया। उसके नमूनों की संख्या हो, बड़े शहरों और सम्पन्न लोगों के प्रति उसका झुकाव हो या फिर जवाबदेही स्वीकार न करने की उसकी ज़िद, हर मोर्चे पर वह एक नाकाम एजेंसी साबित हुई। यही वजह है कि इस मसले से जुड़े सभी पक्ष किसी सर्वमान्य समाधान की बात करते रहे।

ब्रॉडकास्ट ऑडिएंस रिसर्च कौंसिल (BARC)

बीएआरसी का औपचारिक गठन सन् 2010 में हुआ। इसमें टीवी इंडस्ट्री के सभी प्रमुख भागीदार एएएआई (Advertising Agencies Association of India), आईएसए (Indian Society of Advertisers) और आईबीएफ (Indian Broadcasters Federation) शामिल थे। इसके पीछे उद्देश्य यही था कि सब मिलकर एक ऐसी मार्केट रिसर्च एजेंसी बनायें जो इंडस्ट्री की जरूरतों को विश्वसनीय ढंग से पूरा करे। इस एजेंसी के निर्माण और संचालन में आने वाले खर्च को भी सभी हिस्सेदारों द्वारा मिलकर उठाने की बात तय हुई। मगर स्पष्टता के अभाव में गतिरोध पैदा हो गया और कोई ठोस प्रगति नहीं हुई। बार्क के अधिकारी उम्मीद जताते रहते हैं और दावा करते हैं कि जल्दी ही वह काम करने लगेगा, मगर अभी तक वह ये फैसला भी नहीं कर पाया है कि रेटिंग के लिए कौन सी टेक्नालॉजी मुफीद होगी। हालाँकि इस अनिश्चय के पीछे टेक्नालॉजी में लगातार हो रहे परिवर्तन भी हैं।

टीआरपी तय करने की प्रक्रिया

फिलहाल देश में टीआरपी बताने वाली एक ही एजेंसी है और एक ही पद्धति भी। टैम इंडिया का टीआरपी के बाज़ार पर एकाधिकार है। वह पीपल मीटर के ज़रिए डेढ़ सौ शहरों के करीब साढ़े आठ हज़ार घरों से हर हफ्ते नमूने इकट्ठे करती है और उनके आधार पर बताती है कि कौन सा चैनल या उनका कौन सा प्रोग्राम कितना देखा गया। आइए टीवी इंडस्ट्री की दशा-दिशा तय करने वाली एजेंसी टैम द्वारा टीआरपी मापने की पूरी पद्धति का अध्ययन किया जाये।

सबसे पहले तो दर्शकों की टीवी देखने की जानकारियाँ दर्ज करने वाली मशीन पीपल मीटर को समझ लेना ठीक होगा। पीपल मीटर एक किताब के आकार का इलेक्ट्रॉनिक उपकरण होता है जो टेलीविज़न के साथ जोड़ दिया जाता है। जिस घर में भी ये मीटर लगाया जाता है उसके सदस्यों को एक ख़ास रिमोट दिया जाता है, जिसमें हर सदस्य के लिए अलग-अलग बटन होता है। जो भी सदस्य टीवी देखता है वह अपना बटन दबाता है ताकि सूचनाएँ उसके नाम से ही दर्ज हों। रिमोट के ज़रिए की जाने वाली हर हरकत को, जैसे टीवी ऑन-ऑफ करने या चैनल बदलने और इस दौरान चैनलों पर कार्यक्रमों को देखे जाने जैसी हर सूचना पीपल मीटर में रिकार्ड होती रहती है। ये तमाम सूचनाएँ हर हफ्ते इकट्ठी करके टैम के मुख्यालय में पहुँचाई जाती है जहाँ उनके आधार पर विज्ञापनदाताओं और चैनलों के उपयोग के लिए आँकड़े तैयार किये जाते हैं और फिर उन्हें सदस्य-ग्राहकों में वितरित किया जाता है।

कहाँ कितने पीपल्स मीटर (महानगर)

क्रमांक	महानगर	पीपल्स मीटर की संख्या
1	मुम्बई	540
2	दिल्ली	540
3	कोलकाता	370
4	बेंगलूरू	300
5	चेन्नई	290
6	हैदराबाद	290
7	पुणे	180
8	अहमदाबाद	180
कुल संख्या 8 महानगरों में		2690

दरअसल, टीआरपी निकालने की ये प्रक्रिया सैंपल आधारित होती है। इसमें सबसे पहले मार्केट का चयन किया जाता है। इस मार्केट को यूनिवर्स कहा जाता है। इसके बाद उस बाज़ार को सामाजिक-सांस्कृतिक आधार पर कुछ हिस्सों में बाँटकर

उसके कुछ शहरों को चुन लिया जाता है। फिर उन शहरों में विज्ञापनदाताओं की जरूरतियात को ध्यान में रखकर कुछ ऐसे घरों को चुना जाता है जो सामाजिक-आर्थिक तौर पर उनके अनुकूल हों। इसमें सैंपल का आधार घरों की आय, शिक्षा, लैंगिक अनुपात, आयु प्रमुख वर्ग होते हैं। ये रेटिंग प्रणाली का पहला चरण है और इसे स्थापना सर्वेक्षण (Establishment survey) कहते हैं। जिन घरों को नमूनों के तौर पर चुना जाता है और फिर जिनमें पीपल मीटर लगाए जाते हैं, उन्हें पैनल-होम (Panel Home) कहा जाता है।

पीपल्स मीटर का असमान वितरण–राज्यों में

क्रमांक	*टैम मार्केट*	*पीपल्स मीटर की संख्या*
1	असम	150
2	आंध्रप्रदेश	400
3	बिहार	165
4	गुजरात	550
5	पंजाब, हिमाचल, चंडीगढ़, हरियाणा	520
6	कर्नाटक	250
7	महाराष्ट्र	970
8	मध्यप्रदेश	300
9	केरल	300
10	छत्तीसगढ़	150
11	ओड़ीशा	170
12	राजस्थान	400
13	तमिलनाडु	380
14	उत्तरप्रदेश	700
15	पश्चिम बंगाल	265
16	झारखंड	165
कुल		5835

पीपल्स मीटर में दर्ज होने वाली तमाम सूचनाएँ दो तरह से इकट्ठी की जाती हैं। भारत में टैम के कर्मचारी हफ्ते में एक बार इकट्ठी करके अपने मुख्यालय में भेजते हैं। रेटिंग दो या तीन दिन बाद ग्राहकों को उपलब्ध करवा दी जाती है। लेकिन ऑस्ट्रेलिया में ये स्वचालित ढंग से होता है। वहाँ जानकारियाँ हर रात को मॉडम टेलीफोन सॉफ्टवेयर के ज़रिए टैम के मुख्यालय द्वारा ले ली जाती हैं और सुबह तक रेटिंग सदस्य ग्राहकों यानी चैनलों एवं विज्ञापनदाताओं को दे दी जाती है। ग्राहकों को

ये सूचनाएँ इंटरनेट के ज़रिए सीधे भेज दी जाती हैं।

घरों से इकट्ठी की गयी जानकारियों की जाँच-परख करके विभिन्न मानकों को ध्यान में रखते हुए आँकड़े तैयार किये जाते हैं। टैम के पास चैनलों से प्राप्त कार्यक्रमों की जानकारियाँ पहले से मौजूद होती हैं, लिहाजा वह उनके हिसाब से विभिन्न कार्यक्रमों की रेटिंग देने में सक्षम होता है। टैम से मिलने वाले आँकड़ों से चैनल अपनी और अपने कार्यक्रमों की रेटिंग तो जान ही पाते हैं, मगर वे पूरे हफ्ते में एक-एक मिनट की टीआरपी भी निकाल सकते हैं। वे यही करते भी हैं और उससे जो निष्कर्ष निकलते हैं उन्हीं के आधार पर अगले हफ्ते की रणनीति बनाते हैं। इसी तरह विज्ञापनदाता और विज्ञापन एजेंसियाँ चैनलों के प्रदर्शन को आँकती हैं और विज्ञापन देने की अपनी योजना को अंजाम देती हैं। वे ये भी देख सकती हैं कि विज्ञापनों के लिए होने वाले ब्रेक में दर्शक रुक रहे हैं या नहीं या उनके विज्ञापन कितने देखे जा रहे हैं।

सन्दर्भ

1. Recommendations on Policy and Operational issues for Television Audience Measurement (TAM)/ Television Rating Points (TRP), Page-9
2. उपरोक्त
3. This business of Television by Howard J. Blumenthal and Oliver R. Goodenough, billboard books, 1998, Page-403
4. ब्रेक के बाद–सुधीश पचौरी, पेज-36
5. साक्षात्कार
6. उपरोक्त
7. Indian media business by Vanita Kohli, Sage Publication, 2003, page-94
8. Recommendations on Policy and Operational issues for Television Audience Measurement (TAM)/ Television Rating Points (TRP), Page-15
9. Indian media business by Vanita Kohli, Sage Publication, 2003, Page-92
10. Recommendations on Policy and Operational issues for Television Audience Measurement (TAM)/ Television Rating Points (TRP), Page-15
11. Television Viewership Measurement-Dilemma and Challenges, Published by CMS-Page-11
12. Television Viewership Measurement-Dilemma and Challenges, Published by CMS-Page-17
13. उपरोक्त
14. Recommendations on Policy and Operational issues for Television Audience Measurement (TAM)/ Television Rating Points (TRP), Page-15

टीआरपी का न्यूज़ चैनलों के विज्ञापनदाताओं और वितरण व्यवस्था से सम्बन्ध

"टीआरपी टेलीविज़न के दर्शकों की पसन्द-नापसन्द को मापती है और विज्ञापन एजेंसियों एवं विज्ञापनदाताओं को उन तक पहुँचने के लिए सही मीडिया तथा सही समय के चयन में मदद करती है। अतः टीआरपी प्रसारकों, विज्ञापन एजेंसियों एवं विज्ञापनदाताओं के कारोबारी फैसलों को प्रभावित करती है। साथ ही, ये उस सामग्री को भी प्रभावित करती है जो कि देश भर के दर्शकों के लिए तैयार की जाती है। चूँकि सारे चैनल अपने विज्ञापन राजस्व को बढ़ाने के लिए एक ही तरह के दर्शकों को लक्ष्य करते हैं जिससे कम लोकप्रिय कंटेंट पीछे छूट जाता है और लोकप्रिय कंटेंट दोहराया जाता है। इसलिए दर्शकों की प्राथमिकताओं को निर्धारित करने में रेटिंग का महत्त्व बहुत अधिक बढ़ जाता है—अमित मित्र कमेटी रिपोर्ट[1]।"

टेलीविज़न उद्योग मुख्य रूप से विज्ञापनों पर आधारित है। उसकी जीवन-रेखा ही विज्ञापन हैं इसलिए ये स्वाभाविक है कि वहाँ विज्ञापनों के लिए ज़बर्दस्त प्रतिस्पर्धा एवं संघर्ष होता है। और चूँकि विज्ञापनों का निर्णय मुख्य रूप से टीआरपी के आधार पर होता है इसलिए पूरा खेल टीआरपी की लड़ाई में तब्दील हो जाता है। भारतीय दूरसंचार नियामक यानी ट्राई के मुताबिक, "टीवी उद्योग में वित्त के प्रवाह में रेटिंग का महत्त्वपूर्ण भूमिका होती है। जब विज्ञापनदाता दर्शकों तक पहुँचना चाहता है तो वह अपने विज्ञापन को ऐसे कार्यक्रम में देना चाहता है जिसे दर्शक देखते हों। जिस कार्यक्रम में ज्यादा दर्शक होंगे, विज्ञापनदाता के लिए उस समय की कीमत उतनी ज़्यादा होगी...प्रसारक और मीडिया एजेंसियाँ लगातार एक दूसरे से टीआरपी के लिए प्रतिस्पर्धा करती हैं और अपने बीच भी उनकी होड़ चलती है और अकसर कंटेंट भी टीआरपी से निर्धारित होता है, क्योंकि उसी से वे फैसला करते हैं कि दर्शक क्या पसन्द करते हैं और क्या नहीं[2]।"

टीवी न्यूज़ के कारोबार के तीन प्रमुख हिस्से हैं। पहला तो टीवी न्यूज़ या न्यूज़ कंटेंट खुद है। दूसरा मार्केटिंग एवं सेल्स विभाग है जिनकी भूमिका बाज़ार में चैनल

की छवि निर्माण एवं विज्ञापन के ज़रिए अधिक से अधिक धन लाने की होती है। तीसरा हिस्सा है चैनलों का डिस्ट्रीब्यूशन या वितरण। इन तीनों का आपस में बहुत ही गहरा रिश्ता होता है। वे एक दूसरे पर निर्भर भी हैं और एक दूसरे को प्रभावित भी करते हैं। मसलन, टीवी न्यूज़ कंटेंट मूल रूप से दर्शकों के उपयोग के लिए ज़रूर होता है मगर वही ऐसा दर्शक वर्ग भी तैयार करता है, जिसमें विज्ञापनदाताओं की रुचि हो और वे उस कार्यक्रम या चैनल पर खर्च करें। लेकिन बड़ा दर्शक वर्ग केवल कंटेंट के बल पर हासिल नहीं किया जा सकता। उसके लिए ये भी ज़रूरी है कि दर्शकों को इस बात की जानकारी दी जाये कि वे क्यों उसे देखें और ऐसा इसलिए क्योंकि चैनलों की भीड़ में से दर्शकों को खींचकर अपनी ओर लाना आसान नहीं होता। इसीलि़ए चैनल का प्रचार किया जाता है, उसकी छवि निर्माण (मार्केटिंग) पर मोटी रकम खर्च की जाती है। कह सकते हैं कि मार्केटिंग और सेल्स चैनल के कंटेंट को बाज़ार में बेचने वाला विभाग होता है। लेकिन कंटेंट दर्शकों को तभी आकर्षित कर सकता है और मार्केटिंग एवं सेल्स विभाग तभी उसे बेच सकता है, जबकि चैनल अधिकतम दर्शकों को सहज सुलभ हो। अच्छी उपलब्धता और अच्छा (टीआरपी के हिसाब से पॉपुलर) कंटेंट ही दर्शकों की संख्या में इजाफा कर सकता है और फिर इसी के बल पर विज्ञापन से होने वाली आमदनी में बढ़ोतरी की उम्मीद की जा सकती है।

टीवी न्यूज़ के कारोबार के इन तीनों महत्त्वपूर्ण अंगों पर टीआरपी का गहरा प्रभाव रहता है। बल्कि स्थिति तो ये है कि टीआरपी की भूमिका ही सर्वाधिक निर्णायक होती है। कई चैनलों के लिए मार्केटिंग-सेल्स का काम कर चुके अमित त्रिपाठी बताते हैं, ''विज्ञापनदाता एवं विज्ञापन एजेंसियाँ टीआरपी के आधार पर ही तय करती हैं कि किस चैनल को किस समय विज्ञापन देना ठीक होगा, इसलिए हर चैनल का फोकस टीआरपी को बनाये रखने और लगातार बेहतर करने पर होता है[3]।'' टीवी न्यूज़ कंटेंट पर टीआरपी के असर का हम आगे के अध्याय में अध्ययन करेंगे। आइए अब ये देखा जाये कि टीआरपी कैसे टीवी न्यूज़ से जुड़े बाकी के दोनों महत्त्वपूर्ण अंगों को नियन्त्रित-संचालित कर रही है और उसका असर कैसे टीवी न्यूज़ पर पड़ता है।

टीआरपी का विज्ञापनदाताओं से सम्बन्ध

जैसा कि हम पिछले अध्यायों में जिक्र कर चुके हैं कि टीआरपी बताने वाली एजेंसियाँ बुनियादी तौर पर मार्केट रिसर्च का काम करती हैं और उनका मकसद बाज़ार को ऐसे आँकड़े उपलब्ध करवाना होता है जो उन्हें महत्त्वपूर्ण निर्णय लेने में सहायक हो सकें। रेटिंग एजेंसियों को अपने ग्राहकों या सदस्यों को उस बाज़ार और उनके लक्षित उपभोक्ता वर्ग के बारे में जानकारी देना होता है जहाँ वे अपने उत्पादों को बेचना चाहते हैं। यानी मार्केट रिसर्च इन एजेंसियों का व्यवसाय है और वे बाज़ार की ज़रूरत

के हिसाब से जानकारियाँ हासिल करके सम्बन्धित पक्षों को उपलब्ध करवाती हैं।

जहाँ तक टीवी चैनलों का ताल्लुक है तो वहाँ वे उनके दर्शकों के नहीं, स्वामियों के हित में काम करती हैं। टीवी चैनल चलाने वाली कम्पनियों को भी अपने मार्केट की जानकारियाँ चाहिए होती हैं। सब जानते हैं कि कोई भी सही ढंग से चलने वाला चैनल सबसे ज़्यादा विज्ञापनों पर निर्भर रहता है। यदि विज्ञापनों का रक्त-प्रवाह रुक जायेगा तो चैनल की मौत हो जायेगी। इसलिए चैनलों का प्रबन्धन ऐसी जानकारियाँ चाहते हैं जिनके आधार पर वे विज्ञापनदाताओं से विज्ञापन माँग सकें। बुनियादी तौर पर टीआरपी बताना बाज़ार के लिए, बाज़ार के द्वारा, बाज़ार की कवायद है। मीडिया भी बाज़ार का ही हिस्सा है और उसके स्वामित्व का उद्देश्य भी अन्ततः मुनाफ़ा कमाना है। इसलिए उसे अलग करके नहीं देखा जा सकता। ख़ास तौर पर ऐसे समय जब बाज़ार का वर्चस्व चारों तरफ़ दिख रहा हो और वह अपनी शर्तों पर सबको नाचने के लिए विवश कर रहा हो।

दरअसल, बाज़ार को ऐसी जानकारियों की ज़रूरत है जिनके आधार पर वह निर्णय ले सके कि विज्ञापनों पर ख़र्च करने से उसे सबसे ज़्यादा लाभ कहाँ से हो सकता है। यहाँ लाभ का मतलब दर्शकों तक पहुँचने और उन्हें प्रभावित करके अपने उत्पादों को लागत मूल्य से अधिक बेचने से है। वस्तुओं के उत्पादक या सेवाएँ प्रदान करने वाले संस्थान विज्ञापनों के ज़रिए अधिक से अधिक लोगों तक पहुँचकर अपने बाज़ार का विस्तार करना चाहते हैं। इससे उनके मुनाफे में वृद्धि की सम्भावनाएं बनती और बढ़ती हैं। मगर ये तभी सम्भव है जबकि उनके पास मीडिया की पहुँच, प्रभाव और दर्शकों के आचार-व्यवहार के बारे में सही-सही जानकारियाँ हो। मार्केट रिसर्च एजेंसियाँ इसी काम में उनकी मदद करती हैं। मार्केट रिसर्च करने वाली एजेंसियाँ उन्हें बताती हैं कि कौन सा चैनल, रेडियो या पत्र-पत्रिका किस आर्थिक हैसियत वाले दर्शक वर्ग में कितना देखे-पढ़े जाते हैं। यही नहीं, वे उस दर्शक वर्ग के बारे में लिंग, उम्र एवं शिक्षा के आधार पर भी आँकड़े उपलब्ध करवाती है।

मसलन, टैम इंडिया न्यूज़ चैनलों को हर हफ्ते टीआरपी के जो आँकड़े देती है उनमें निम्न प्रकार की जानकारियाँ होती हैं[4]—

1. किस आय या आर्थिक वर्ग में किस चैनल की लोकप्रियता कितनी है। इसके तहत उसने दर्शक वर्ग को उच्च वर्ग, उच्च-मध्य वर्ग, मध्यवर्ग और निम्न वर्ग में बाँट रखा है।
2. महिलाओं और पुरुषों में कौन सा चैनल कितना लोकप्रिय है।
3. महिलाओं और पुरुषों में भी किस आयु वर्ग के लोग किस चैनल को कितना देखते हैं। इसे भी टैम ने चार वर्गों में बाँट दिया है। ये वर्ग हैं— चार से पन्द्रह वर्ष तक, पन्द्रह से पचीस वर्ष तक, पचीस से पैंतालीस वर्ष तक और फिर पैंतालीस वर्ष से अधिक।

4. किसी चैनल को देखने वालों में शिक्षा की स्थिति क्या है, वे कितने पढ़े-लिखे हैं।
5. किसी चैनल का कौन सा कार्यक्रम सबसे कम या अधिक देखा जाता है।
6. किसी चैनल का औसत टाइम स्पेंट क्या है यानी दर्शक उसे कितनी देर तक देख रहे हैं।
7. चैनलों की दर्शकों के बीच पहुंच और उपलब्धता कैसी है। इसे चैनल का डिस्ट्रीब्यूशन या वितरण कहते हैं।
8. टैम ने पूरे बाज़ार को अलग-अलग बाज़ार में बाँट रखा है। वह ये भी बताता है कि किस मार्केट में कौन सा चैनल कैसा प्रदर्शन कर रहा है।
9. टीआरपी के ज़रिए तुलनात्मक दृष्टि से ये पता चलता है कि दूसरे चैनलों की तुलना में कोई चैनल कहाँ खड़ा है।

मार्केट एजेंसियों द्वारा उपलब्ध कराई गयीं उपरोक्त जानकारियों के आधार पर ही विज्ञापनदाता अपने उत्पाद का लक्षित दर्शक वर्ग (टारगेट वीवरशिप) तय करता है। मसलन, कोई चैनल ये निर्धारित करता है कि उसे किस तरह के दर्शक वर्ग तक पहुँचना है। एक बार टारगेट वीवरशिप यानी लक्षित दर्शक वर्ग तय करने के बाद उसका चरित्र भी तय हो जाता है और यही बाज़ार में उसकी पोजीशनिंग तय करता है। इसके बाद पोजीशनिंग के हिसाब से उसका कंटेंट तैयार होता है और उसे प्रचारित करने के लिए विज्ञापनों का निर्माण किया जाता है। निर्मित विज्ञापन कहाँ पर और कब दिखाये जायें ये भी विज्ञापन रणनीति का हिस्सा होता है। टीवी पर विज्ञापित किये जाने वाले उत्पादों और सेवाओं के लिए भी कमोबेश यही विधि अपनाई जाती है।

मीडिया जगत में विज्ञापन एजेंसियाँ बहुत बड़ी भूमिका निभाती हैं। बल्कि ये कहा जाना चाहिए कि विज्ञापनों के बड़े हिस्से को कहाँ कैसे खर्च किया जाना है इसका निर्धारण ही उनके हाथ में है। अधिकांश बड़ी और मझोले स्तर की कम्पनियाँ आम तौर पर एजेंसियों के मार्फत विज्ञापन जारी करती हैं, क्योंकि एजेंसियाँ ही उन्हें बताती हैं कि उनके उत्पादों के प्रचार के लिए कौन से माध्यम सही होंगे। चूँकि मीडिया की उन्हें बेहतर समझ होती है, इसलिए वह अपने ग्राहकों को कम से कम कीमत पर प्रचार सम्बन्धी सलाह मुहैया करवा सकती हैं। इस तरह कम्पनियों के लिए मीडिया बाईंग (प्रिंट और इलेक्ट्रॉनिक माध्यमों में स्थान तथा समय खरीदना) का काम विज्ञापन एजेंसियाँ करती हैं।

विज्ञापन एजेंसियाँ मोटे तौर पर टीआरपी पर ही निर्भर करती हैं। एक तरफ़ वे टीआरपी को आधार बनाकर अपने ग्राहकों के लिए माध्यमों और उन कार्यक्रमों का चयन करती हैं जहाँ उन्हें भरपूर लाभ मिले, वहीं वे चैनलों या पत्र-पत्रिकाओं से बेहतर दरें प्राप्त करने की कोशिश करती हैं। टीवी चैनल और पत्र-पत्रिकाएँ भी टीआरपी के आँकड़ों के आधार पर ही विज्ञापनदाताओं और विज्ञापन एजेंसियों को विज्ञापन देने

के लिए राजी करने की कोशिश करते हैं। इस तरह विज्ञापन एजेंसी, विज्ञापनदाता और मीडिया का एक त्रिकोण बन जाता है। इस त्रिकोण के शीर्ष पर बैठी है टैम इंडिया, जो हर हफ्ते टीआरपी के आँकड़े देकर सभी के फैसलों को प्रभावित करती है।

टीआरपी

विज्ञापन एजेंसी

विज्ञापनदाता————टीवी चैनल

किसी भी चैनल की विज्ञापन दरें क्या होंगी इसका निर्धारण बेशक वही करता है मगर उसे किस दर पर विज्ञापन मिलेंगे इसका फैसला अन्ततः बाज़ार के हाथ में होता है। बाज़ार में आकर उसे साबित करना होता है कि उसे कितने दर्शक देख रहे हैं और कब देख रहे हैं और ये सब उसे टीआरपी के आँकड़ों के आधार पर ही करना पड़ता है। ऐसे में स्पष्ट हो जाता है कि टीआरपी बाज़ार की निर्णायक शक्ति है और उसकी शर्तों पर चलना हर चैनल की मजबूरी।

ध्यान देने की बात ये है कि बाज़ार में प्रति रेटिंग पॉइंट के हिसाब से विज्ञापन की दरें भी तय की जाती हैं। अमित त्रिपाठी के मुताबिक, "जिस चैनल के जितने रेटिंग पॉइंट होते हैं जिसे टैम की भाषा में जीआरपी (Gross Ratring Point) कहा जाता है, उसे प्रति जीआरपी के हिसाब से विज्ञापन की दरें मिलती हैं। विज्ञापन की भाषा में इसे Cost per rating point यानी CPRP कहा जाता है। यदि वह अपनी रेटिंग में इजाफा करता है तो उसकी दरों में उसी हिसाब से बढ़ोतरी होती जायेगी और गिरने पर कमी[5]।" यहाँ तक कि सरकारी विज्ञापन देने वाली एजेंसी दृश्य-श्रव्य प्रचार निदेशालय यानी डीएवीपी भी टीआरपी के आधार पर विज्ञापन की दरें तय करती हैं।

विज्ञापनों की दरों के निर्धारण में टीआरपी के आँकड़े इतनी निर्णायक भूमिका निभाते हैं कि टीवी चैनलों का कंटेंट एक तरह से अप्रासंगिक हो जाता है। मनोरंजन चैनलों में स्थिति फिर भी भिन्न है। वहाँ धारावाहिकों और कार्यक्रमों को बेचा जाता है, यानी उनके आधार पर विज्ञापन लिए-दिए जाते हैं। मगर न्यूज़ चैनलों में तो विज्ञापनदाता और विज्ञापन एजेंसियाँ सिर्फ ये देखती हैं कि किस समय चैनल को ज़्यादा दर्शक देखते हैं।

बाज़ार में कोई न्यूज़ चैनल टीआरपी के आँकड़ों के अलावा अपनी छवि के आधार पर भी विज्ञापन हासिल करता है। यदि चैनल की साख अच्छी हुई, उसके कार्यक्रमों में नवीनता हुई, दर्शकों के बीच उसको लेकर सकारात्मक चर्चाएँ हुईं तो विज्ञापनदाता का झुकाव उसकी तरफ हो सकता है। वह उस चैनल का कुछ समय, बेहतर दर पर खरीद सकता है। उसके मुकाबले यदि उसे थोड़ा ज़्यादा टीआरपी वाला, मगर बुरी छवि वाला चैनल हुआ तो वह पिछड़ जाएगा। विज्ञापनदाता अच्छी तरह

जानता है कि उसके उत्पाद के बारे में उपभोक्ताओं की राय इस आधार पर भी बनती है कि उसका विज्ञापन किस तरह के चैनल पर चल रहा है। मगर यदि साख और टीआरपी के आँकड़ों की तुलना की जायेगी तो जीत टीआरपी की ही होगी। आखिरकार, विज्ञापनदाता के लिए ये भी ज़रूरी होता है कि उसके उत्पाद का प्रचार ज़्यादा से ज़्यादा लोगों तक हो इसलिए उसे ज़्यादा दर्शक वाला चैनल अधिक रास आता है।

ये तो हुआ सेल्स यानी विपणन का टीआरपी से सम्बन्ध। मगर चैनल की आय का सम्बन्ध उसकी मार्केटिंग से भी उतना ही होता है और इसका ज़िक्र हम ऊपर कर भी चुके हैं। अब सवाल उठता है कि मार्केटिंग और टीआरपी के बीच क्या रिश्ता है और वह कैसे काम करता है।

टीवी न्यूज़ की मार्केटिंग और टीआरपी

मार्केटिंग की कवायद मुख्य रूप से टीआरपी पर आधारित हो गयी है। मार्केटिंग विभाग टीआरपी के आँकड़े देखकर तय करता है कि उसे किस मार्केट (टैम द्वारा निर्धारित शहर, राज्य या क्षेत्र विशेष में) में चैनल के बारे में प्रचार करना है ताकि वहाँ पर लोग उसे देखें और टीआरपी में इज़ाफा हो। प्रचार में चैनल की किन चीज़ों पर ज़ोर देना है या किन कार्यक्रमों को प्रमुखता देनी है, इसका निर्धारण भी उनकी टीआरपी रेटिंग को ध्यान में रखकर किया जाता है। इससे तीन निष्कर्ष निकाले जा सकते हैं–

1. प्रचार कहाँ और कब करना है, इसका फैसला टीआरपी से मिलने वाले निष्कर्षों को आधार बनाया जाता है।
2. मार्केटिंग का टारगेट किस दर्शक वर्ग को बनाना है इसका निर्धारण भी टीआरपी ही करती है।
3. मार्केटिंग का मुख्य मकसद टीआरपी बढ़ाना होता है। जाहिर है ये टीआरपी के मानकों के आधार पर सम्भव है।
4. मार्केटिंग में जिन चीज़ों को केन्द्र में रखा जाता है, वे भी टीआरपी के ही आधार पर तय की जाती हैं। मसलन, न्यूज़ बुलेटिन एवं कार्यक्रमों का चयन।

रेटिंग के लिए दर्शकों का उपभोक्ताओं के रूप में निर्धारण

रेटिंग देने वाली एजेंसियों ने दर्शक वर्ग को एक समाज के बजाय बाज़ार की तरह देखा है और उसी रूप में उन्हें परिभाषित किया है। अगर आप इन एजेंसियों के कर्ता-धर्ताओं द्वारा रेटिंग मापने के आधारों के बारे में बात करें तो उनकी भाषा से ही समझ जायेंगे कि उन्होंने किस तरह से दर्शक वर्ग को उपभोक्ताओं के रूप में परिभाषित कर रखा है और यही इकहरी छवि उनके दिमाग़ में बैठी हुई है। उन्होंने

दर्शकों का वर्गीकरण भी इसी आधार पर कर रखा है कि मार्केट, जिसमें उत्पादक, विज्ञापनदाता, विज्ञापन एजेंसियाँ और टीवी चैनल के प्रबन्धक शामिल हैं, क्या चाहता है। यानी उत्पादक को अपने उत्पाद के लिए एक बाज़ार चाहिए होता है और जैसा बाज़ार चाहिए उसके हिसाब से वह दर्शक वर्ग की तलाश करता है। यहीं मार्केट रिसर्च उसकी मदद करता है। विज्ञापन एजेंसियाँ भी इसी रिसर्च के आधार पर उत्पादक या विज्ञापनदाता के लिए तय करती हैं कि प्रचार के लिए कौन सा माध्यम या चैनल ज़्यादा मुफीद होगा।

जहाँ तक टीवी चैनल का ताल्लुक है तो उसे भी रेटिंग एजेंसियाँ यही जानकारियाँ उपलब्ध करवाती हैं, मगर वह इनका इस्तेमाल दूसरी तरह से करते हैं। वे विज्ञापनदाताओं के हितों को ध्यान में रखकर ऐसे कंटेंट का निर्माण करते हैं ताकि उन्हें ज़्यादा से ज़्यादा विज्ञापन मिल सकें। यहीं से टीवी चैनलों का विचलन भी शुरू हो जाता है। समाचारों के चयन से लेकर उनकी प्रस्तुति तक सब कुछ विज्ञापन जगत यानी बाज़ार की रुचियों के हिसाब से होने लगता है। यानी समाचारों से उनके मूल तत्त्व और उद्देश्य गायब होने लगते हैं और वे विकृत होने लगते हैं। यही प्रक्रिया है जो ख़बरों को उपभोग की सामग्री बना देती है और दर्शकों को उपभोक्ता।

सबसे पहले तो ये देखते हैं कि रेटिंग प्रणाली किस तरह से टीवी के दर्शकों का वर्गीकरण करती है और जिसकी वजह से दर्शक दर्शक न रहकर उपभोक्ता में तब्दील हो जाते हैं। रेटिंग एजेंसियाँ दर्शकों को उनकी आर्थिक हैसियत के आधार पर विभाजित करती हैं। मसलन, टैम ने भारत में दर्शकों को चार वर्गों में बाँट रखा है। ये वर्ग हैं—एसईए-ए, एसईसी-एबी, एसईसी-एबीसी, एसईसी-एबीसीडीई (Socio economic criteria—SEC)। इनमें ए सबसे सम्पन्न वर्ग है जबकि एबीसीडीई सबसे कम आय वाला समूह। एबी और एबीसी उच्च मध्यम और मध्यम वर्ग के दर्शक हैं। दर्शकों की आर्थिक हैसियत को आधार बनाने के पीछे मार्केट का तर्क उसकी क्रय क्षमता को ध्यान में रखना है। यानी जो जितना सम्पन्न होगा मार्केट के लिए वह उतना ही उपयोगी होगा। विज्ञापनदाता अपने उत्पाद को आम तौर पर पहले के तीन वर्गों में पहुँचाने की कोशिश करते हैं और जाहिर है कि वे उस चैनल को प्राथमिकता देंगे, जिनकी पहुँच इन वर्गों में सबसे ज़्यादा होगी। मार्केट की भाषा में इसे टारगेट वीवरशिप या टीजी कहते हैं। अब अगर किसी चैनल को विज्ञापन चाहिए तो वह उसी टीजी को पकड़ेगा जिसे विज्ञापनदाता सबसे अधिक पसन्द करते हैं और इस कोशिश में वे उच्च और मध्यम वर्ग की जरूरतों और रुचियों के हिसाब से खुद को ढालने लगते हैं। इसे मार्केट फ्रेंडली (बाज़ार के प्रति मित्रवत्) होना कहते हैं।

ये एक ऐसी प्रक्रिया है जिसमें बाज़ार चैनलों को ये तक बताने लगता है कि दर्शकों को क्या पसन्द है और उन्हें क्या दिखाना चाहिए। बाज़ार की दिलचस्पी दर्शकों की उन भावनाओं को उभारने में होती है जो उन्हें कोई उत्पाद खरीदने के लिए प्रेरित

करे। अर्थात वह दर्शकों के मनोविज्ञान पर हमला करता है, उसे अपने कब्जे में लेता है और फिर उससे जैसे चाहे खेलता है।

बाज़ार ने कुछ निष्कर्ष चैनलों के हाथों में दे दिये हैं जिनके आधार पर वे कंटेंट का निर्माण करने लगे हैं। ये निष्कर्ष हैं–

1. दर्शकों को मनोरंजन पसन्द है। फिल्में, क्रिकेट, अपराध, सेक्स, कॉमेडी आदि से जुड़ी ख़बरें वह रुचि के साथ देखता है। इसी तरह चमत्कार, अन्धविश्वास और ज्योतिष आदि विषय भी खूब देखे जाते हैं।
2. उसे सनसनी चाहिए, उत्तेजना चाहिए। इसलिए समाचारों में गरमी भरना चाहिए।
3. वे गम्भीर चीज़ें नहीं देखना चाहते, इसलिए साहित्य, संस्कृति आदि को दूर रखिए।
4. जीवन में तरह-तरह की समस्याओं से जूझ रहे दर्शकों को ऐसी सामग्री नहीं चाहिए जिसे देखने-समझने के लिए दिमाग़ पर ज़ोर देना पड़े, उसे हलका बनाइए।
5. उसके पास खर्च करने के लिए पैसा है और वह नयी गाड़ियों, घरेलू सामान, मोबाइल वगैरह में दिलचस्पी रखता है।
6. उसे सीधे-सादे समाचार चाहिए और वे भी उसी से सम्बन्धित। उसे समस्याओं, आन्दोलनों, संघर्षों में कोई दिलचस्पी नहीं।

इस तरह बाज़ार टीवी चैनलों को अपने वश में कर लेता है। वे वही करने लगते हैं जो वह चाहता है। वे उसकी तमाम दलीलों का समर्थन करने लगते हैं। वे उत्पादों को अच्छा बताने लगते हैं। दर्शकों की रुचियों को बदलने और निर्धारित करने लगते हैं। नोम चोम्स्की की मैन्यूफैक्चरिंग कसेंट यानी सहमति निर्माण की अवधारणा यहीं पर सही साबित होती है।

आइए अब चैनलों की वितरण व्यवस्था पर रेटिंग एजेंसी टैम के आँकड़ों से पड़ने वाले प्रभावों का विस्तार से अध्ययन करें।

टीआरपी का वितरण व्यवस्था से सम्बन्ध

दुनिया भर में मीडिया के बादशाह के तौर पर जाने जाने वाले रुपर्ट मर्डोक ने कहा था कि कंटेंट इज़ किंग जिसे किसी ने सुधारते हुए कहा था कंटेंट इज़ किंग बट डिस्ट्रीब्यूशन इस किंगकांग। इस कथन का मतलब स्पष्ट है और वह ये है कि टेलीविज़न चैनलों की कामयाबी उनके द्वारा दिखाई जाने वाली सामग्री से ज़्यादा इस बात पर निर्भर करती है कि उनका वितरण कैसा है, वह ज़्यादा से ज़्यादा दर्शकों को उपलब्ध है या नहीं। इस उपलब्धता का सम्बन्ध टीवी चैनल की लोकप्रियता से है जो कि उसकी और उसके विभिन्न कार्यक्रमों की रेटिंग को निर्धारित करने में भी अहम

भूमिका निभाती है।

टेलीविज़न चैनलों के लिए ऐसी सामग्री का निर्माण करना जो दूसरों से अलग और बेहतर हो, बहुत ही चुनौती भरा काम होता है। विकल्पों से भरे बाज़ार में अपनी अलग पहचान बनाकर दर्शकों को आकर्षित करके उन्हें अपना नियमित दर्शक बनाना आसान काम नहीं है। इसके लिए दृष्टि, साधन-संसाधन और सर्जनात्मकता सभी का बेहतरीन सामंजस्य आवश्यक होता है। अधिकांश चैनल ऐसा नहीं कर पाते इसलिए वे दर्शकों के दिल में जगह नहीं बना पाते और लाजिमी है कि इसका सीधा असर उनकी आर्थिक सेहत पर भी पड़ता है क्योंकि ऐसे चैनल को विज्ञापनदाताओं का सहयोग भला क्यों मिलेगा? लेकिन ऐसा भी नहीं है कि अच्छी सामग्री दिखाने वाला चैनल कामयाब हो ही जायेगा और इसका जवाब देने के लिए रॉकेट साइंस की जानकारी होने की ज़रूरत नहीं है। सीधी-सी बात ये है कि टीवी इंडस्ट्री के मौजूदा परिदृश्य में अच्छी और विशिष्ट सामग्री के निर्माण से कहीं ज़्यादा चुनौतीपूर्ण काम है उसे दिखाने की व्यवस्था करना। विशाल दर्शक वर्ग के बीच चैनल को उपलब्ध करवाना एक बड़ा सिरदर्द और बेहद खर्चीला काम है।

सच्चाई ये है कि टेलीविज़न इंडस्ट्री वितरण व्यवस्था पर होने वाले ख़र्च की वजह से ही सबसे ज़्यादा त्राहिमाम कर रही है। चैनलों के वितरण ने अधिकांश टीवी चैनलों की कमर तोड़कर रख दी है। कुछ कामयाब चैनलों को छोड़ दें तो बाकी के चैनल या तो किसी तरह चल रहे हैं या फिर बन्द होने के कगार पर हैं। ये तथ्य जगजाहिर है कि राष्ट्रीय न्यूज़ चैनलों के कुल ख़र्च का पचास फ़ीसदी से ज़्यादा ख़र्च उनको दर्शकों तक पहुँचने के लिए करना पड़ता है। ये पैसा केबल तथा डीटीएच ऑपरेटर को कैरिएज फीस के नाम पर दिया जाता है। चैनलों की बढ़ती संख्या के साथ-साथ उनके डिस्ट्रीब्यूशन का बाज़ार लगातार बढ़ता गया है और अब ये लगभग बाईस सौ करोड़ का हो गया है। इसमें बड़े पैमाने पर काला धन भी इस्तेमाल हो रहा है।

मीडिया वेबसाइट एक्सचेंज 4 मीडिया में प्रांजल साहा की रिपोर्ट[6] बताती है कि सन् 2011-12 में पिछले वित्त वर्ष की तुलना में डिस्ट्रीब्यूशन के खर्च में और भी वृद्धि हो गयी। डिस्ट्रीब्यूशन के आँकड़े देने वाली मार्केट रिसर्च एजेंसी क्रोम डाटा एनालिटिक्स एंड मीडिया के हवाले से वे बताते हैं कि भारतीय प्रसारकों ने सन् 2011-12 में 300 करोड़ रुपये ज़्यादा खर्च किये। उन्होंने 2010-11 में वितरण के लिए 1600 करोड़ दिए थे जबकि 2011-12 में 1900 करोड़ उन्हें खर्चने पड़े। ये रकम भी प्राइम, एस और यूएचएफ बैंड की है, इसमें हायपर बैंड पर किया गया ख़र्च शामिल नहीं है। केवल उत्तर भारत के लिए ही एस बैंड का खर्च 1-11 फ़ीसदी बढ़ गया जबकि यूएचएफ में ये बढ़ोतरी 19-29 प्रतिशत की हो गयी। ये वृद्धि दर इसलिए और भी ज़्यादा मानी जायेगी क्योंकि केबल के दर्शकों की संख्या में डीटीएच और आईपीटीवी की वजह से कमी आयी है। अगर वितरण के इस खर्च को राष्ट्रीय स्तर पर देखेंगे तो

पायेंगे कि एस बैंड के लिए प्रति केबल एंड सैटेलाइट होम 43 प्रतिशत और यूएचएफ के लिए 42 फ़ीसदी की वृद्धि हुई जिसका मतलब है कि खर्च लगभग दोगुना हो गया पूर्वी भारत में तो वितरण के खर्च में असाधारण वृद्धि हुई। ये बढ़ोतरी 58 प्रतिशत की रही। यदि मल्टी सिस्टम ऑपरेटर (एमएसओ) के हिसाब से देखें तो डेन (DEN) ने सबसे ज़्यादा बढ़ोतरी की जबकि हैथवे (Hathway) दूसरे नम्बर पर रहा। डेन ने एस और यूएचएफ बैंड के लिए अपनी कीमतें क्रमशः 44 एवं 22 फ़ीसदी बढ़ाईं। डेन के पास कुल अट्ठारह फ़ीसदी मार्केट है।

देश में आठ सौ से ज़्यादा चैनल केबल नेटवर्क के ज़रिए अपना प्रसारण करते हैं। कई चैनलों के लिए वितरण का काम देख चुके सुधीर मोहन कहते हैं, ज्यादातर केबल नेटवर्क पर एनालॉग टेक्नालॉजी है जिसकी वजह से वे अधिकतम 106 चैनलों को ठीक-ठाक आडियो-वीडियो के साथ प्रसारित कर सकते हैं। इसका सम्बन्ध बैंडविड्थ से है इसलिए जैसे-जैसे केबल में पीछे की ओर जाते हैं, चैनलों की प्रसारण गुणवत्ता गिरती चली जाती है। लिहाजा हर चैनल चाहता है कि उसे नेटवर्क के शुरू में ही जगह मिल जाये यानी पहले 40 नम्बर तक उसे दिखाये ताकि उसके टीवी सिग्नल कमज़ोर न पड़ें और दर्शकों तक पहुँचने में ऑडियो-वीडियो का ह्रास न हो। यहीं से कैरिएज फीस का खेल शुरू हो जाता है। आगे दिखने की प्रतिस्पर्धा में माँग और आपूर्ति के नियम के हिसाब से चैनलों को अपेक्षाकृत बड़ी राशि देनी पड़ती है। ऐसी सूरत में चैनल उन चुनिंदा शहरों को टॉरगेट करते हैं, जहाँ से अधिक से अधिक टीआरपी हासिल हो सकती है[7]।

आम धारणा बेशक यही है कि टीआरपी का सम्बन्ध केवल टीवी चैनलों की लोकप्रियता से है, मगर वास्तव में यह वितरण व्यवस्था को भी उतनी ही प्रभावित करने वाली चीज़ है। वितरण में टीआरपी की इस निर्णायक भूमिका की कई वजहें हैं। सबसे बड़ी वजह तो ये है कि टैम इंडिया चैनलों और उनके कार्यक्रमों की लोकप्रियता के आँकड़े देने के साथ-साथ ये भी बताती है कि कोई चैनल कहाँ कितना उपलब्ध है। इसे टैम की भाषा में रीच यानी पहुँच का नाम दिया जाता है। किसी भी विज्ञापनदाता और विज्ञापन एजेंसी के लिए लोकप्रियता के आँकड़े के साथ-साथ उसकी रीच भी बहुत महत्त्वपूर्ण होती है। ऐसा इसलिए कि सम्भव है कि कोई चैनल टीआरपी में तो आगे हो मगर वह उस मार्केट में उपलब्ध ही न हो, जहाँ विज्ञापनदाता पहुँचना चाहता है। कुछ विज्ञापनदाताओं के लिए तो ये भी ज़रूरी हो सकता है कि उनके उत्पाद की जानकारी ज़्यादा से ज़्यादा लोगों तक पहुँचे, भले ही कोई चैनल टीआरपी में विशेषकर रहा हो या नहीं।

यहाँ ये बात ध्यान में रखने की है कि रेटिंग प्रणाली यानी टीआरपी बताने की व्यवस्था आने के पहले चैनलों के वितरण पर कोई दबाव नहीं था और उनका खर्च भी न के बराबर ही था। इसकी एक वजह ये भी हो सकती है कि उस समय बहुत

कम चैनल थे और उनके बीच प्रतिस्पर्धा भी नहीं थी। कई चैनलों में वितरण व्यवस्था के प्रभारी रह चुके सुधीर मोहन का कहना है कि सन् 2000 तक कैरिएज फीस नहीं के बराबर थी, क्योंकि ज्यादातर चैनल फ्री टू एयर थे और चैनल कम होने की वजह से बैंडविड्थ भी काफी उपलब्ध थी। ये वह वक्त था जबकि 12 चैनलों वाले श्वेत-श्याम टीवी भी चल रहे थे। उनके साथ-साथ 36 से लेकर 200 चैनलों की क्षमता वाले टीवी सेट्स भी इस्तेमाल में आ रहे थे। जैसे-जैसे चैनलों की संख्या बढ़ती गयी उनमें आगे दिखने की होड़ भी बढ़ी और नतीजतन कैरिएज फीस भी शुरू हो गयी और तेज़ी से बढ़ने भी लगी[7]। जाहिर है कि वितरण पर होने वाले खर्च में बढ़ोतरी की बड़ी वजह चैनलों की संख्या में आशातीत वृद्धि है। चैनलों में बढ़ोतरी के साथ केबल ऑपरेटरों के पास जगह कम होने लगी और वे उसकी कीमत भी माँगने लगी। मगर इस कीमत में असली बढ़ोतरी टीआरपी के आने की वजह से हुई। दरअसल, रेटिंग एजेंसियों ने नमूने इकट्ठे करने के लिए जिन शहरों में पीपल्स मीटर लगाये, उन शहरों के केबल ऑपरेटर की अहमियत बढ़ती चली गयी। चैनलों को उन शहरों के केबल नेटवर्क पर अच्छी पोजीशन चाहिए थी, लिहाजा उन्होंने ऑपरेटरों को मुँहमाँगी कीमत देनी शुरू कर दी। इससे चैनलों के बीच ही बेहतर जगह हासिल करने की होड़ मच गयी और नतीजतन ऑपरेटरों के मुँह भी बड़े होते गये। आलम ये हुआ कि जहाँ पहले चैनल को मुफ्त दिखाया जाता था, वहाँ उन्हें अब करोड़ों रुपये देने पड़ रहे हैं। यही नहीं, ऑपरेटरों को खुश रखने के लिए महँगे उपहार और विदेश यात्रा करवाने तक के हथकंडे आजमाये जाने लगे।

इस तरह देखा जाये तो टीआरपी ने डिस्ट्रीब्यूशन के बाज़ार में एक ऐसी प्रतिस्पर्धा पैदा कर दी जिसका नकारात्मक असर पूरी टीवी इंडस्ट्री पर पड़ने लगा। डिस्ट्रीब्यूशन के क्षेत्र में टीआरपी जनित ये प्रतिस्पर्धा यहाँ तक पहुँच गयी है कि चैनलों का डिस्ट्रीब्यूशन देखने वाले लोग ये तक पता करने की कोशिश करते हैं कि टीआरपी मापने के पीपल्स मीटर शहर के किन इलाकों में लगे हैं, ताकि वहाँ उनका चैनल अवश्य अच्छी जगह दिखे और चैनलों की टीआरपी चकाचक आये। जिसके पास इस बारे में जितनी पुख़्ता जानकारी होती है उसे डिस्ट्रीब्यूशन का उतना अच्छा आदमी माना जाता है।

डिस्ट्रीब्यूशन के खर्च से जुड़ा दूसरा मामला ये है कि किसी भी चैनल के लिए केवल यही काफी नहीं होता कि वह दिख रहा है या नहीं। उसके लिए ये भी परम आवश्यक है कि वह तमाम नेटवर्क पर अच्छी जगह दिखे यानी टीवी के शुरू के नम्बरों पर। केबल नेटवर्क में उपलब्ध स्थानों को अलग-अलग बैंड में बाँटा गया है। शुरू के बैंड को प्राइम बैंड कहते हैं। उसके बाद क्रमशः कलर, एस बैंड, हाइपर एवं यूएचएफ बैंड होते हैं।

मनोरंजन के बड़े चैनल प्राइम पर रहना पसन्द करते हैं जबकि न्यूज़ चैनल कलर

एवं एस बैंड पर। अच्छे बैंड पर उपलब्ध होने का मतलब बेहतर टीआरपी होता है। सुधीर मोहन, बताते हैं, "अगर कोई नया न्यूज़ चैनल स्थापित चैनलों के बीच में होता है तो उसे कई फायदे अपने आप मिल जाते हैं। दर्शकों की ये आम प्रवृत्ति होती है कि वे बहुत पीछे नहीं जाना चाहते। शुरू में जो चैनल उपलब्ध होते हैं उन्हीं पर ख़बरें देख लेते हैं। ऐसे में पीछे दिखने वाले चैनल टीआरपी में भी पिछड़ जाते हैं[8]।" दूसरे, वे जाने-पहचाने और पसन्दीदा चैनल पर ख़बरें देखना पसन्द करते हैं। अखबारों की तरह दर्शकों को भी किसी चैनल विशेष पर ख़बरें या कार्यक्रम देखने की आदत लग जाती है, इसलिए वह भटकने के बजाय सीधा वहीं जाकर ख़बरें देख लेते है। ऐसे में अगर कोई नया चैनल उस चैनल के आसपास हुआ तो बहुत मुमकिन है कि दर्शक उसे भी देखे और अगर वह अच्छी सामग्री भी दे तो उसे अपना स्थायी दर्शक भी बना ले। पीछे रहने पर ये लाभ नहीं मिलता। लेकिन अपनी पसन्द की जगह चुनने के लिए चैनलों को अतिरिक्त धन भी खर्च करना होता है। केबल ऑपरेटर विशेष जगह पर चैनल दिखाने की ख़ास कीमत वसूलते हैं। ऐसे में चैनल के पास विकल्प ही नहीं होता। अगर प्रबन्धन ठीक जगह पर चैनल को नहीं दिखाता है तो उसे विज्ञापन के मोर्चे पर नुकसान उठाना पड़ेगा और अगर दिखाता है तो मोटा खर्च करना पड़ेगा। यानी उसके सामने एक तरफ कुआँ और दूसरी तरफ खाई वाली स्थिति है।

करीब सात-आठ साल पहले केबल डिस्ट्रीब्यूशन इंडस्ट्री में एक बड़े बदलाव की शुरुआत हुई थी, जिससे टीवी चैनलों को राहत मिलने की उम्मीद जगी थी, जो बाद में झूठी साबित हुई। हुआ ये था कि बड़ी कार्पोरेट कम्पनियों का ध्यान चैनल डिस्ट्रीब्यूशन की तरफ गया और उन्होंने इस क्षेत्र में निवेश करना शुरू किया। इससे वितरण व्यवस्था का निगमीकरण शुरू हुआ। बड़ी कम्पनियों ने छोटे-बड़े ऑपरेटरों के नेटवर्क खरीदकर उन्हें बेहतर टेक्नालॉजी से लैस करना शुरू कर दिया। इन दोनों कदमों से चैनलों को लगा कि एक तो दर्शकों को अब बेहतर गुणवत्ता वाला प्रसारण देखने को मिलेगा और चूँकि कार्पोरेट कम्पनियाँ ज़्यादा व्यावसायिक और पारदर्शी होती हैं इसलिए उन्हें डिस्ट्रीब्यूशन के खर्च और ब्लैकमेलिंग से भी राहत मिलेगी। मगर ऐसा हुआ नहीं। इन कार्पोरेट कम्पनियों ने भी केबल ऑपरेटर संस्कृति को अपना लिया और चैनलों को दुहने में जुट गयीं। इससे एक नुकसान और हुआ और वह ये कि कई क्षेत्रों में कार्पोरेट कम्पनियों ने अपनी आर्थिक सामर्थ्य के बल पर एकाधिकार स्थापित कर लिया। नतीजतन, चैनलों के पास उनकी शर्तों को मानने के अलावा कोई विकल्प नहीं बचा। हकीक़त तो ये है कि निगमीकरण के बाद चैनलों की वितरण लागत में बढ़ोतरी ही हुई।

कुछ ऐसी ही झूठी उम्मीद टीवी चैनलों ने डीटीएच (डायरेक्ट टू होम) टेक्नालॉजी आ जाने से लगाई थी। उन्हें लगा था कि डीटीएच के ज़रिए डिस्ट्रीब्यूशन होने से केबल ऑपरेटर के चंगुल से मुक्ति मिल जाएगी। यहाँ भी उम्मीद का आधार यही था

कि चूँकि डीटीएच ऑपरेटर बड़ी निगमित कम्पनियाँ (कार्पोरेट) हैं इसलिए वे ज़्यादा पेशेवर और पारदर्शी होंगी। केबल ऑपरेटर की तरह वे ब्लैकमेल नहीं करेंगी, जिससे वितरण के खर्च में कमी भी आयेगी। मगर हुआ इसका उलटा। कुछ ताकतवर डीटीएच ऑपरेटर ने प्रचार-प्रसार और मार्केटिंग के दूसरे हथकंडे अपनाकर बड़ी तादाद में सदस्य बना लिए और इससे उन्हें मुँहमाँगी कीमत वसूलने का मौका मिल गया। यहाँ तक कि प्रसारभारती का डीटीएच प्लेटफॉर्म डीडी डायरेक्ट शुरुआत में सस्ती सेवाएं देने के बाद अब मोटी कीमत वसूलने लगा है। डिस्ट्रीब्यूशन इंडस्ट्री के अनुमानों के मुताबिक डीटीएच की वजह से चैनलों के वितरण के खर्च में मोटी बढ़ोतरी हुई है। अगर कोई चैनल सभी महत्त्वपूर्ण डीटीएच प्लेटफार्म पर अपने चैनल को उपलब्ध करवाना चाहेगा तो इसका हिस्सा कुल बजट का तीस से चालीस फ़ीसदी तक जा सकता है। यानी कुल बजट में तीस से चालीस फ़ीसदी की बढ़ोतरी डीटीएच ने ही कर दी है।

आँकड़े बताते हैं कि डीटीएच सेवाओं में बड़ी तेज़ी से विस्तार हो रहा है और उनकी सदस्य संख्या पिछले कुछ सालों में एकदम से छलाँग लगा चुकी है। शुरुआत में टैम डीटीएच की टीआरपी नहीं बताता था, उसने उसे अनदेखा कर दिया था। मगर कुछ समय पहले से उसने ऐसा करना शुरू कर दिया है। अब चैनलों के सामने ये मुसीबत पैदा हो गयी है कि उसे डीटीएच के मोर्चे पर भी अपनी लोकप्रियता सिद्ध करनी है अर्थात् यहाँ भी टीआरपी की होड़ में आगे रहना उनके लिए जीवन-मरण का सवाल बन गया है।

डीटीएच के दर्शक न केवल संख्या में बढ़ रहे हैं बल्कि वे सम्पन्न वर्ग के लोग भी हैं। उनके पास खर्च करने के लिए पैसा होता है और वे विज्ञापित किये जाने वाले उत्पादों के खरीदार भी हैं। यानी वे एक अच्छे उपभोक्ता भी हैं इसलिए विज्ञापनदाताओं के चहेते भी हैं। ऐसे में चैनल उनकी अनदेखी कतई नहीं कर सकते। अधिकतम डीटीएच दर्शकों तक पहुँचना उनकी मजबूरी है। टीआरपी ने उनकी इस विवशता को और भी बढ़ा दिया है।

डीटीएच के बारे में शुरू में ये मान्यता थी कि चूँकि उसमें ज़्यादा चैनलों को दिखाने की क्षमता होती है इसलिए उस पर चैनल का वितरण सस्ता होगा। शुरू में ऐसा हुआ भी। मगर जैसे-जैसे चैनलों की संख्या बढ़ती गयी उनके पास भी बैंडविड्थ की कमी होने लगी, नतीजतन उन्होंने भी कैरिएज फीस बढ़ानी शुरू कर दी। प्रसारभारती के डीटीएच डीडी डायरेक्ट प्लस चार से पाँच गुना महँगा हो गया। इसी तरह डिश एवं टाटा स्काई के दाम भी कई गुना बढ़ गये। इस तरह चैनलों पर डीटीएच की वजह से अतिरिक्त आर्थिक बोझ आ पड़ा और उनकी अर्थव्यवस्था और भी नाजुक हो गयी। ख़ास तौर से नये आये या आने वाले चैनलों के लिए तो इससे मुसीबतें और भी बढ़ गयीं।

उपरोक्त तथ्यों के आधार पर ये तय हो जाता है कि चैनलों की अर्थव्यवस्था को

सर्वाधिक प्रभावित करने वाला कारक डिस्ट्रीब्यूशन या वितरण है। अब जाहिर है कि जो चीज़ चैनल के आर्थिक पक्ष का नियंता बन गयी है जाहिर है कि वह उसके चरित्र और सर्वाधिक महत्त्वपूर्ण उसकी सम्पादकीय सामग्री पर भी प्रभाव डालती होगी। सीधी-सी बात है कि जो दिखता है वह बिकता है इसलिए दिखाना ज़रूरी है। अब अगर दिखाना ज़रूरी है और डिस्ट्रीब्यूशन के खर्च में कटौती की नहीं जा सकती इसलिए कटौती की गाज गिरती है चैनल की सम्पादकीय सामग्री पर। चैनल का प्रबन्धन इस कोशिश में जुट जाता है कि कंटेंट के निर्माण पर हो रहा खर्च कम करके बचत की जाये। खर्च कम करने का मतलब है कि सस्ते मैन पॉवर से काम चलाया जाये। इसका असर ये पड़ता है कि अकुशल, प्रतिभाहीन और नातजुर्बेकार लोगों की भर्ती की जाती है और उनसे चैनल चलवाया जाता है। अगर हम हिन्दी न्यूज़ चैनलों की दुर्दशा के कारण तलाशेंगे तो पायेंगे कि इसके लिए ये प्रवृत्ति काफी हद तक ज़िम्मेदार है।

कटौती की मार और भी तरह से पड़ती है। चैनल ख़बरों को इकट्ठा करने पर होने वाले खर्च को कम कर देता है। इससे उसके पास अच्छी ख़बरें आनी बन्द हो जाती हैं और जहाँ विशेष कवरेज की ज़रूरत होती है, वहाँ वह उससे भी बचता है। ख़बरों को मँगाने के लिए टेक्नालॉजी पर किया जाने वाला खर्च कम किया जाता है। कर्मचारियों के वेतन आदि कम रखे जाते हैं और उन्हें ज़रूरी सुविधाएँ भी मुहैया नहीं करवाई जाती हैं, जिससे उनका उत्साह और मनोबल कमज़ोर पड़ता है। इसका सीधा असर उनके काम पर दिखलाई देने लगता है। कुल मिलाकर बचत के नाम पर कटौती का ये सिलसिला हर स्तर पर चलता है और नतीजे में चैनल का कंटेंट बुरी तरह से प्रभावित होता है।

ये सही है कि भारत में चैनल वितरण उद्योग या व्यवसाय पारदर्शी नहीं है। किसी भी वितरक की दरें तय नहीं हैं। वे माथा देखकर तिलक लगाते हैं यानी जिससे भी जितना मिल सके खींच लिया जाये। ये उन गैर पेशेवर केबल ऑपरेटरों के साथ ही नहीं है जो न तो बाज़ार के तौर-तरीकों को ठीक से समझते हैं और न ही कार्पोरेट संस्कृति को। कार्पोरेट कम्पनियों तक का व्यवहार भी उन्हीं जैसा ही है। भले ही बड़ी पूँजी की वजह से वे सुसंस्कृत दिखलाई पड़ें मगर कोई घोषित रेट लिस्ट नहीं है और मनमानी वसूली से लेकर भ्रष्टाचार तक सब कुछ वे करती हैं। डीटीएच सेवाएँ उपलब्ध करवाने वाली कम्पनियाँ बड़े कार्पोरेट घरानों द्वारा संचालित हैं, मगर वहाँ भी वही आलम है।

पश्चिमी देशों, ख़ास तौर पर अमेरिका और यूरोप में वितरण व्यवस्था टीवी चैनलों के हित में काम करती है। वह चैनलों को आय का एक स्रोत मुहैया करवाती है। ग्राहकों से सदस्यता शुल्क के रूप में मिलने वाली राशि का एक हिस्सा उनके भी खाते में जाता है। भारत में इसका ठीक उलटा चल रहा है। चैनलों को वितरण पर मोटी राशि खर्च करनी पड़ रही है। पे चैनलों को कुछ राशि वितरण से प्राप्त जरूर

हो जाती है मगर भारी हेराफेरी की वजह से उतनी नहीं जितनी के वे हकदार हैं।

केबल नेटवर्क के डिजिटाइजेशन ने एक बार फिर से वितरण पर होने वाले खर्च में कमी की उम्मीद जगाई है। केबल के डिजिटल हो जाने से चैनलों को दिखाने की उनकी क्षमता में बढ़ोतरी हो रही है। वे पाँच सौ या उससे भी ज़्यादा चैनल दिखाने में सक्षम हो रहे हैं। हालाँकि इसके बावजूद कैरिएज फीस की समाप्ति के आसार नहीं हैं अलबत्ता इंडस्ट्री का अनुमान है कि वितरण का खर्च चालीस से पचास फ़ीसदी तक घट सकता है। अगर ऐसा होता है तो ये भी एक बड़ी राहत होगी। मगर टीआरपी का चक्कर इस राहत पर पानी फेर सकता है। रेटिंग प्रणाली को प्रामाणिक बनाने के लिए ज़्यादा शहरों और कस्बों में पीपल्स मीटर लगाने की बात की जा रही है। इसका मतलब ये होगा कि टीआरपी शहरों की संख्या में वृद्धि। इसका सीधा असर वितरण की लागत पर पड़ेगा, क्योंकि तब चैनलों को अपनी पहुँच या रीच और टीआरपी बढ़ाने के लिए वहाँ के केबल ऑपरेटर को कैरिएज फीस देनी पड़ेगी। यानी अगर उन्हें कुछ जगह राहत मिलेगी तो दूसरी जगह उन्हें अधिक धन खर्चना पड़ेगा।

जाहिर है कि टीआरपी के दुष्चक्र ने वितरण, मार्केटिंग एवं सेल्स, सभी को अपने शिकंजे में कस लिया है। इससे मुक्ति का कोई रास्ता इस समय न तो चैनलों को सूझ रहा है और न ही टीवी इंडस्ट्री को। यहाँ तक कि भारतीय दूरसंचार नियामक प्राधिकरण या भारत सरकार भी कैरिएज फीस को रोकने के मामले में सख़्त रवैया अपनाने से कतराते हैं और टीआरपी का कोई विकल्प तो किसी के पास है ही नहीं। सभी ये मानकर चल रहे हैं कि टीआरपी भी रहेगी और वितरण में कैरिएज फीस का चलन भी रोका नहीं जा सकता। ऐसे में चैनलों के सामने वितरण पर मोटी रकम खर्च करने और उसके टीवी न्यूज़ पर होने वाले प्रभावों को स्वीकार करने के अलावा कोई दूसरा रास्ता नहीं बचा है।

सन्दर्भ

1. Review of Existing Television Rating System in India, 2010, Page-10
2. Recommendations on Policy and Operational issues for Television Audience Measurement (TAM)/ Television Rating Points (TRP) By Telecom Regulatory Authority of India, 2008, Page-9-10
3. साक्षात्कार
4, www.tamindia.com
5. साक्षात्कार
6. www.exchange4media.com
7. साक्षात्कार
8. साक्षात्कार

टीवी न्यूज़ (समाचार चैनलों) पर टीआरपी के प्रभाव

रेटिंग प्रणालियों द्वारा दी जाने वाली टीआरपी के टीवी न्यूज़ पर प्रभावों को लेकर देश-विदेश में चिन्ता व्यक्त की जाती रही है। विश्व स्तर पर टीआरपी के प्रभावों को जाँचने-परखने का सिलसिला भी चलता रहा है और ये प्रश्न भी पूछे जाते रहे हैं कि टीआरपी ने टीवी को जिस ओर धकेल दिया है क्या वह मीडिया से जुड़ी अपेक्षाओं के अनुरूप माना जा सकता है? क्या टीआरपी ने टीवी न्यूज़ को उन दायित्वों से मुँह फेरने के लिए मजबूर कर दिया है जो उसके आधारभूत सिद्धान्तों के रूप में चिन्हित किये जाते हैं? क्या टीआरपी के समर्थक ये दावा कर सकते हैं कि उनकी वजह से न्यूज़ चैनलों में स्वस्थ प्रतिस्पर्धा बढ़ी है, टीवी न्यूज़ की दुनिया का विस्तार हुआ है और दर्शकों को बेहतर सामग्री मिल पा रही है?

आईबीएन 18 नेटवर्क के पूर्व प्रधान सम्पादक राजदीप सरदेसाई कहते हैं, ''आज तीन सौ से ज़्यादा न्यूज़ चैनल किसी मांसभक्षी की तरह न्यूज़ के टुकड़े को निगल जाने के लिए झपटते रहते हैं। जितना शोर हो, उतना बेहतर। जहाँ कभी लक्ष्य होता था कि समाचार पर रोशनी डाली जाये, वहीं अब सबसे बड़ा, एजेंडा यही है कि कैसे स्टूडियो में गर्मी पैदा की जाये। न्यूज़ की जगह शोर ने ले ली है, समाचारबोध की जगह सनसनीवाद ने और इतिहास की जगह उन्माद ने ले ली है। माध्यम वही है मगर सन्देश बहुत ज़्यादा बदल गया है[1]।''

करीब दस साल तक देश के अगुआ न्यूज़ चैनल आज तक के समाचार निर्देशक रहे कमर वहीद नक़वी का कहना है, ''पिछले कुछ साल में टेलीविज़न न्यूज़ और बाज़ार का बड़ा गहरा रिश्ता बना है और बहुत नुकसानदेह रिश्ता बना है। ख़ास तौर पर टीआरपी मापने की जो प्रणाली है वह बहुत ही नुकसानदेह साबित हुई है टेलीविज़न न्यूज़ के लिए[2]।'' साफ है कि बाज़ार और टीआरपी दोनों का टेलीविज़न न्यूज़ पर घातक असर पड़ा है। टेलीविज़न न्यूज़ के बदलते चरित्र और न्यूज़ चैनलों के व्यवहार का लगातार अवलोकन करने वाले विशेषज्ञों का मानना है कि रेटिंग का बहुत ही गहरा प्रभाव उन पर पड़ा है। सेंटर फॉर मीडिया स्टडीज के चेयरमैन डॉ. एन. भास्कर राव कहते हैं, ''मैं इस बात से सहमत हूँ कि रेटिंग कंटेंट और प्रोग्रामिंग की प्राथमिकताओं को प्रभावित कर रही है। भारत में इसके ढेर सारे प्रमाण मौजूद हैं।

चैनल जिस तरह से उनका इस्तेमाल करते हैं, उनको विज्ञापित और प्रचारित करते हैं, उससे समस्या बढ़ रही है। एक चैनल मालिक ने मुझे दिखाया कि एक रेटिंग एजेंसी ने उसे प्रोग्रामिंग का नुस्खा दिया है। एजेंसी ने रेटिंग के आधार पर बाकायदा लिखित रूप में बताया है कि सुबह आठ बजे किस तरह के कार्यक्रम हों और दोपहर बाद किस तरह के। साफ है कि रेटिंग कंटेंट को प्रभावित कर रही है[3]।''

''टीआरपी की कंटेंट को निर्धारित करने की ताकत को और भी तरह से देखा जा सकता है। मसलन, व्यावसायिक टेलीविज़न में अच्छी रेटिंग सफलता का मुख्य संकेतक है। इंडस्ट्री की ओर से दिये जाने वाले पुरस्कार और मीडिया में प्रशंसात्मक समीक्षाओं की भी भूमिका रहती है लेकिन अन्त में एक सफल कार्यक्रम तभी परिभाषित होता है जबकि वह स्वीकार्य योग्य दर्शक संख्या हासिल करे[4])। इस कथन से स्पष्ट है कि टीवी की दुनिया में रेटिंग का क्या महत्त्व है और कंटेंट को निर्धारित करने में उसकी भूमिका क्या होती है। टीआरपी पैमाना बन गयी है सफलता की।

भारतीय सन्दर्भ में रेटिंग से जुड़े प्रश्नों को हमें दो भागों में बाँटकर देखना होगा। ये हैं–

1. पब्लिक ब्राडकास्टर (प्रसार भारती के मातहत चलने वाला डीडी न्यूज़) और लाभ न कमाने की दृष्टि से चलाये जा रहे चैनल, जिनमें लोकसभा एवं राज्यसभा चैनलों को रखा जा सकता है।
2. निजी या व्यावसायिक न्यूज़ चैनल, जिनकी संख्या साढ़े तीन सौ के पार पहुँच गयी है।

पहले वर्ग के चैनल चूँकि जनता के पैसे से चलते हैं और उनका उद्देश्य बाज़ार की शर्तों पर मुनाफ़ा अर्जित करने के बजाय जनता को सूचनाएँ, शिक्षा एवं स्वस्थ मनोरंजन उपलब्ध करवाना है, इसलिए वे टैम इंडिया द्वारा जारी की जाने वाली टीआरपी को सम्पादकीय सामग्री के निर्धारण का आधार नहीं बनाते। अलबत्ता ये जरूर है कि प्रसार भारती को स्वायत्त संस्थान बनाने के बावजूद समाचारों पर सरकार एवं नौकरशाही का नियन्त्रण रहता है। लोकसभा एवं राज्यसभा चैनल का भी यही हाल है। लेकिन टीआरपी का दबाव न होने की वजह से उन पर उसका अच्छा या बुरा कोई भी प्रभाव नहीं पड़ा। न तो दूरदर्शन के कामकाज में चुस्ती-फुर्ती आयी और न ही समाचारों एवं कार्यक्रमों के निर्माण में सृजनात्मकता। वह घिसे-पिटे ढर्रे पर चलने वाला चैनल बना रहा। इस सबके बावजूद उनके प्रति दर्शकों का झुकाव बढ़ा है। निजी चैनलों की तमाशेबाजियों से आजिज आ गये लोग मानते हैं कि वहाँ ख़बरों के साथ निजी चैनलों जैसा खिलवाड़ नहीं है।

जहाँ तक टीआरपी का सवाल है तो डीडी न्यूज़ सात से बारहवें नम्बर के बीच रहता है। वितरण के मामले में वह बेहद सुखद स्थिति में है क्योंकि सरकार ने दूरदर्शन के कई चैनलों समेत इसे भी शुरू के बैंड पर दिखाना अनिवार्य किया हुआ है।

हालाँकि इस कानूनी अनिवार्यता के बावजूद केबल ऑपरेटर उसके प्रसारण को विशेष तवज्जो नहीं देते। सरकार की ओर से इस सम्बन्ध में निगरानी की कोई व्यवस्था भी नहीं है अन्यथा उसकी पहुँच और भी बेहतर हो सकती थी। बहरहाल, वितरण की इस गारंटी के बावजूद डीडी न्यूज़ अपनी लोकप्रियता बढ़ाने में नाकाम रहा है। वह निजी चैनलों की गिरती साख का भी फायदा नहीं उठा पाया है क्योंकि सरकारी प्रभावों की वजह से उसकी खुद की साख बहुत ख़राब है। मिसाल के तौर पर दो घटनाओं को लिया जा सकता है। पहली घटना सन् 2012 के मध्य में हुए जन लोकपाल आन्दोलन की है। इस आन्दोलन ने पूरे देश को झकझोर दिया था और उसकी गूँज दुनिया भर में सुनाई दी। तमाम न्यूज़ चैनल जहाँ पल-पल की ख़बर दे रहे थे, वहीं दूरदर्शन ने इसे कोई ख़ास तवज्जो नहीं दी। जाहिर है इसीलिए क्योंकि आन्दोलन के तेवर सरकार विरोधी थे और राजनीतिक रूप से उसके लिए बेहद नुकसानदेह भी। सरकार को बचाने की कोशिश में वह एकपक्षीय होता चला गया। दूसरी बार उसका ये सरकारपरस्त रवैया तब फिर दिखा जब 16 दिसम्बर की रात को एक छात्रा के साथ हुए गैंगरेप के बाद ज़बर्दस्त आक्रोश पैदा हुआ और वह एक बड़े आन्दोलन में तब्दील हो गया। पुलिस और सरकार के रवैये की जब सर्वत्र निन्दा हो रही थी तो वह चुपचाप देखता रहा और सरकार के पक्ष को बढ़-चढ़कर पेश करता रहा। ऐसे नाजुक मौकों पर भी अगर वह संवेदनशीलता एवं सन्तुलन नहीं रखता तो उसकी साख में कोई इजाफा कैसे हो सकता है?

वास्तव में देखा ये जाना चाहिए कि जनता के पैसे से चलने वाले चैनलों के बरक्स दूसरे वर्ग के चैनल यानी व्यावसायिक चैनलों की टीआरपी के मामले में क्या स्थिति है, क्योंकि टीआरपी के सन्दर्भ में सर्वाधिक चर्चा उन्हीं की होती है। निजी चैनल ही बाज़ार से सीधे तौर पर जुड़े हुए हैं और टीआरपी के आधार पर फैसले करने के आरोप भी उन्हीं पर लगते हैं इसलिए उसका प्रभाव भी उन्हीं पर पड़ता है।

इस अध्याय में अब हम निजी क्षेत्र में टीवी न्यूज़ के उत्पादन और प्रस्तुतिकरण से जुड़े हर उस पहलू पर गौर करेंगे, जिस पर टीआरपी का प्रत्यक्ष या परोक्ष असर पड़ा है। इसके लिए हमें किसी भी न्यूज़ चैनल में समाचार संकलन से लेकर उनके निर्माण एवं फिर प्रस्तुति तक के विभिन्न चरणों का बारीकी से अध्ययन करना होगा।

टीआरपी केन्द्रित सम्पादकीय नीति

सर्वप्रथम तो ये जान लेना ज़रूरी है कि टेलीविज़न उद्योग में हर प्रबन्धन अपनी एक नीति निर्धारित करता है और फिर उसके हिसाब से न्यूज़ चैनल को चलाता है। इस नीति का आधार होता है उसका लक्ष्य। यानी प्रबन्धन तय करता है कि उसे किस मार्केट में काम करना है, किस तरह के दर्शक वर्ग तक पहुँचना है और चैनल को फायदेमन्द बनाने के लिए कौन-सी रणनीति अपनानी है। इस रणनीति के हिसाब से

ही चैनल की सम्पादकीय-नीति भी तय की जाती है। स्पष्ट है कि प्रबन्धन की दृष्टि में सम्पादकीय नीति ऐसी होनी चाहिए जो चैनल को यथाशीघ्र फायदेमन्द बनाने के लक्ष्य को प्राप्त करने में सहयोगी हो। यहाँ ये बता देना ज़रूरी है कि चूँकि न्यूज़ चैनल बड़े निवेश और बड़े जोखिम वाला धन्धा है इसलिए कोई भी प्रबन्धन पूरी सावधानी बरतना चाहता है। वह चाहता है कि चैनल आते ही लोकप्रिय हो जाये, टीआरपी के चार्ट में जल्दी से छलाँग लगाकर ऊपर बैठ जाये ताकि विज्ञापनदाता उस पर मेहरबान हो जायें और वह जल्द से जल्द मुनाफ़ा कमाने की अपनी मंजिल तक पहुँच सके। अमेरिका में फॉक्स न्यूज़ और ब्रिटेन में स्काई न्यूज़ ने यही किया था। उसने स्थापित चैनलों सीएनएन और बीबीसी से आगे निकलने के लिए ऐसी सम्पादकीय सामग्री प्रस्तुत करने की रणनीति बनाई जो टीआरपी बढ़ाने में मददगार हो। इसमें उन्हें कामयाबी भी मिली, हालाँकि इस सफलता के लिए उन पर पत्रकारिता के मानदंडों का ख़याल नहीं रखने और ऐसे हथकंडे अपनाने के आरोप लगे जिनके लिए उनकी आज भी निन्दा की जाती है।

जाहिर है ऐसे में शुरू से ही एक दबाव सम्पादकीय टीम पर रहता है। उसे लोक लुभावन सम्पादकीय सामग्री का निर्माण करने की रणनीति बनानी पड़ती है और इसके लिए मुख्य आधार बनती है टीआरपी। सम्पादकीय नेतृत्व अपने पूर्व अनुभव और मार्केट रिसर्च से मिले टीआरपी के आँकड़ों के आधार पर न्यूज़ चैनल का दिन भर का एफपीसी (फिक्स्ड पॉइंट चार्ट, जिसमें दिन भर चलने वाले कार्यक्रमों का विवरण होता है) बनाता है। यही एफपीसी मार्केटिंग और सेल्स विभागों को विज्ञापन लाने के काम आता है। वे बाज़ार में उसके महत्त्वपूर्ण एवं बिकाऊ कार्यक्रमों को यूएसपी (यूनीक सेलिंग पॉइंट) के तौर पर प्रस्तुत करते हैं। इसी एफपीसी से चैनल की पहचान बनती है। बहरहाल, इससे स्पष्ट हो जाता है कि चैनलों के जन्म लेने के पहले ही टीआरपी अपना प्रभाव दिखाने लगती है।

जो चैनल टीआरपी की होड़ शुरू होने से पहले आये उनकी सम्पादकीय नीति बेशक टीआरपी को केन्द्र में रखकर नहीं बनी थी, हालाँकि बाज़ार की माँग और दबाव उन पर रहे ही होंगे। लेकिन जैसे ही टीआरपी विज्ञापन एजेंसियों और विज्ञापन दाताओं के लिए कसौटी बनी, वैसे ही उनकी सम्पादकीय नीति उसके इर्द-गिर्द आकार लेने लगी। धीरे-धीरे टीआरपी परिधि से केन्द्र में आ गयी और आगे चलकर उसका अविभाज्य अंग बन गयी। आज इस तरफ लोगों का ध्यान भी नहीं जाता कि चैनलों की सम्पादकीय नीति ही इस तरह से ढल गयी है कि वह टीआरपी से निर्देशित हो रही है और बाज़ार की शर्तों को पूरा करके अपने लक्ष्य प्राप्त करना ही उसका मकसद हो गया है। ये और बात है कि कोई भी न्यूज़ चैनल इस सत्य को स्वीकारने के लिए तैयार नहीं होगा और उसका यही दावा रहेगा कि वह समाचारों की गम्भीरता और उनके महत्त्व के आधार पर ही सामग्री तैयार करता है।

स्थापित चैनल जब कोई नया कार्यक्रम शुरू करना चाहते हैं तो उसकी सामग्री और प्रस्तुति के बारे में निर्णय लेते समय भी उनके दिमाग़ पर टीआरपी और विज्ञापनदाता हावी रहते हैं। चैनलों में ये परम्परा है कि किसी भी कार्यक्रम को लांच करने से पहले उसका पॉयलट तैयार किया जाये और फिर उसे सम्भावित विज्ञापनदाताओं या प्रायोजकों को दिखाएँ। विज्ञापनदाता और प्रायोजक पॉयलट को इस नजरिए से देखते हैं कि उसकी दर्शक वर्ग एवं संख्या क्या होगी और जिन दर्शकों तक वे पहुँचना चाहते हैं, वे कार्यक्रम को पसन्द करेंगे या नहीं। यानी यहाँ भी टीआरपी का महत्त्व सबसे ज़्यादा होता है न कि कंटेंट की नवीनता या गुणवत्ता का। इसीलिए गम्भीर एवं ऐसे विषयों को वे फौरन ख़ारिज कर देते हैं जिनके दर्शक कम होंगे या फिर जो उनके उपभोक्ता नहीं होंगे। साफ है कि सम्पादकीय विभाग उन कार्यक्रमों के बारे में सोचना ही बन्द कर देता है और उसकी रचनात्मकता टीआरपी एवं विज्ञापनदाताओं की पसन्द-नापसन्द को ध्यान में रखकर काम करने लगती है।

वरिष्ठ पत्रकार एवं ब्राडकास्ट एडिटर्स एसोसिएशन के अध्यक्ष रह चुके एन. के. सिंह का कहना है, ''एडिटर का परफार्मेंस टीआरपी से तय होने लगा। जो एडिटर टीआरपी देने लगा उसकी तनख्वाह बैलेंस शीट के हिसाब से बढ़ा दी गयी और जो जनहित की बात करके पत्रकारिता करता रहा उसे नालायक घोषित कर दिया गया हाल में एक गुणात्मक परिवर्तन ये भी आया है कि गम्भीर सम्पादकों की तादाद घटी है। मार्केट फोर्सेस ने उनकी जगह ऐसे लोगों को लाने की कोशिश की है जो टीआरपी खींचते हैं... इस तरह आपने पूरे के पूरे न्यूज़ के कैरेक्टर को बदल दिया[5]।'' जाहिर है कि टीआरपी की वजह से सम्पादक और सम्पादकीय सामग्री दोनों पर दबाव पड़ा और पूरा समाचार तंत्र उसी के अनुरूप ढलता चला गया। न्यूज़ चैनलों में सम्पादक की भूमिका अदा कर चुके राहुल देव कहते हैं, ''हाल के वर्षों में सम्पादक की भूमिका का क्षरण हुआ है... अब सम्पादकों की भूमिका स्वायत्त नहीं रह गयी है। सम्पादक और व्यावसायिक प्रबन्धन के बीच की लक्ष्मण रेखा धूमिल हो गयी है[6]।'' वरिष्ठ पत्रकार एवं चिन्तक प्रो. रामशरण जोशी के अनुसार, ''सम्पादक को ब्रांड् मैनेजर ने अपदस्थ कर दिया है। सम्पादक की जो ऐतिहासिक भूमिका रही है उसका लगभग खात्मा हो चुका है। संक्षेप में, वैचारिक नेतृत्व छोड़कर सम्पादक से हर सम्भव काम प्रबन्धक करवाते हैं[7]।'' कहने का मतलब ये है कि बाज़ारवाद ने सम्पादक की संस्था को, उसकी हैसियत को ख़त्म कर दिया है और वह एक पत्रकार के नजरिए से टीवी न्यूज़ को देखने और प्रस्तुत करने की स्थिति में नहीं रहा। उसे बाज़ार का साथ देना पड़ रहा है और उसके उपकरण यानी टीआरपी का पूरा-पूरा ध्यान रखना उसके वजूद की ज़रूरत बन गया है।

सम्पादकीय कर्मियों की मनोदशा को समझने के लिए हमने टीवी पत्रकारों के बीच एक सर्वेक्षण किया। बारह प्रश्नों की एक लिखित प्रश्नावली उन्हें दी गयी जिसमें

उन्हें दिये गये विकल्पों में से एक चुनना था। इसमें एक प्रश्न था कि क्या सम्पादकीय नीति टीआरपी केन्द्रित हो गयी है? इसके जवाब में हैरत की बात ये निकलकर आयी कि एक व्यक्ति ने भी जवाब में नहीं नहीं कहा। बावन फ़ीसदी पत्रकारों का कहना था कि सम्पादकीय नीति पूरी तरह से टीआरपी केन्द्रित हो गयी है और 48 प्रतिशत ने कहा कि एक हद तक हो गयी है[8]। यानी सौ फ़ीसदी पत्रकारों का मानना है कि कम या ज़्यादा न्यूज़ चैनलों की सम्पादकीय सामग्री टीआरपी को ध्यान में रखकर तैयार की जाती है।

सम्पादकीय नीति के टीआरपी परस्त होने की परख करने के लिए हमने टीवी पत्रकारों से कुछ और प्रश्न किये। हमारा एक प्रश्न ये था कि समाचारों और कार्यक्रमों के निर्माण के समय सबसे ज़्यादा ध्यान किस बात पर दिया जाता है। 80 प्रतिशत पत्रकारों ने जवाब दिया कि सबसे ज़्यादा ध्यान इस चीज पर दिया जाता है कि टीआरपी आयेगी या नहीं। चार प्रतिशत पत्रकार मानते हैं कि विज्ञापनदाताओं की पसन्द का ध्यान रखा जाता है, जो कि एक तरह से टीआरपी का ही ध्यान रखने जैसी बात होती है। केवल आठ फ़ीसदी के मुताबिक अच्छे कार्यक्रम के तौर पर सराहे जाने का ख़याल रखा जाता है और आठ फ़ीसदी ही सोचते हैं कि इससे चैनल की साख में इजाफा होगा[9]।

ख़बरें बनाने वालों के उत्तरों से स्पष्ट हो जाता है कि न्यूज़ चैनलों की सम्पादकीय नीति का मुख्य आधार क्या होता है और उससे वे किस हद तक बँधे होते हैं।

आइए अब देखा जाये कि टीआरपी को केन्द्र में रखकर बनी किसी चैनल की सम्पादकीय नीति समाचार निर्माण की प्रक्रिया में किस तरह से भूमिका निभाती है। सबसे पहले देखते हैं कि ये सम्पादकीय विभाग के कर्मियों को किस तरह प्रभावित करती है और उनके सोच को ख़ास दिशा में कैसे मोड़ देती है।

समाचार-बोध (न्यूज़ सेंस) एवं समाचार-मूल्य (न्यूज़ वैल्यू)

सम्पादकीय नीति का सीधा असर सम्पादकीय कर्मियों के समाचार-बोध पर पड़ता है। वे समझ जाते हैं कि चैनल की सम्पादकीय नीति के लक्ष्य क्या हैं और फिर उसके हिसाब से अपना कार्य-व्यवहार निर्धारित करते हैं। वे जानते हैं कि उनका वर्तमान और भविष्य उनकी इसी समझ पर निर्भर करता है कि कैसे ऐसी सामग्री तैयार करें जिससे चैनल की टीआरपी में इजाफा हो। जो सम्पादकीय कर्मी इस समाचार-बोध को जितना अधिक आत्मसात कर लेते हैं, वे चैनल के लिए उतने ही उपयोगी होते हैं और उन्हें उतनी ही महत्त्वपूर्ण भूमिकाएँ भी दी जाती हैं। ऐसे ही लोग चैनल का नेतृत्व करते हैं और जाहिर है कि वे टीम को भी ऐसी दिशा में काम करने के लिए प्रेरित या बाध्य करते हैं जो बेहतर टीआरपी की ओर ले जाती है।

समाचार बोध जहाँ ये बताता है कि ख़बर क्या है और कहाँ है, वहीं समाचार

मूल्य उस ख़बर के महत्त्व की समझ पैदा करती है। जैसे अख़बार में किस ख़बर को पहले पन्ने पर किसको दूसरे-तीसरे या पाँचवे पर देना ठीक होगा इसका निर्णय समाचार मूल्य के आधार पर होता है। अब अगर सम्पादकीय कर्मियों का समाचार बोध टीआरपी से जुड़कर काम कर रहा है तो जाहिर है कि समाचार मूल्य का निर्धारण भी टीआरपी ही करेगी। वही बताएगी किस ख़बर को बड़ी ब्रेकिंग बनाया जाये और कितने विस्तार के साथ दिखाया जाये और किसे कचरे के डिब्बे में फेंक दिया जाये। यानी विज्ञापन हासिल करने के लिए टीआरपी जो डिमांड करती है चैनल को उसकी आपूर्ति करनी होगी और वे करते हैं।

सम्पादकीय नीति और समाचार संकलन

न्यूज़ चैनलों में समाचारों के संकलन के लिए विशाल टीम होती है। संवाददाताओं की एक फ़ौज होती है जो देश-प्रदेश की राजधानियों से लेकर तमाम बड़े शहरों और महत्त्वपूर्ण जगहों पर तैनात रहती है। विदेशों में भी अहम शहरों में संवाददाता रखे जाते हैं। इसी तरह एक बड़ी टीम न्यूज़ चैनल के दफ्तर में होती है जिसे असाइनमेंट कहा जाता है। इस डेस्क की जिम्मेदारी समाचारों के कवरेज की योजना बनाने और उसे कार्यान्वयन करने से लेकर संवाददाताओं को काम सौंपने तक की होती है। एक तरह से समाचार संकलन यानी चैनल में चलने वाली सामग्री का प्रबन्ध करना ही उसका काम होता है। जाहिर है सम्पादकीय नीति को लागू करने का वह सबसे प्रमुख जरिया होती है।

न्यूज़ चैनल पर चलने वाली सम्पादकीय सामग्री की योजना बनाने के लिए कई चीज़ों का ध्यान रखा जाता है।

1. उस दिन की सबसे प्रमुख घटनाएँ या समाचार, जिन्हें कवर करना ज़रूरी है।
2. कुछ घटनाओं को विशेष ढंग से कवर करना।
3. कुछ ऐसे कवरेज जो चैनल को दूसरे चैनलों के मुक़ाबले आगे और अलग दिखाएँ।
4. ऐसी घटनाएँ, समाचार और घटनाएँ, जिनमें दर्शकों की अत्यधिक रुचि हो सकती है।
5. चैनल पर चलने वाले विशेष बुलेटिन या कार्यक्रमों मसलन, खेल, व्यापार, सिनेमा, अपराध आदि के लिए सामग्री का इन्तजाम।
6. अप्रत्याशित और सम्भावित समाचारों, घटनाओं की पूर्व तैयारी।

उपरोक्त आधार सामान्य तौर पर हर चैनल की कार्यप्रणाली का हिस्सा हैं, मगर इन्हें देखने से ये पता नहीं चलता कि इसमें टीआरपी की क्या भूमिका है या टीआरपी को कहाँ आधार बनाया जाता है। अलबत्ता इस पूरे तंत्र में टीआरपी ही केन्द्र में होती है। कवरेज के लिए घटनाओं और समाचारों का चयन ये देखते हुए किया जाता है

कि उनमें दर्शकों को खींचने की कितनी गुंजाइश है यानी वे कितनी टीआरपी दे सकते हैं।

हैमिल्टन के अनुसार, ''समाचार निदेशकों की समाचार सम्बन्धी निर्णय प्रक्रिया या कौन-सी सूचनाएँ दी जानी हैं इसका फैसला इस आधार पर होता है कि दर्शकों की किसमें रुचि होगी, समाचार के निर्माण में कितना ख़र्च होगा, उस ख़बर को दिखाने के तरीकों के सम्बन्ध में दर्शक की क्या उम्मीद रहेगी और दूसरे प्रतिस्पर्धी क्या करेंगे[10]।'' हैमिल्टन के निष्कर्ष से स्पष्ट है कि दर्शकों की पसन्द और प्रतिस्पर्धियों से मुकाबला समाचारों के बारे में निर्णय लेने के केन्द्र में है, जिसका सीधा-सीधा मतलब है टीआरपी। हैमिल्टन ने इसे प्रक्रिया को और भी स्पष्ट करने के लिए पाँच प्रश्न दिये हैं जो ख़बरों के आधार बनते हैं। ये हैं—1. इस विशेष जानकारी में किसकी दिलचस्पी है। 2. इसको पाने के लिए वे कितना ख़र्च कर सकते हैं या उन दर्शकों तक पहुँचने के लिए दूसरे क्या दे सकते हैं। 3. मीडिया संस्थान और विज्ञापनदाता इन लोगों को कहाँ पा सकते हैं। 4. उन्हें कब सूचना देना फायदेमन्द होगा। और 5. ये लाभदायक क्यों है। ये पाँच प्रश्न दरअसल पाँच कसौटियाँ हैं, जो ये बताती हैं कि जो कुछ भी टीवी पर परोसा जाता है उसके चयन का क्या आधार होता है और उसका पूरा अर्थशास्त्र क्या है[11]।

अपने सर्वेक्षण में हमने पत्रकारों से ये प्रश्न भी किया कि समाचारों के चयन के समय उनके सामने सबसे बड़ा आधार क्या होता है। केवल आठ फ़ीसदी लोगों ने कहा कि समाचारों के महत्त्व के आधार पर चयन किया जाता है। 52 प्रतिशत लोगों ने सीधे तौर पर टीआरपी का नाम लिया, 28 प्रतिशत ने दर्शकों की पसन्द और 12 फ़ीसदी ने बाज़ार को आधार बताया, जबकि वास्तव में ये तीनों एक ही चीज हैं यानी बयान्नवे प्रतिशत लोगों ने टीआरपी और बाज़ार को ही आधार बताया[12]। स्पष्ट है कि न्यूज़ चैनलों में समाचार-बोध और समाचार-मूल्य हाशिए पर चले गये हैं और ख़बरों के चयन को तय कर रहे है टीआरपी और बाज़ार।

प्रसारित किये जाने वाले समाचारों का चयन

असाइनमेंट डेस्क द्वारा मुहैया करायी गयी तमाम ख़बरों में से कौन सी ख़बर कब और किस रूप में दिखाई जानी है, इसका निर्णय आउटपुट डेस्क करती है। ये डेस्क स्क्रिप्ट लेखक, पैकेजिंग टीम, रन डाउन प्रोड्यूसर, एंकर आदि से मिलकर बनती है और इसका नेतृत्व चैनल के वरिष्ठतम लोग करते हैं। एक तरह से आउटपुट डेस्क के हाथों में ही समाचारों के चयन और उनके रूप निर्धारण की कमान होती है। इस मामले में हुक एंड होल्ड (खींचो और पकड़कर रखो) आउटपुट का मूल मंत्र होता है। क़मर वहीद नक़वी कहते हैं, ''न्यूज़ रूम में न्यूज़ के चयन का एक ही मानदंड है कि ये कंटेंट, ये चीज या ये ख़बर दिखाई जाएगी तो इसमें नम्बर मिलेगा या नहीं। अगर

ख़बर दिखाई जायेगी तो किस तरीके से दिखाई जाएगी तो नम्बर मिले। यानी नम्बर मिलनाये, दर्शक आना उस कंटेंट के लिए सबसे महत्त्वपूर्ण पैमाना हो गया है, इसीलिए जो आब्जेक्टिविटी है टेलीविज़न न्यूज़ की वो काफ़ी भोथरी हुई है। नक़वी ये भी कहते हैं, काम करते-करते पत्रकारों को ये पता चल जाता है कि इस तरह के कंटेंट से नम्बर आता है, इस तरह के कंटेंट से नम्बर नहीं आता और करीब-करीब हर न्यूज़ चैनल में ये पॉपुलर डिस्कशन होता है कि इसमें नम्बर नहीं आयेगा या सर इस पर कसकर, ज़बर्दस्त नम्बर आयेगा। नम्बर आयेगा तो प्रोग्राम चलेगा और नहीं आयेगा तो ड्रॉप हो जायेगा। न्यूज़ सेंस ही बदल दिया है टीआरपी ने[13]।"

समाचारों का निर्माण

जैसा कि ऊपर बताया गया है, समाचारों के निर्माण का काम आउटपुट डेस्क करता है। इसकी प्रक्रिया कई चरणों से गुजरती है।

क) ***समाचार लेखन***—समाचार के आने के बाद उसकी स्क्रिप्ट लिखी जाती है। चूँकि चैनलों में दिखलाए जाने वाले समाचारों के विभिन्न रूप होते हैं इसलिए उनको लिखने के ढंग भी कई प्रकार के होते हैं। समाचार लेखक या समाचार आधारित किसी कार्यक्रम को लिखने वालों की विशेषज्ञता इसी बात से आँकी जाती है कि वह ऐसी कौन सी चीज निकालकर आकर्षक ढंग से प्रस्तुत करता है, जिससे दर्शक देखने को बाध्य हो जायें।

ख) ***समाचार तत्त्व***—किसी भी समाचार में कई तरह की सूचनाएँ होती हैं, जिनका स्क्रिप्ट में समावेश किया जाता है। इनमें गम्भीर तत्त्व भी हो सकते हैं और हल्के-फुल्के भी। ये सम्पादकीयकर्मियों पर निर्भर करता है कि वे उनमें से कौन से तत्त्वों को महत्त्व देकर पेश करते हैं। स्क्रिप्ट लेखन के अलावा अन्य जगहों पर भी इन तत्वों का इस्तेमाल होता है, मसलन, ग्राफिक्स में और देंकर द्वारा। आमतौर पर चैनल ऐसे मौकों पर इसी कसौटी को अपनाते हैं कि कौन से तत्त्व दर्शकों को लुभाएँगे, बजाय इसके कि पत्रकारीय मानदंडों के हिसाब से किन्हें तरजीह दी जानी चाहिए।

ग) ***समाचारों की भाषा***—कोई भी न्यूज़ चैनल भाषा के इस्तेमाल के बारे में बहुत चौकन्ना होता है। वह सावधानी के साथ तय करता है कि किस तरह की भाषा दर्शकों को पसन्द आयेगी। यहाँ भी विषय के हिसाब से भाषा का इस्तेमाल चैनल कम करते हैं या करते भी हैं तो उन्हें अतिशयोक्ति और नाटकीयता की ओर ले जाते हैं। लिखने और बोलने, दोनों की भाषा में ये देखा जा सकता है। कई बार ऐसा महसूस होता है कि मदारियों की तरह मजमा लगाकर ख़बरों को बेचा जा रहा है। अपराध से जुड़ी ख़बरों में ये बात ज़्यादा दिखती है।

घ) ***समाचारों का फार्मेट***—न्यूज़ चैनलों में समाचार दिखाने के कई तरह के फार्मेट

होते हैं। ख़बरों के हिसाब से तय किया जाता है कि उन्हें किस रूप में दिखाने से दर्शकों को रुचिकर लगेंगे। चूँकि तेज़ी के साथ ख़बरें दिखाने वाले और चौंकाने के अन्दाज में ख़बरें पेश करने वाले चैनल ज़्यादा टीआरपी प्राप्त करते रहे हैं इसलिए उसी तरह के फार्मेट भी बना लिए गये हैं। मामूली ख़बरों को भी ब्रेकिंग न्यूज़ के रूप में पेश करना और समाचारों को बहुत ही संक्षिप्त रूप देना इसी प्रवृत्ति का परिणाम है।

ङ) ***समाचारों का सम्पादन***—समाचार लेखन के पश्चात् उसका सम्पादन होता है। इस सम्पादन के प्रमुख रूप से दो हिस्से होते हैं—1. दृश्य और 2. श्रव्य।

1. ***दृश्य सम्पादन***—चाक्षुष माध्यम होने के नाते किसी भी न्यूज़ चैनल में दृश्यों का सम्पादन सबसे अहम हिस्सा होता है। जितने आकर्षक और बाँधने वाले दृश्य होंगे, चैनल की टीआरपी में बढ़ोतरी की सम्भावनाएँ भी उतनी बढ़ेंगी। इसलिए चैनल हमेशा ऐसे दृश्यों की तलाश में रहते हैं और उन्हें चैनलों में प्रमुखता से पेश करते हैं। समाचार का सम्पादन करते समय दृश्यों के संयोजन में भी इसी चीज का खयाल रखा जाता है। इसके अलावा छोटे-छोटे दृश्यों को जोड़कर समाचार को तेज बनाया जाता है।

2. ***श्रव्य सम्पादन***—वास्तव में श्रव्य तत्त्व भी वीडियो का हिस्सा ही होता है और वीडियो एडिटिंग के समय उस पर भी उतना ही ध्यान दिया जाता है जितना कि दृश्यों पर। इसमें स्क्रिप्ट में दी गयी जानकारी का पढ़ा जाना यानी वॉयस ओवर और दूसरे ध्वनि प्रभाव (साउंड इफेक्ट्स) शामिल होते हैं। हालाँकि होना ये चाहिए कि समाचार चैनल दर्शकों को संयत स्वरों में जानकारी दें, मगर दर्शकों का ध्यान खींचने के लिए अक्सर वॉयस ओवर को अति नाटकीय बनाया जाता है और उसे बहुत लाउड (तेज) भी रखा जाता है।

च) ***समाचारों का वरीयता-क्रम***—समाचारों के सम्पादन के बाद उन्हें रन डाउन में उस क्रम में रखा जाता है, जिसमें उन्हें प्रसारित किया जाना है। इस क्रम का निर्धारण समाचारों के महत्त्व के हिसाब से होना चाहिए, लेकिन टीआरपी की वजह से अब इसका आधार दर्शकों को खींचना और बाँधना हो गया है। इसका मतलब है कि बुलेटिन की शुरुआत ऐसी ख़बर से की जाती है जिससे देखने वाला चैनल पर अटका रह जाये। ऐसे में अपराध या स्कैंडल या इसी तरह की ख़बरों को अनावश्यक महत्त्व दे दिया जाता है। उस ख़बर को ज़रूरत से ज़्यादा खींचा भी जाता है, क्योंकि दर्शक जितनी देर तक चैनल पर रहेगा, टीआरपी उतनी ज़्यादा मिलेगी। आम तौर पर ऐसे में दूसरी ख़बरों के साथ अन्याय हो जाता है। या तो वे दिखाई नहीं जातीं या फिर उन्हें जल्दी से निपटा दिया जाता है।

छ) ***समाचारों का प्रस्तुतीकरण***—टेलीविज़न पर समाचारों की प्रस्तुति में आये बदलाव से समझा जा सकता है कि बाज़ार यानी टीआरपी का प्रभाव किस हद तक चला

गया है। पहले समाचारों को सादगी और गम्भीरता के साथ प्रस्तुत करने की परम्परा थी, मगर अब उन्हें शोर-शराबे और नाटकीयता के साथ पेश किया जाने लगा है। एंकर चीख-चीखकर समाचार पढ़ते हैं और सामान्य ख़बरों को भी उत्तेजक बनाने का प्रयास करते हैं। चूँकि इस तरह के रंग-ढंग दर्शकों को बाँधने में सहायक होते हैं इसलिए इनका चलन बढ़ता गया। इसकी वजह से सम्पादकीय सामग्री की गम्भीरता घटती चली गयी और कंटेंट से ज़्यादा महत्त्वपूर्ण प्रस्तुति हो गयी। नतीजा ये हुआ कि कंटेंट पर कम ध्यान दिया जाने लगा और उसमें और अधिक छिछलापन आ गया।

टीवी पत्रकारों के सामने जब हमने समाचारों और कार्यक्रमों की प्रस्तुति के अन्दाज़ से सम्बन्धित प्रश्न रखा तो 100 फ़ीसदी लोगों का जवाब यही था कि इसमें दर्शकों को आकर्षित करने पर सबसे ज़्यादा ज़ोर दिया जाता है, जिसका मतलब है इस बारे में चैनलों में आम राय बन चुकी है और उनमें इसे आवश्यक माना जाता है। एक भी पत्रकार ने नहीं कहा कि शालीनता से प्रस्तुति के बारे में चैनल सोचते हैं[14]।

ज) ***समाचारों की भाषा में बदलाव***—हम ये देख चुके हैं कि बाज़ार समाचारों को अपनी जरूरतों के अनुरूप ढालने के क्रम में उनका वस्तुकरण करता है। अब यदि समाचारों का वस्तुकरण हुआ है तो उसमें मौजूद सभी तत्त्वों का भी वस्तुकरण हुआ ही होगा। चूँकि भाषा उसके सबसे अहम तत्त्वों में से एक है इसलिए वह भी वस्तु बना दी गयी है, हालाँकि हम जानते हैं कि भाषा सिर्फ संप्रेषण का काम नहीं करती बल्कि वह संस्कृति की वाहक भी होती है। वस्तुकरण की प्रक्रिया भाषा से सांस्कृतिक तत्त्वों को विलग करती है क्योंकि वे रुकावटें पैदा करते हैं और उन्हें उपभोग की संस्कृति में ढालती है यानी उनको विकृत करती है। यही वजह है कि टीआरपी की वजह से कंटेंट में हुई मनोरंजन, सनसनी आदि की अधिकता की वजह से भाषा का भी रूप बदल दिया गया है और उसे भी चटपटी, मसालेदार बना दिया गया है। भाषा में गिरावट के इस सिलसिले का एक पक्ष ये भी है कि चूँकि चैनलों में गम्भीर एवं ज्ञानपरख सामग्री का अकाल हो गया है इसलिए इस तरह की सामग्री में इस्तेमाल होने वाली भाषा भी बाहर हो गयी। बाज़ार को जिस भाषा की ज़रूरत नहीं होती, धीरे-धीरे पत्रकार भी उसे इस्तेमाल करना छोड़ देते हैं और नये पत्रकार तो उसे सीखते भी नहीं। इस तरह अच्छी भाषा बाज़ार के प्रभाव में चलन से बाहर होती जाती है। टीआरपी ने टीवी न्यूज़ के साथ यही किया है और ये प्रक्रिया अभी भी जारी है।

झ) ***बुलेटिन में विभिन्न किस्म के समाचारों का हिस्सा***—पहले समाचारों में राष्ट्रीय एवं अन्तरराष्ट्रीय महत्त्व के समाचारों को पर्याप्त महत्त्व दिया जाता था और ये

भी कोशिश की जाती थी कि उनमें सभी तरह के समाचारों मसलन, खेल, अर्थ, मनोरंजन, मौसम आदि का समावेश हो जाये। लेकिन चूँकि समाचारों के चयन का आधार एवं उद्देश्य बदल गया इसलिए ऐसी ख़बरों को महत्त्व दिया जाने लगा जो दर्शकों को खींचें और बाँधें। इसका परिणाम ये निकला कि बुलेटिन में विभिन्न क्षेत्रों की ख़बरों की हिस्सेदारी का अनुपात बदल गया।

टीआरपी से पैदा हुई प्रतिस्पर्धा की कंटेंट निर्धारण में भूमिका

ये एक स्वाभाविक सी बात है कि जहाँ कई चैनल होंगे वहाँ प्रतिस्पर्धा भी होगी। लेकिन टीआरपी ने टीवी न्यूज़ के बाज़ार में ऐसी प्रतिस्पर्धा पैदा कर दी है कि चैनल सब कुछ भुलाकर बस इसी में लग गये हैं कि दूसरे चैनलों से कैसे आगे निकलें या आगे हैं तो कैसे आगे बने रहें। टीआरपी के आँकड़ों के आधार पर वे एक-एक मिनट के प्रदर्शन को देख सकते हैं और उसके आधार पर निर्णय ले सकते हैं कि उन्हें क्या करना है और क्या नहीं। हर चैनल में टीआरपी आने के बाद उसका पोस्टमार्टम होता है और दूसरे चैनलों के साथ तुलना करके देखा जाता है कि हमने क्या अच्छा-बुरा किया। यहाँ तक कि सम्पादकीय टीम की बाकायदा क्लास ली जाती है कि अब क्या दिखाएँ और कैसे दिखाएँ। इसीलिए सम्पादकीय टीम की जान साँसत में रहती है और टीआरपी का भूत हमेशा उन्हें तनाव में रखता है। उनकी सारी रचनाशीलता और कल्पनाशीलता टीआरपी के इर्दगिर्द घूमती रहती है। इतनी तीखी प्रतिस्पर्धा के बाद ये स्वाभाविक है कि सम्पादकीय टीम जो बिकता है वो दिखता है के फार्मूले पर काम करे यानी स्क्रीन पर हमेशा उत्तेजनाएँ नौटंकी और तमाशेबाजी जैसे हथकंडे छाये रहें। इस आपसी होड़ में वस्तुपरकता, सत्यता और तथ्यपरकता की बलि चढ़ जाती है और कंटेंट उथला होता जाता है। एक चैनल दूसरे से आगे निकलने के लिए सामग्री को और भी हलका बनाने का रास्ता अख़्तियार करता जाता है। संक्रामक रोग की तरह ये एक से दूसरे चैनल में फैलती हुई भयानक रूप ले लेती है।

ख़बरों को दिखाऊ और बिकाऊ बनाने के बारे में हमने चैनलों में काम करने वाले सम्पादकीय कर्मियों की राय जाननी चाही तो 64 फ़ीसदी लोगों का यही मत था कि यही बात उनके जहन में सबसे ऊपर रहती है। बत्तीस फ़ीसदी पत्रकारों का कहना था कि ये बात थोड़ी-बहुत जहन में रहती है, जबकि केवल चार फ़ीसदी लोगों ने कहा कि नहीं रहती। इस सवाल के जवाब में बिल्कुल नहीं कहने वाला एक भी सम्पादकीय कर्मी नहीं था। इसका मतलब ये हुआ कि 96 प्रतिशत पत्रकार ख़बरों को दिखाऊ और बिकाऊ बनाने के काम में लगे रहते हैं यानी उन्हें टीआरपी खींचने वाला बनाते हैं[15]।

न्यूज़ चैनलों के समाचार तंत्र में टीआरपी कितने अन्दर तक घुसपैठ कर गयी है और समाचार के निर्माण के दौरान किस तरह से काम करती है, इसका विस्तृत

विवरण हमने ऊपर देखा। अब हम विस्तार के साथ ये देखते हैं कि टीआरपी ने टीवी न्यूज़ की दुनिया में कौन सी प्रवृत्तियों को जन्म दिया है और उसके अच्छे या बुरे क्या नतीजे सामने आ रहे हैं। वास्तव में देखा जाये तो टीआरपी ने टीवी न्यूज़ की दुनिया को ऊपर से नीचे तक और अन्दर से बाहर तक बदल डाला है। आइए अब इन प्रवृत्तियों और परिवर्तनों का गहराई से अध्ययन किया जाये।

टीवी समाचारों पर टेबलॉयड पत्रकारिता का साया

ये आम धारणा है कि न्यूज़ चैनलों की सामग्री का स्तर गिरा है। बहुत सारे शोध भी यही बताते हैं कि वे गम्भीर विषयों से हट गये हैं और उनका ध्यान ऐसे समाचारों और घटनाओं पर जाता है जिनमें सनसनी पैदा करने की गुंजाइश हो। वे ऐसे विषयों की तरफ भागते हैं जो दर्शकों को सूचना एवं ज्ञान देने के बजाय उनका मनोरंजन करें। समाचारों की टेबलॉयड संस्कृति यही है। टीवी न्यूज़ के टेबलॉयडकरण (Tabloidization) का ही ये नतीजा है कि न्यूज़ चैनलों में सनसनी, स्कैंडल और जानी-मानी हस्तियों के निजी मामलों से जुड़ी सामग्री बढ़ती गयी है।

टेलीविज़न न्यूज़ में जो टेबलॉयड संस्कृति हम आज देख रहे हैं उसे अमेरिका में अट्ठारह साल पहले ही दर्ज कर लिया गया था और उस पर चिन्ताएँ भी व्यक्त की गयी थीं। सन् 1995 में ओ. जे. सिंपसन केस में टेबलॉयड पत्रकारिता के सारे तत्त्व हत्या, सेक्स, सेलेब्रिटी और नस्ल, मौजूद थे और ये मीडिया के लिए बहुत बड़ी स्टोरी थी[16]। पत्रकारिता में गिरावट के लिए इसे बड़ी घटना के रूप में परिभाषित करते हुए इसे एक देश में या शायद पूरी दुनिया में इन्फोटेनमेंट और टेबलॉयड संस्कृति में फँसने की घड़ी करार दिया गया। ये भी कहा गया कि ये घटना पत्रकारिता से इन्फोटेनमेंट में जाने का संकेत है। टीवी न्यूज़ ने सिंपसन केस के हिंसात्मक पक्ष को जमकर भुनाते हुए घटना की पुनर्रचनाएँ कीं जिनमें अभिनेताओं ने पीड़ित और हत्यारे की भूमिकाएँ कीं। एक क्षेत्रीय चैनल ने तो कम्पयूटर निर्मित एनीमेशन के ज़रिए हत्या की घटना की पुनर्रचना की। इस एनीमेशन में एक अफ्रीकी-अमेरिकी को एक गोरे व्यक्ति का गला काटते हुए दिखाया गया था[17]।

टीवी न्यूज़ का टेबलॉयडकरण न्यूज़ का अमेरिकी मॉडल है जो पूरी दुनिया में फैल चुका है। इस मॉडल के केन्द्र में हैं रेटिंग और विज्ञापन। टेबलॉयड संस्कृति वाले इस मॉडल को पालने-पोसने का काम किया है मीडिया मुगल कहे जाने वाले रुपर्ट मर्डोक ने। मर्डोक ने पहले अमेरिका में फॉक्स न्यूज़ और फिर ब्रिटेन में स्काई न्यूज़ के ज़रिए इसे दुनिया भर में फैलाने का सिलसिला शुरू किया। भारत में स्टार न्यूज़ भी इसी तर्ज पर शुरू किया था और इसके लक्षण उसमें आज भी देखे जा सकते हैं।

न्यूज़ चैनलों के टेबलॉयडकरण को हम निम्न हिस्सों में बाँटकर देख सकते हैं–

1. समाचारों को सनसनीखेज बनाना

टीआरपी के जरिए बाज़ार द्वारा पैदा की गयी होड़ का नतीजा है कि न्यूज़ चैनल ख़बरों को सनसनीखेज बनाने की दिशा में बह गये। इसीलिए छोटी-मोटी ख़बरों को भी ऐसा दिखाते हैं जैसे उससे बड़ी कोई ख़बर है ही नहीं। ये सनसनी, वॉयस ओवर, ग्राफिक्स, संगीत और समाचार की प्रस्तुति में बनावटीपन लाकर पैदा की जाती है। न्यूज़ चैनल चलाने वालों की ये धारणा बन गयी है कि अगर उन्होंने ख़बरों को सनसनीखेज ढंग से न दिखाया तो दर्शक उनकी ओर नहीं खिंचेंगे, लिहाजा टीआरपी भी नहीं मिल पायेगी।

2. सनसनी पैदा करने वाले विषयों को प्रमुखता से दिखाना-

सनसनी पैदा करने का दूसरा तरीका ऐसे विषयों को उठाना है जिनसे दर्शक एकदम से चैनल की ओर आकर्षित हो और उसे देखता रहे। जाहिर है कि ये अपराध, स्कैंडल, सेक्स, हिंसा या गरमागरम विवादों से जुड़ी ख़बरों के ज़रिए किया जा सकता है। किसी सेलेब्रिटी के निजी जीवन में ताक-झाँककर बनायी गयी रिपोर्ताज भी इसी उद्देश्य से दिखाए जाते हैं। भंडाफोड़ पत्रकारिता एकदम से सनसनी पैदा करती है, ख़ास तौर पर स्टिंग ऑपरेशन के ज़रिए की जाने वाली रिपोर्टें इस काम में काफी मददगार साबित होती हैं।

(क) सेक्स, स्कैंडल और सेलेब्रिटी

टेब्लॉयड पत्रकारिता की पहचान मुख्य रूप से इन्हीं तीन चीज़ों से मिलकर बनी है। उसका सबसे ज़्यादा ज़ोर सेक्स पर होता है। सेक्स से जुड़ी सामग्री कहीं से भी आ सकती है। सबसे ज़्यादा मसाला उसे मनोरंजन इंडस्ट्री से मिलता है। फ़िल्म और फैशन की दुनिया में बहुत कुछ ऐसा घटता रहता है जिसमें सेक्स सम्बन्धी समाचार एवं दृश्यों की कमी नहीं होती। फिल्मों के अन्तरंग दृश्यों से लेकर फैशन शो में अर्धनग्न कन्याओं की परेड तक सब कुछ उनके लिए बिकाऊ सामग्री होती है। सेक्स से सम्बन्धित सामग्री का एक जरिया एमएमएस और चैनलों द्वारा किये जाने वाले स्टिंग ऑपरेशन भी होते हैं।

स्कैंडल में आर्थिक और नैतिक भ्रष्टाचार की कथाएँ बढ़ा-चढ़ाकर दिखाई जाती हैं। खोजी पत्रकारिता के नाम पर सरकारी तन्त्र में व्याप्त भ्रष्टाचार की ख़बरों को दिखाकर सनसनी पैदा करना और दर्शकों को आकर्षित करना एक आसान फार्मूला बन गया है। इससे ये प्रभाव पैदा करने की कोशिश की जाती है कि चैनल साहसी है और वह सच्ची पत्रकारिता कर रहा है जबकि उसका उद्देश्य टीआरपी ही होता है। सन् 2011 में प्रमुख चैनलों के कंटेंट का अध्ययन करने के बाद सेंटर फॉर मीडिया स्टडीज[18] ने बताया कि न्यूज़ मीडिया में भ्रष्टाचार का कवरेज भले ही बढ़ा हो, मगर

आम आदमी को प्रभावित करने वाले छोटे-मोटे भ्रष्टाचार उसकी चिन्ताओं के दायरे में नहीं आये हैं। घोटालों और स्कैंडल के बजाय व्यवस्थागत मसले तथा सुधारात्मक उपायों को तरजीह देना उसने शुरू नहीं किया। सीएमएस के मुताबिक भ्रष्टाचार के अधिकांश मामलों में ऊँचे पदों में बैठे व्यक्तियों के बड़े घोटालों पर चैनलों का ज़ोर रहा।

भ्रष्टाचार का कवरेज-व्यक्ति केन्द्रित बनाम संस्थान केन्द्रित (प्रतिशत में)-

चैनल का नाम	*व्यक्ति केन्द्रित*	*संस्थान केन्द्रित*
एनडीटीवी 24X7	59-7	40-3
सीएनएन-आईबीएन	76-9	23-1
ज़ी न्यूज़	90-6	9-4
स्टार न्यूज़	90-2	3-8
डीडी न्यूज़	85-4	14-6
आज तक	99-1	0-9

स्रोत—सीएमएस मीडिया लैब

सीएमएस के अध्ययन में एक और ख़ास बात सामने आयी। सीएमएस[19] ने पाया कि न्यूज़ चैनलों ने संस्थानगत भ्रष्टाचार से सम्बन्धित ख़बरें ज़्यादा दिखाईं जबकि कार्पोरेट जगत के भ्रष्टाचार के कवरेज को दिखाने का प्रतिशत बहुत कम था। अध्ययन के अनुसार इस मामले में एनडीटीवी कार्पोरेट जगत के प्रति सबसे अधिक नरम दिखा जबकि आज तक ने सबसे ज़्यादा रिपोर्ट दिखाईं।

टेबलॉयड न्यूज़ को सेलेब्रिटी यानी जाने-माने लोगों से ख़ास लगाव होता है। ये सही है कि आम दर्शकों को भी उनके बारे में दिलचस्पी होती है। लेकिन चैनल उनके सार्वजनिक एवं निजी जीवन की कहानियाँ रस ले लेकर पेश करते हैं। ख़ास तौर पर उनके प्रेम सम्बन्धों और लड़ाई-झगड़ों के बारे में। इनकी प्रस्तुति भी सनसनी और मसालेदार होती है। पैपाराजी पत्रकारिता की परम्परा अभी तक पश्चिम की ही बीमारी समझी जाती थी, मगर हाल के वर्षों में इसके दर्शन भारत में भी होने लगे हैं। फ़िल्म अभिनेत्री ऐश्वर्य रॉय की शादी में न्यूज़ चैनलों का चरित्र खुलकर सामने आ गया था।

कई बार सनसनी की खोज में चैनल घटनाओं को गढ़ने या अपनी मानवीय जिम्मेदारियों को भूलकर ख़बरों को दिखाने लगते हैं। उदाहरण के लिए गुवाहाटी में एक युवती के साथ छेड़छाड़ को रोकने के बजाय स्थानीय चैनल की कैमरा टीम उसे शूट करने में लगी रही और बाद में चैनल ने उसे इस रूप में पेश किया मानो उसके संवाददाता ने बहुत बहादुरी का काम किया हो। ब्राडकास्ट एडिटर्स एसोसिएशन ने इस मामले की जाँच की और संवाददाता को दोषी पाया।

भ्रष्टाचार का कवरेज–सरकारी बनाम निजी क्षेत्र (प्रतिशत में)–

चैनल का नाम	*सरकारी भ्रष्टाचार*	*निजी क्षेत्र*
एनडीटीवी 24X7	93-0	7-0
सीएनएन-आईबीएन	90-9	9-1
ज़ी न्यूज़	86-3	13-7
स्टार न्यूज़	75-1	24-9
डीडी न्यूज़	87-8	12-2
आज तक	63-5	36-5

स्रोत–सीएमएस मीडिया लैब

बनारस में एक टीवी पत्रकार द्वारा एक व्यक्ति को आत्मदाह के लिए उकसाने और फिर उसका वीडियो बनाने का मामला भी सामने आ चुका है। जाहिर है टीआरपी की खोज में लगे चैनल अपने पत्रकारों पर दबाव डालते हैं और नतीजे में वे लक्ष्मण रेखाओं को लाँघ जाते हैं।

(ख) अपराध समाचारों पर ज़ोर

टेब्लॉयड टीवी को सबसे ज़्यादा और सबसे आसानी से खुराक मिलती है अपराध जगत से। भारत जैसे विशाल और विपन्न देश में हर रोज इतने अपराध होते हैं कि चैनलों को अपराध की ख़बरों की कमी नहीं होती। इन ख़बरों में से कुछ को सनसनीखेज बनाकर दर्शकों का ध्यान खींचा जाता है और फिर उसे टीआरपी में तब्दील कर लिया जाता है। अपराध की ख़बरों को मनोरंजक बनाने के लिए फिल्मी दृश्यों का इस्तेमाल करने से भी परहेज नहीं किया जाता और नाट्य रूपांतर या दृश्यों की पुनर्रचना भी कर ली जाती है। मीडिया पर आपराधिक मामलों को बढ़ा-चढ़ाकर पेश करने, भावनाएँ उभारने और मीडिया ट्रायल करने के आरोप भी लगातार लगाये जाते रहे हैं।

राष्ट्रीय सर्वेक्षण[20] में हमने दर्शकों से पूछा कि क्या अपराधों की ख़बरों को नाटकीय एवं सनसनीखेज बनाना सही है? दर्शकों के उत्तरों से ये निकलकर आया कि केवल 34-1 प्रतिशत लोग ही इसे सही मानते हैं। इसे बिल्कुल गलत मानने वालों की तादाद 29.9 प्रतिशत और एक हद तक सही मानने वालों की 33 प्रतिशत रही। इसका मतलब ये निकाला जा सकता है कि बहुसंख्यक दर्शक इसे सही नहीं मानते। मजे की बात ये है कि पुरुष वर्ग को अपराध की ख़बरों को नाटकीय और सनसनीखेज बनाना उतना नहीं खलता (18.4 प्रतिशत) जबकि उसके दोगुनी तादाद (44.1 प्रतिशत) में महिलाएं मानती हैं कि चैनलों का ऐसा करना सही नहीं है। अर्ध नगरीय इलाकों के और 45-60 वर्ष की उम्र के दर्शक भी महिलाओं की तरह सोचते हैं लेकिन ये विरोधाभास विचित्र लगता है कि कम (33 प्रतिशत) या थोड़ा पढ़े-लिखे

(35.6 प्रतिशत) तबके को ये सही नहीं लगता मगर अधिक पढ़ा-लिखा वर्ग का बड़ा हिस्सा (33.8 प्रतिशत) काफी हद तक इसे सही ठहरा रहा है।

हमें याद रखना चाहिए कि अपराध की ख़बरों का संस्कार दर्शकों को प्रिंट मीडिया से मिला है, जहाँ पहले से ही इनका सनसनीकरण और नाटकीयकरण होता रहा है। अख़बारों की सुर्ख़ियाँ चीखने वाले अन्दाज़ में सूचनाएँ देती हैं जबकि मनोहर कहानियाँ और सत्यकथा जैसी पत्रिकाओं की भारी बिक्री की सबसे बड़ी वजह आपराधिक घटनाओं का नाटकीय चित्रण रहा है। भारत में टेलीविज़न मीडिया ने इसी मुहावरे को उठा लिया और जब उसने पाया कि ये टीआरपी देता है तो उसे और भी आकर्षक ढंग से पेश करने का सिलसिला शुरू किया। इसमें अपराध समाचारों के कार्यक्रमों की एंकरिंग नाटकीय अन्दाज़ में करने का प्रयोग भी शामिल है।

आपराधिक मामलों की रिपोर्टिंग में न्यूज़ चैनलों के रवैये से अदालतें तक परेशान रही हैं। तीन न्यायाधीशों वाली सुप्रीम कोर्ट की एक पीठ ने मीडिया पर टिप्पणी की थी, ''मीडिया ने मामलों की रिपोर्टिंग के लिए खुद को सुपर इन्वेस्टीगेशन ब्यूरो में तब्दील कर लिया है[21]।'' अदालतें न्यूज़ चैनलों से इस कदर ख़फा रही हैं कि उन्होंने अदालती कार्यवाही के कवरेज के लिए आचार संहिता बनाने तक की पहल कर दी थी, जिसे बाद में स्थगित कर दिया गया। दिल्ली गैंगरेप केस की सुनवाई तो अदालत ने बन्द कमरे में करने का फैसला किया।

भारतीय न्यूज़ चैनल मुम्बई में काम करने वाले अंडरवर्ल्ड गिरोह और उनके सरगनाओं पर समय-समय पर ख़बरें और कार्यक्रम दिखाने में ख़ास रुचि दिखाते हैं और इसकी वजह यही है कि ये अत्यधिक टीआरपी देते हैं। डी गैंग और दाऊद के बारे में ख़बरें इसीलिए मीडिया में लगातार छायी रहती हैं। अंडरवर्ल्ड में काम करने वालों के पन्द्रह-बीस साल पुराने फूटेज और उसमें किसी फ़िल्मी कलाकार की उपस्थिति चैनलों के लिए सुपर हिट मसाले का काम करती है। वे उस पर घंटों की प्रोग्रामिंग कर सकते हैं।

(ग) उत्तेजक दृश्य और बाइट

उत्तेजना और नाटकीयता से भरा दृश्यों का एक टुकड़ा न्यूज़ चैनलों के लिए दिन भर का मसाला बन जाता है। केन्द्रीय मन्त्री शरद पवार को थप्पड़ मारने और चिदम्बरम पर जूता फेंकने के दृश्यों को चैनलों ने सैकड़ों बार दिखाया क्योंकि ऐसा करके दर्शकों को खींचा जा सकता था। इसी तरह हिंसा और फैशन शो में वार्डरोब मालफंक्शनिंग के दृश्यों को चैनलों ने टीआरपी को ध्यान में रखकर खूब दिखाया। आईपीएल के दौरान हरभजन सिंह द्वारा श्रीसंत को थप्पड़ मारना और उसका रोना-धोना कई दिनों तक चैनलों पर छाया रहा। भारत जैसे बड़े मुल्क में नेताओं और जाने माने लोगों के अनाप-शनाप बयानों की आमद लगी रहती है। ख़ास तौर पर चुनाव के समय तो

किसी राजनीतिक विवाद पर जो नोक-झोक होती है उसे चैनल बड़ी ख़बरों का रूप दे देते हैं और वे पूरे कंटेंट पर हावी हो जाती है। इस तरह की घटनाओं के समय चैनलों को कुछ करना नहीं होता। बस उन्हीं दृश्यों या साउंड बाइट को बार-बार दिखाते रहना है और उन्हीं के आसपास सामग्री को सँजोना होता है। न दिमाग़ लगाने की ज़रूरत और न ही ज़्यादा हाथ-पैर चलाने की। ये प्रवृत्ति टीआरपी द्वारा प्रोत्साहित की गयी टेबलायड पत्रकारिता की बीमारी से ही पैदा हुई है।

टेलीविज़न समाचारों का मनोरंजनीकरण

आँकड़े इस बात को साबित करते हैं कि टीआरपी के प्रभाव में टीवी समाचारों पर मनोरंजन हावी हो चुका है। ये एक विश्वव्यापी परिघटना है। या फिर ये भी कहा जा सकता है कि ये नवउदारवाद और मीडिया के भूमंडलीकरण से आया संक्रामक रोग है जो पूरे टीवी जगत में फैल चुका है। टीआरपी के ज़रिए ही न्यूज़ चैनल इस निष्कर्ष पर पहुँचे कि सबसे ज़्यादा दर्शक मनोरंजन के हैं, इसलिए उन्हें मनोरंजन को बढ़ा-चढ़ाकर दिखाना होगा। मनोरंजन के कार्यक्रमों का हिस्सा इसीलिए न्यूज़ चैनलों में बढ़ता चला गया। कहीं भी मनोरंजक कार्यक्रम दिखते तो चैनल उस पर टूट पड़ते। टीआरपी से पैदा हुई प्रतिस्पर्धा ने भी इस प्रवृत्ति को बढ़ावा दिया। जब चैनलों की संख्या के बढ़ने के साथ-साथ प्रतिस्पर्धा बढ़ी तो फिर मनोरंजक सामग्री बढ़ने लगी। न्यूज़ चैनलों को विज्ञापन हासिल करने के मामले में एक और चुनौती का सामन्ा करना पड़ रहा था और ये चुनौती थी मनोरंजन चैनल। ज़्यादा दर्शक संख्या होने की वजह से मनोरंजन चैनल विज्ञापनों का बड़ा हिस्सा ले जा रहे थे और न्यूज़ चैनल विज्ञापन से होने वाली कमाई तभी बढ़ा सकते थे जबकि मनोरंजन चैनलों के दर्शकों को खींच सकें। लिहाजा उन्होंने न्यूज़ चैनल को मनोरंजन के चैनल में तब्दील करना शुरू कर दिया। इस तरह टीआरपी ने कई तरह से न्यूज़ चैनलों का मनोरंजनीकरण करने में भूमिका निभाई।

जब तक दूरदर्शन देश का एकमात्र टीवी चैनल था और समाचार दिखाने पर उसका एकाधिकार था, तब तक उसके समाचार मनोरंजन से कोसों दूर थे। लेकिन जब समाचार निर्माण के क्षेत्र में निजी कम्पनियों और व्यक्तियों को अवसर दिया जाने लगा, तो हदें टूटने लगीं। कमीशंड श्रेणी (बुलेटिन के निर्माण का ख़र्च दूरदर्शन वहन करता था) में बनने वाली ख़बरों पर दूरदर्शन की नज़र रहती थी, इसलिए वह एक सीमा के भीतर ही उनमें मनोरंजन की इजाजत देता था। लेकिन जैसे ही निजी निर्माताओं से प्रायोजकों और विज्ञापनदाताओं की व्यवस्था करने के लिए कहा गया, उन्होंने समाचार एवं समाचार आधारित कार्यक्रमों में मनोरंजन की छौंक लगानी शुरू कर दी। इसके लिए आम तौर पर यही होता था कि ख़बरों में फ़िल्मी टुकड़ों का इस्तेमाल किया जाता था और फ़िल्म जगत की ख़बरों की मात्र बढ़ा दी जाती थी।

इसके बाद जब निजी चैनलों का दौर आया तो समाचारों का मनोरंजनीकरण एक कदम और बढ़ा। ख़बरें छोटी, तेज गति की और चटपटी होने लगीं। मनोरंजनीकरण का अगला दौर टीआरपी के प्रभाव में प्रारम्भ हुआ और पूरी तरह से छा गया।

जहाँ तक टीवी समाचारों और न्यूज़ चैनलों के मनोरंजनीकरण का सवाल है तो ये दो तरह से हुआ–

1. समाचारों और समाचार आधारित कार्यक्रमों को मनोरंजक अन्दाज़ में तैयार करना और फिर उनकी प्रस्तुति को भी मनोरंजक बनाना।
2. न्यूज़ चैनलों पर मनोरंजन की ख़बरों की भरमार कर देना। ये मनोरंजक ख़बरें और कार्यक्रम फ़िल्म और खेल (ख़ास तौर पर क्रिकेट) की दुनिया से आते हैं। न्यूज़ चैनलों में बॉलीवुड की ख़बरों का कब्जा दिखता है। इसे कई लोग टीवी न्यूज़ का बॉलीवुडकरण (Bollywoodization) भी कहते हैं। इसी प्रकार जिस तरह से और जिस पैमाने पर न्यूज़ चैनल क्रिकेट की ख़बरों और कार्यक्रमों को दिखाते हैं उससे कहा जा सकता है कि उनका क्रिकेटीकरण (Cricketization) हो गया है।

1. टीवी समाचारों को मनोरंजक बनाने के तौर-तरीके

समाचारों को मनोरंजक बनाने के लिए कंटेंट और फार्मेट दोनों स्तरों पर काम किया गया लेकिन सबसे पहले तो अवधारणा के स्तर पर ही समाचारों पर मनोरंजन का हमला हुआ। इस हमले का नाम था इन्फोटेनमेंट। इन्फोटेनमेंट की प्रक्रिया में समाचार-सामग्री को मनोरंजन में ढालने का सिलसिला शुरू किया गया। इन्फोटेनमेंट अंग्रेज़ी के दो शब्दों इन्फॉरमेशन और इंटरटेनमेंट से मिलकर बना है। इन्फोटेनमेंट की परिभाषा के हिसाब से जानकारियों और सूचनाओं को मनोरंजक बनाकर प्रस्तुत किया जाना था। समाचारों की दुनिया में इस परिभाषा को स्वीकार कर लेने का मतलब था, समाचारों की गम्भीरता से किनाराकशी, गम्भीर समाचारों से तौबा, और यही हुआ भी।

बाज़ारवाद के साथ इस तरह की कुछ और अवधारणाएँ आयीं, जिनमें से दो पद बहुत प्रचलित हुए—फील गुड और पॉजिटिव न्यूज़ (सकारात्मक समाचार)। फील गुड का मतलब ये था कि दर्शकों को ऐसे समाचार और कार्यक्रम दिखाए जाएँ जिनसे उसे खुशनुमा एहसास हो। उसे महसूस हो कि दुनिया में सब अच्छा-अच्छा हो रहा है। मसलन, लोगों को लगे कि जो कुछ भी सरकार और बाज़ार कर रहे हैं उससे उनकी तरक्की हो रही है, उनका जीवन स्तर बेहतर बन रहा है। ये एहसास उन्हें खुलकर खर्च करने के लिए प्रेरित करेगा और बाज़ार प्रेरित अर्थव्यवस्था को बल मिलेगा। यानी एक आभासी या छद्‌म विकास का वातावरण मीडिया से बनाने की अपेक्षा रखी गयी और मीडिया ने इसके अनुरूप काम भी किया। पॉजिटिव न्यूज़ की अवधारणा

के पीछे भी दर्शकों की मानसिकता को बदलकर बाज़ार की ज़रूरत के हिसाब से ढालना था। सरकार, विज्ञापनदाताओं और विज्ञापन एजेंसियों की ओर से इसी तरह की माँगें उठने लगीं। वे ऐसे समाचारों और कार्यक्रमों को हतोत्साहित करने लगे, जिनमें गरीबी, भुखमरी, बेरोजगारी या ऐसी ही समस्याओं का जिक्र हो।

बहरहाल, अब जायजा लेते हैं कि इन अवधारणाओं को न्यूज़ चैनलों ने किस तरह आत्मसात किया और उन्हें कंटेंट में ढाला। ये काम दोनों स्तरों यानी कंटेंट और फार्मेट पर हुआ। समाचारों में चयन को इस ढंग से फिल्टर किया गया कि गैर-मनोरंजक समाचार अपने आप बाहर होते चले गये। इस तरह मनोरंजक कंटेंट के लिए कच्चा माल सुनिश्चित किया गया। इसके बाद आया फार्मेट में परिवर्तन। फार्मेट को मनोरंजक बनाने के लिए वीडियो एडिटिंग और प्रस्तुतीकरण में बदलाव किये गये, जिनका ज़िक्र हम ऊपर कर चुके हैं। प्रस्तुति में नाटकीयता इस हद तक पैदा की जाने लगी कि एंकर पुलिस और वकील की वेशभूषा में दिखाया जाने लगे। आईबीएन-7 ने तो अपने क्राइम शो में एक महिला मॉडल को खलनायिका बनाकर ऐंकर के रूप में पेश कर दिया।

न्यूज़ के अलावा, चैनलों ने समाचार आधारित दैनिक और साप्ताहिक कार्यक्रमों को भी मनोरंजन की तरफ़ मोड़ दिया। गम्भीर विषयो को भी ऐसे पहलू से दिखाया जाने लगा जो दर्शकों को मनोरंजक लगें। यहाँ तक कि राजनीति या दूसरे गम्भीर विषयों पर बातचीत को मनोरंजक बनाने के लिए हल्के-फुल्के सवाल-जवाब का सहारा लिया जाने लगा। बहसों में प्रतिभागियों को आपस में लड़ाकर आनन्द पैदा करने के नुस्खे आजमाये जाने लगे। टॉक शो भी गम्भीर बातचीत के बजाय गली छाप चर्चा के मंच बन गये। आज तक के सीधी बातचीत और इंडिया टीवी के आपकी अदालत के मेहमानों की सूची और उनसे बातचीत के आधार पर कोई भी कह सकता है कि वे चटखारेदार शो हैं। इनमें राखी सावंत जैसे मेहमानों को बार-बार बुलाकर बात की गयी क्योंकि वह टीआरपी दे रही थी। इसी तरह बाबा रामदेव चूँकि ज़्यादा देखे जाते हैं इसलिए चैनल उनसे बार-बार बात करते हैं भले ही वे पुरानी बातें ही दोहराते रहते हैं।

2. न्यूज़ चैनलों में मनोरंजक सामग्री की अधिकता

न्यूज़ चैनलों को जब टीआरपी के विश्लेषण से पता चला कि मनोरंजन की सामग्री से दर्शक संख्या में तुरन्त बढ़ोतरी की जा सकती है, तो उन्होंने ऐसे हर क्षेत्र को खँगालना शुरू कर दिया जहाँ से वह मिल सकती थी। इस मुहिम में सबसे पहले वे बॉलीवुड की शरण में चले गये। यूँ तो भारतीय मीडिया शुरू से फिल्मी सामग्री को आवश्यकता से अधिक अनुपात में परोसता आया था, मगर टीआरपी के एक फार्मूले के तौर पर उसने न्यूज़ चैनलों पर कब्ज़ा जैसा कर लिया। बॉलीवुडीकरण की ये प्रवृत्ति

इक्का-दुक्का ख़बरों और साप्ताहिक कार्यक्रमों से बढ़ते हुए ढेर सारी ख़बरों और दैनिक कार्यक्रमों में तब्दील हो गई। चैनलों में फ़िल्म सबसे बड़ी और महत्त्वपूर्ण बीट हो गयी और सबसे बड़ी टीम इस काम में लगा दी गयी। तमाम बड़े चैनलों के मुम्बई में सुपर ब्यूरो बन गये और उनका बड़ा हिस्सा फ़िल्म-टीम का हो गया।

चैनलों के फ़िल्म प्रेम का प्रभाव ये हुआ कि फ़िल्म इंडस्ट्री से जुड़ी छोटी से छोटी ख़बर भी विस्तार के साथ दिखाई जाने लगी। हल्के-फुल्के विवाद प्रमुख ख़बरें बनने लगीं, उन्हें दिन भर विस्तार से दिखाया जाने लगा, उन पर बहसें कराई जाने लगीं। मकसद एक ही था और वह ये कि दर्शकों को चटखारेदार विषयों से आकर्षित करना। इसी क्रम में चैनलों में फ़िल्म इंडस्ट्री की हलचलों पर केन्द्रित दैनिक बुलेटिन प्राइम टाइम में दिखाये जाने लगे और उन्हें दो-तीन बार रिपीट भी किया जाने लगा। बातचीत के कार्यक्रमों में फ़िल्म स्टार को ज़्यादा से ज़्यादा बुलाया जाने लगा क्योंकि पाया गया कि वे सबसे ज़्यादा टीआरपी दे रहे हैं। गम्भीर चर्चाओं में भी फ़िल्मी कलाकारों और फैशन मॉडल को भागीदार बनाया जाने लगा।

न्यूज़ चैनलों ने मनोरंजन के दूसरे स्रोत के रूप में मनोरंजन चैनलों को खोज लिया है। मनोरंजन चैनलों पर चलने वाले धारावाहिकों, रियलिटी और कॉमेडी शो उन्हें भरपूर मसाला दे देते हैं। एबीपी न्यूज़ का सबसे ज़्यादा टीआरपी देने वाला शो सास, बहू और साजिश है जो टीवी धारावाहिकों और उनके कलाकारों पर ही आधारित है। इस कार्यक्रम की काट के लिए आज तक समेत कई अन्य चैनलों ने भी इसी तर्ज पर कार्यक्रम शुरू कर दिये और अधिकांश चैनलों के ये स्थायी कार्यक्रम बन गये हैं। ये कार्यक्रम कई बार रिपीट भी किये जाते हैं। इसके अलावा विभिन्न धारावाहिकों या उनके पात्रों को लेकर अलग से रिपोर्ताज एवं कार्यक्रम भी बनाये जाते हैं।

मनोरंजन चैनलों में चलने वाले कॉमेडी शो एक समय न्यूज़ चैनलों पर छा गये थे। इन शो के टुकड़ों से चैनल कई-कई घंटों के कार्यक्रम बनाकर चैनल पर चलाते रहते थे। वजह यही थी कि कॉमेडी ज़बर्दस्त टीआरपी दे रही थी। इन कॉमेडी शो का ट्रेंड चैनलों पर ऐसा छा गया था कि न्यूज़ चैनल हास्य कलाकारों को लेकर उसी तरह के कार्यक्रमों का निर्माण करने लगे थे।

इसी तरह रियलिटी शो की कतरनों को इकट्ठा करके भी कार्यक्रमों का रूप दिया जाने लगा। रियलिटी शो से उन्हें संगीत से लेकर सेक्स, हिंसा, सेलेब्रिटी आदि मसालों से भरी-पूरी मनोरंजक सामग्री मिलने लगी। बिग बॉस जैसे रियलिटी शो में हुए झगड़े और विवाद चैनलों पर सुर्खियाँ बनने लगे और प्राइम टाइम में छाने लगे।

इंटरनेट न्यूज़ चैनलों के लिए मनोरंजन सामग्री के लिहाज से एक और नियामत बनकर आया। चैनलों ने यू ट्यूब से तरह-तरह के दृश्य निकालकर दिखाने शुरू कर दिये। इनमें अम्चभे से भरी घटनाओं के वीडियो भी थे और हँसी-मज़ाक़ से भरी सामग्री के भी। तीस-चालीस सेकेंड के फूटेज को बार-बार दिखाकर घंटों खींचने की नयी शैली

इंडिया टीवी ने विकसित की जिसे दूसरे चैनलों ने भी नक़ल करना शुरू कर दिया। यहाँ तक कि इंटरनेट से प्राप्त फूटेज पर नियमित कार्यक्रम बनाये और दिखाये जाने लगे।

ये सही है कि फ़िल्म, मनोरंजन चैनलों और इंटरनेट से मिलने वाले मसाले को न्यूज़ और कार्यक्रमों की शक्ल में पैकेज करके दिखाना बेहद सस्ता था इसलिए चैनलों ने इसमें बढ़-चढ़कर दिलचस्पी ली, मगर प्रेरणा की मुख्य स्रोत टीआरपी ही थी।

दर्शकों की राय जानने के लिए किये गये राष्ट्रीय सर्वेक्षण में जब हमने न्यूज़ चैनलों के मनोरंजन-प्रेम से जुड़े प्रश्न किये तो हमें कुछ दिलचस्प परिणाम देखने को मिले। पहली नज़र में ये परिणाम विशेषज्ञों की राय से भिन्न लगे, लेकिन इनका विश्लेषण करने पर कुछ और भी निष्कर्ष निकलकर आये। मसलन, हमने सवाल किया कि क्या न्यूज़ चैनल महत्त्वपूर्ण ख़बरों के बजाय मनोरंजन की ख़बरें ज़्यादा दिखाते हैं तो केवल 18.2 फ़ीसदी लोगों ने कहा कि हाँ जबकि 59.7 प्रतिशत लोगों की राय थी कि नहीं दोनों को बराबर दिखाते हैं। इस उत्तर का यही अर्थ निकाला जा सकता है कि या तो दर्शक दोनों के बीच फर्क करने में असमर्थ हैं या फिर उन्हें मनोरंजन की ख़बरों की लत लगा दी गयी है। ऐसा मानने का आधार ये है कि हम सीएमएस की रिपोर्ट में देख चुके हैं कि ख़बरों में मनोरंजन का अनुपात कितना ज़्यादा है। इसे महिलाओं और पुरुषों के उत्तर में भी देखा जा सकता है। पुरुषों के 21-5 प्रतिशत के मुकाबले मात्र 14-1 प्रतिशत महिलाएँ ही मानती हैं कि मनोरंजन की ख़बरें ज़्यादा हैं। ये आम तौर पर माना जाता है कि पुरुष वर्ग की दिलचस्पी न्यूज़ में होती है और महिलाएँ मनोरंजन पसन्द करती हैं। इसीलिए न्यूज़ चैनलों की वीवरशिप को पुरुष वर्ग में 25 वर्ष से ऊपर की आयु में भी देखा जाता है। अब चूँकि महिलाओं को लगता है कि चैनलों में मनोरंजन ज़्यादा नहीं है तो इससे यही समझ बनती है कि वे मनोरंजन को ही ख़बरें मान रही हैं[22]।

विभिन्न आयु वर्ग में जब हम इस प्रश्न का उत्तर ढूँढ़ते हैं तो पाते हैं कि युवा और 25-45 आयु वर्ग में इस राय के लोग ज़्यादा (64 एवं 64.3 प्रतिशत) हैं कि चनैल मनोरंजन की ख़बरें ज़्यादा नहीं दिखाते। ये वर्ग मनोरंजन को ज़्यादा पसन्द करता है, मगर जब 45-60 वर्ष के लोगों की राय लेते हैं तो वह सिमटकर 31.8 फ़ीसदी रह जाती है। भौगोलिक आधार पर जब हमने इस सवाल का जवाब तलाशना चाहा तो पाया कि शहरी क्षत्रों में तो माना जाता है कि मनोरंजन की ख़बरें ज़्यादा नहीं हैं मगर अर्ध नगरीय (24.4 प्रतिशत) और ग्रामीण इलाकों में इसके विरोधी राय रखने वालों की तादाद ज़्यादा (18.6 प्रतिशत) है[23]। क्या इसका ये मतलब निकाला जाये कि नगरीय दर्शक वर्ग का मनोरंजक ख़बरों के प्रति ज़्यादा अनुकूलन हो गया है और अर्ध-नगरीय तथा ग्रामीण दर्शक अपनी समस्याओं और सरोकारों को लेकर ज़्यादा चिन्तित है? जो भी हो, इतना तो स्पष्ट रूप से नज़र आता है कि बाज़ार का मनोरंजनवाद दर्शकों के दिल-ओ-दिमाग़ को बदलने में सफल हो रहा है।

न्यूज़ चैनलों का क्रिकेटीकरण

ये तो सर्वविदित है कि हिन्दुस्तान में सिनेमा के बाद मनोरंजन का सबसे बड़ा जरिया क्रिकेट है। क्रिकेट लोगों का धर्म बन चुका है और सचिन तेंदुलकर एवं महेंद्र सिंह धोनी जैसे खिलाड़ी देवता का दर्जा पा चुके हैं। इसीलिए क्रिकेट मैचों के दिनों में देश क्रिकेटमय हो जाता है और न्यूज़ चैनल भी इस मानसिकता को समझते हुए क्रिकेट की ख़बरों और कार्यक्रमों से भरे रहते हैं। इन दिनों में क्रिकेट प्रेमी क्रिकेट के बुख़ार से पीड़ित रहते हैं और न्यूज़ चैनल इसे बढ़ाने में लगे रहते हैं। आईपीएल जैसी स्पर्धाओं ने क्रिकेट में सनसनी, सेक्स, ग्लैमर और संगीत आदि के मसाले डालकर उसे और भी मनोरंजक रूप दे दिया है। वास्तव में क्रिकेट एक बड़े उद्योग में तब्दील हो चुका है, क्योंकि विज्ञापनों का एक बड़ा हिस्सा क्रिकेट पर ही खर्च होता है।

क्रिकेट की प्रोग्रामिंग चैनलों के लिए आय का बड़ा जरिया है। केपीएमजी की रिपोर्ट कहती है कि 2012 में जब आर्थिक मन्दी का असर बढ़ रहा था और विज्ञापनदाता अपने बजट में कटौती कर रहे थे, जिससे टीवी चैनलों की हालत और भी पस्त होती जा रही थी, तब आईपीएल ने उन्हें बचा लिया था। आईपीएल के दौरान विज्ञापनदाताओं ने जमकर खर्च किया जिससे चैनलों को काफी राहत मिली। चैनलों को राहत देने वाली दूसरी घटना चुनाव थे।

वैसे भी क्रिकेट पर आधारित कार्यक्रम चाहे वे किसी मैच का विश्लेषण हो, टीम या खिलाड़ियों को लेकर विवाद हो या फिर मैच फिक्सिग से सम्बन्धित स्टिंग ऑपरेशन, हमेशा ही न्यूज़ चैनलों को जमकर टीआरपी देते हैं। यही वजह है कि चैनल क्रिकेट के कवरेज को बहुत ज़्यादा महत्त्व देते हैं और उसकी छोटी-से-छोटी ख़बर को बड़ा बनाकर प्रस्तुत करते हैं। छोटे-छोटे विवादों पर बड़ी-बड़ी बहस प्राइम टाइम में की जाती हैं।

हमने अपने सर्वेक्षण में टीवी पत्रकारों से जब प्रश्न किया कि क्या टीआरपी ने ख़बरों को उथला और मनोरंजनवादी बना दिया है तो 92 प्रतिशत का जवाब था कि हाँ, काफ़ी हद तक बना दिया है। केवल चार फ़ीसदी ने कहा कि थोड़ा बहुत बनाया है जबकि किसी का भी उत्तर ना में नहीं मिला[24]।

टीवी पत्रकारिता के टेब्लॉयडकरण और मनोरंजनीकरण नामक दो बड़ी प्रवृत्तियों के अलावा टीआरपी की वजह से टीवी न्यूज़ में और भी प्रवृत्तियाँ देखने में आ रही हैं। इन प्रवृत्तियों का करीब से अध्ययन करना ज़रूरी है क्योंकि ये टीआरपी के गर्भ से ही जन्मी हैं।

अवैज्ञानिक एवं अन्धविश्वासों से जुड़ी सामग्री

ज़्यादा से ज़्यादा टीआरपी हासिल करने की होड़ में न्यूज़ चैनलों ने ऐसी सामग्री को बढ़-चढ़कर परोसना शुरू कर दिया जो समाज में अवैज्ञानिकता एवं अन्धविश्वासों को

बढ़ावा देती है। शुरुआत बेशक जी टीवी से हुई और स्टार न्यूज़ में ये प्रवृत्ति परवान चढ़ी मगर इंडिया टीवी ने इसे अपनी मुख्य पहचान बना ली। अजीबोगरीब घटनाओं, मसलन, भूत-प्रेत, नाग-नागिन की शादी, चमत्कारिक घटनाएँ, पुनर्जन्म आदि उस पर दिन-रात छाने लगे और चैनल दिन दूनी रात चौगुनी गति से टीआरपी की होड़ में आगे निकलता चला गया। सफलता का ये फार्मूला दूसरे चैनलों ने तुरन्त लपक लिया, जिनमें आज तक, सहारा समय, ज़ी न्यूज़ और आईबीएन 7 भी शामिल थे। केवल एक चनैल एनडीटीवी ने इससे परहेज किया और उसका नतीजा भी उसे भुगतना पड़ा। टीआरपी में वह नीचे ही फिसलता चला गया। बाद में आये चैनलों ने भी इंडिया टीवी के इस फार्मूले को अपनाकर सफलता हासिल करने की भरसक कोशिश की। ख़बर की वापसी का नारा लेकर आये न्यूज़ 24 ने साल भर में ही अपना रास्ता बदल दिया और वह भी अन्धविश्वास एवं अवैज्ञानिक सामग्री दिखाने के राह पर चल दिया। जल्द ही उसकी भी टीआरपी ने उछाल मारी और वह चौथे नम्बर पर विराजमान हो गया। हालाँकि बाद में नीचे लुढ़क गया।

अन्धविश्वासी कार्यक्रमों के बल पर कामयाबी हासिल करने के इस फार्मूले की सबसे बड़ी विशेषता थी इसकी प्रस्तुति। चीख-चीखकर और ड्रामाई अन्दाज़ वाली प्रस्तुति के जरिए बेवजह आश्चर्य, भय और आतंक का सृजन किया जाने लगा। इस कला का सचाई से कोई वास्ता नहीं था। मसलन, दुनिया के खत्म होने की भविष्यवाणियाँ या अज्ञात ग्रह से हमले आदि की अवैज्ञानिक चीज़ें ऐसे पेश की जाती थीं मानो वही परम सत्य हों। इंडिया टीवी द्वारा ईजाद की गयी प्रस्तुति-शैली को सभी चैनलों ने अपना लिया। कुछ चैनलों ने इस फार्मूले में मिथकों की काल्पनिक घटनाओं को भी सचाई की तरह पेश करने की विधि जोड़ दी। मसलन, आईबीएन 7 ने स्वर्ग की सीढ़ियाँ दिखा दीं और ज़ी टीवी ने श्रीलंका में रावण का वह उपवन खोज निकाला जहाँ रामायण के अनुसान अपहरण के बाद सीता को रखा गया था। यही नहीं उसे इसके ढेर सारे प्रमाण भी मिल गये।

इसी फार्मूले का विस्तार था ज्योतिष के नाम पर पेश किये जाने वाले ढेर सारे कार्यक्रम। भविष्य जानने की दिलचस्पी सभी में होती है और इसी जिज्ञासा का दोहन न्यूज़ चैनलों ने करना शुरू कर दिया। विचित्र वेशभूषा वाले और नाटकीय अन्दाज़ में बात करने वाले कथित ज्योतिषियों की तमाम चैनलों में कतार लग गयी। टीआरपी बता रही थी कि ऐसे कार्यक्रमों में दर्शक दिलचस्पी ले रहे हैं, लिहाजा चैनलों ने एक-दो नहीं कई-कई कार्यक्रम ज्योतिष के शुरू कर दिये। स्टार न्यूज़ ने तो तीन सुन्दर कन्याओं को तीन देवियाँ के नाम से बैठा दिया और वे लोगों को उनका भविष्य बताने लगी। दाँती महाराज जैसे कुछ बाबाओं का अवतरण भी हुआ जिन्होंने शनि का भय दिखाकर दर्शकों को खूब उल्लू बनाया। वैसे चैनलों के ज्योतिष प्रेम के पीछे एक अर्थशास्त्र भी जुड़ा हुआ है। ज्यादातर चैनल उनसे पैसे लेकर कार्यक्रमों का हिस्सा

बनाते हैं। यानी ज्योतिष के ये कार्यक्रम पेड प्रोग्राम की श्रेणी में आते हैं।

सबसे दुर्भाग्यपूर्ण था अन्तरिक्ष की वैज्ञानिक घटनाओं को अवैज्ञानिक ढंग से प्रस्तुत करना। चन्द्रमा में बसने से लेकर मंगल में पानी मिलने तक की कल्पनाओं या समाचारों को हिन्दी के न्यूज़ चैनलों ने अन्धविश्वास के साथ और नाटकीय ढंग से प्रस्तुत किया। यहाँ तक कि एंकर को उड़नतश्तरी पर बैठाकर ग्रहों की सैर कराने का सिलसिला शुरू कर दिया गया। इसी तरह दुनिया का अन्त होने की झूठी ख़बरों को दिखाकर आतंक एवं भय का वातावरण बनाया गया। गणेश जी के दूध पीने की ख़बरों को प्रसारित-प्रचारित करने की घटना तो इतिहास में दर्ज हो ही चुकी है।

इसके अलावा चैनलों ने बाबाओं के प्रवचनों की बाढ़ भी ला दी। स्वामी रामदेव तो विशेष अन्दाज़ में योग और आयुर्वेद का प्रचार करके चैनलों की आवश्यकता बन गये और बाद में उन्होंने खुद भी टीवी चैनल चलाने शुरू कर दिये। लेकिन रविशंकर, आसाराम बापू या इसी तरह के बाबाओं की एक जमात उपदेशों के बल पर अपनी भक्त संख्या और चैनलों की दर्शक संख्या बढ़ाने लगे।

दर्शकों की राय जानने के लिए किये गये राष्ट्रीय सर्वेक्षण में इस प्रवृत्ति को नकारने के पक्ष में ज़बर्दस्त तरीके से मत व्यक्त किया गया। केवल 17.7 प्रतिशत लोगों ने कहा कि भूत-प्रेत और चमत्कार आदि दिखाना सही है। इनमें 18.9 प्रतिशत पुरुष और 16.3 प्रतिशत महिलाएं थीं। इसके विपरीत 42.1 प्रतिशत लोगों ने चैनलों की इस प्रवृत्ति को गलत बताया और उल्लेखनीय बात ये रही कि इसमें महिलाओं की तादाद (48.8 फ़ीसदी) पुरुषों की तुलना में करीब 12 प्रतिशत ज़्यादा रही। एक दिलचस्प बात ये देखने में आयी कि आयु वर्ग में बढ़ोतरी के साथ-साथ विरोधी राय में भी इजाफा होता गया। 18-25 आयु वर्ग के केवल 36.2 लोगों ने इसे गलत ठहराया जबकि 45-60 के बीच की आयु के 54-7 प्रतिशत लोग इसके ख़िलाफ थे और उसकी ऊपर की उम्र में ये प्रतिशत बढ़कर 69.7 हो गया[25]।

माना जाता है कि मध्यमवर्ग उच्च आय वर्ग के मुक़ाबले ज़्यादा आधुनिक एवं वैज्ञानिक सोच का होता है मगर इस मामले में उसे रूढ़िवादी पाया गया। मध्य आय वर्ग के केवल 39.6 प्रतिशत लोगों ने इस प्रवृत्ति को गलत बताया, जबकि उच्च वर्ग के 51 फ़ीसदी लोग इसे गलत ठहराते हैं। यहाँ तक कि निम्न आय वर्ग के दर्शक भी मध्यवर्ग से ज़्यादा आगे (41.2 प्रतिशत) नज़र आते हैं[26]।

तर्क से परे भावनाओं पर ज़ोर

ये एक भ्रान्त धारणा है कि टेलीविज़न दरअसल भावनात्मक माध्यम है यानी इसमें बुद्धि-विवेक कोई काम नहीं है। इसीलिए न्यूज़ चैनल अकसर ऐसे दृश्यों की तलाश में रहते हैं जिनमें दर्शकों को भावनात्मक रूप से हिला देने का तत्त्व हो। किसी हादसे से पीड़ित व्यक्ति का रोना चैनलों के लिए एक विशिष्ट व्यंजन की तरह होता है। जहाँ

ऐसे दृश्य नहीं होते वहाँ स्टोरी में संगीत एवं कमेंट्री के ज़रिए भावनाओं का आवेग पैदा करने की कोशिश की जाती है। पीड़ितों को स्टूडियो में लाकर उनसे भावुक वार्तालाप के ज़रिए भावनात्मक वातावरण का निर्माण भी इसी प्रक्रिया का हिस्सा होता है।

वास्तव में न्यूज़ चैनल हर घटना को भावनात्मक रूप देने की कोशिश करते हैं क्योंकि इससे हुक एंड होल्ड का उनका लक्ष्य ज़्यादा आसानी से पूरा हो जाता है। वे तार्किक व्यवहार से परहेज सा करते हैं। क़मर वहीद नक़वी अन्ना आन्दोलन का हवाला देते हुए कहते हैं, "जिस तरह से भावुक कवरेज हुई, बहते हुए कवरेज हुई तो आब्जेक्टिविटी थी नहीं, लेकिन जब अगर नम्बर सामने हों और जब आप जरा सा भी आब्जेक्टिव बनने की कोशिश करते तो आप पिट गये होते[27]।" भावनाओं के साथ बहना और भावनाएँ पैदा करके दर्शकों को बहा ले जाना टीआरपी हासिल करने का हथकंडा बन गया है और ये दिसम्बर-जनवरी, 2012-13 में उस समय फिर दिखा जब दिल्ली में एक छात्रा के साथ हुए गैंगरेप के बाद देश में आक्रोश फैल गया। न्यूज़ चैनल भी इस गुस्से के साथ हो गये और न केवल साथ हो गये बल्कि गुस्से को बढ़ाने वाले काम करने लगे। सूचना एवं प्रसारण मन्त्रालय की एडवायजरी ने उन्हें थोड़ा सन्तुलित अवश्य किया मगर कुल मिलाकर पूरा कवरेज भावनाओं से सराबोर रहा।

न्यूज़ चैनल राष्ट्रीय मुद्दे उठते ही भावावेश में आ जाते हैं। भारत में पाकिस्तान से जुड़ी हर घटना के ज़रिए युद्धोन्माद पैदा करने की कोशिश की जाती है। 6-8 जनवरी, 2013 में भारतीय सेना के दो जवानों की नृशंस हत्या के बाद न्यूज़ चैनलों ने यही किया। "इलेक्ट्रानिक मीडिया ने इस घटना को अति राष्ट्रवादी रंग देना शुरू कर दिया और भावोन्माद पैदा किया जाने लगा[28]।" जाने-माने वकील और न्यायविद्,-जी-नूरानी भी इस प्रकरण में इलेक्ट्रानिक मीडिया की भूमिका को गैर-जिम्मेदारी भरा मानते हैं। उनके मुताबिक, "घटना के बाद से हर रात टीवी एंकर ज़हर उगलने लगे, जिसकी वजह से कूटनीति पर मीडिया का जर्बदस्त दबाव पड़ने लगा और प्रधानमंत्री तक ने इसके सामने समर्पण कर दिया...एंकर खुद इस जंग में उतर गये और उनका मज़ाक़ उड़ाने लगे जो उनसे सहमत नहीं थे। इस काम में सेना के रिटायर्ड अधिकारियों ने भी योगदान दिया[29]।" ज्यादातर लोगों ने महसूस किया कि टेलीविज़न स्टूडियो युद्ध के मैदान में तब्दील कर दिये गये हैं और एंकर युद्ध गर्जना कर रहे हैं। ऐसे मेहमानों को एकत्रित किया जाने लगा जो पाकिस्तान पर जमकर बरस सकें। कुछेक चैनलों को छोड़कर बाकी विवेक शून्य हो गये। पूर्व नौसेना अध्यक्ष अरुणप्रकाश ने अपने लेख **लेट्स अवाइड टेलीविज़न वार** में न्यूज़ चैनलों की इस भूमिका को इस तरह से रेखांकित किया, "अगर पिछले एक पखवाड़े में पैदा हुए भारत-पाक टकराव से कोई सबक मिलता है तो यही कि उन्मादी टीवी एंकर, ख़ून के प्यासे नेता और सोये, हुए राष्ट्रीय सुरक्षा प्रतिष्ठान ने विनाश की पूरी तैयारी कर दी है[30]।"

वास्तव में वास्तविक नियन्त्रण रेखा पर पैदा हुए संकट को बढ़ाने के लिए पूरी तरह से मीडिया को ज़िम्मेदार माना जा रहा है। उसने और ख़ास तौर पर न्यूज़ चैनलों ने अवाम की भावनाओं को उभारकर ऐसा दबाव बनाया कि राजनीति और सरकार सबके सब जंग की भाषा बोलने को मजबूर हो गये। मीडिया वेबसाइट **द हूट में प्रमोद कुमार** लिखते हैं, अगर टीवी एंकर का बस चले तो वे वास्तविक या काल्पनिक अपमान का बदला लेने के लिए पाकिस्तान ही नहीं चीन और आस्ट्रेलिया से एक साथ जंग छेड़ दें। फिर टाइम्स समूह जैसे मीडिया घराने भी हैं जो भारत-पाक संकट से जुड़े हर विवाद को दोनों तरफ़ से भुनाने में लगे रहते हैं। उनका एक हिस्सा अमन की आशा जैसे अभियान के ज़रिए मित्रता को बढ़ावा देता है और दूसरा टाइम्स नाऊ, ख़ास तौर पर एंकर अर्नब गोस्वामी, पाकिस्तान को सबक सिखाने में लगा रहता है। गोस्वामी, राहुल शिवशंकर, राहुल कँवल, राजदीप सरदेसाई जैसे तथाकथित निष्पक्ष, उदार और शिक्षित एंकर (करन थापर अपवाद कहे जा सकते हैं) दस साल से चल रहे प्रभावी युद्ध विराम को पटरी से उतारने में लगे हुए थे। जहाँ टाइम्स नाऊ और हेडलाइंस टुडे ने भावनाओं को उभारने के लिए सब कुछ किया, एनडीटीवी ने स्थिति को सामान्य बनाने की कोशिश का मज़ाक़ उड़ाते हुए कहा कि देश मिश्रित सन्देश दे रहा है और प्रधानमंत्री को राष्ट्रीय सम्मान के बजाय इस बात की चिन्ता ज़्यादा है कि उन्हें कैसे याद किया जायेगा[31])। ये तो सीमा पर वास्तविक तनाव की बात है मगर अंध राष्ट्रवाद का ये ज्वार क्रिकेट में हार-जीत तक में देखने को मिल जाता है। पाकिस्तान के साथ मैच में हार-जीत को देश भक्ति और राष्ट्रीय प्रतिष्ठा का पैमाना बना दिया जाता है।

जातीय, क्षेत्रीय एवं धार्मिक मामलों में भी कुछ इसी तरह का भावनात्मक वातावरण बनाने की कोशिशें की जाती हैं। मसलन, सवर्ण बनाम दलित या पिछड़ों का मुद्दा आते ही उनका रवैया जातीय भावनाएँ उभाड़ने वाला हो जाता है। चैनलों को मालूम है कि ये ऐसा सवाल है जिसमें सवर्ण और गैर-सवर्ण दोनों तुरन्त उबलने लगते हैं इसलिए दोनों की भावनाएँ उभारकर टीआरपी बढ़ाई जा सकती है। जयपुर लिटरेरी फेस्टिवल में समाजशास्त्री आशीष नंदी के वक्तव्य के साथ यही किया गया। नंदी के अतीत-वर्तमान को जाने-बूझे, उनके वक्तव्य के एक टुकड़े को सन्दर्भ से काटकर बार-बार दिखाकर सवर्ण गैर-सवर्ण की बहस शुरू कर दी गयी। बहस में ऐसे लोगों को भागीदार बना दिया गया जो घोर सवर्णवादी हैं और जिनके मुँह खोलते ही घृणा बहने लगती है। राजनीतिक विश्लेषक योगेंद्र यादव लिखते हैं कि मीडिया ने नंदी की बात को सन्दर्भ से काटकर देखा और उसका एक टुकड़ा लेकर हंगामा खड़ा कर दिया। वे लिखते हैं, "आप कह सकते हैं कि उन्होंने (नंदी ने) खुद संकट को आमंत्रित किया, ऐसा वक्तव्य दिया जिसकी गलत व्याख्या हो सकती थी। मगर तभी जब ये मानते हों कि समाज में विरोधाभासों और विडम्बनाओं के लिए कोई जगह नहीं होनी चाहिए और आप समकालीन मीडिया द्वारा एक जटिल तर्क के एक वाक्य को पब्लिक

स्टेटमेंट बनाकर उसे जन उपभोग के लिए प्रस्तुत करने की प्रवृत्ति को ठीक मानते हों[32]।" वरिष्ठ लेखक अपूर्वानन्द भी मीडिया को कठघरे में खड़ा करते हुए लिखते हैं, "तरुण तेजपाल के साथ आशीष नंदी सम्भवतः ये बताना चाह रहे थे कि पिछले दिनों जो भ्रष्टाचार विरोधी शुचितावादी राजनीति मुखर हुई है, उसके ख़तरे क्या हैं। इसके निशाने पर उपर्युक्त जाति-समुदायों (दलित, पिछड़े, आदिवासी) से जुड़े नेता आसानी से आ जायेंगे और इसके माहिर उच्च जाति समूहों के लोग बच निकलने में कामयाब हो जाएंगे। लेकिन क्षणजीवी मीडिया की दिलचस्पी नंदी के वक्तव्य के अंश मात्र में थी, जिसमें वे अनुसूचित जाति, जनजाति और पिछड़े समुदायों को सबसे अधिक भ्रष्ट कहते हैं। विवाद पैदा करने के लिए इतना पर्याप्त था। इसके बाद टीवी चैनलों ने राजनेताओं से एक-एक कर अंश मात्र पर उनकी प्रतिक्रिया माँगनी शुरू की और उन सबने अपेक्षित प्रतिक्रियाएँ दीं[33]।"

यही नुस्खा बहुसंख्यक बनाम अल्पसंख्यक धार्मिक समुदायों की ख़बरों और मसलों में किया जाता है। जो धार्मिक वर्ग जहाँ ज़्यादा है उसकी तरफ न केवल चैनलों का झुकाव हो जाता है बल्कि वे उनकी भावनाओं को हवा देने लगते हैं। मुम्बई में जब शिवसैनिक एवं महाराष्ट्र निर्माण सेना के नेता उत्तरभारतीयों के बारे में भड़काऊ टिप्पणियाँ करते हैं तो चैनल उत्तरभारतीयों की भावनाएँ भड़काने में जुट जाते हैं। जब भी चैनलों पर ऐसी सामग्री होती है दर्शक देखने लगता है और चैनलों की टीआरपी बनने लगती है। जिस चैनल पर जितनी भावोत्तेजक सामग्री होती है उसे उतना फायदा होता है, इसलिए आपसी प्रतिस्पर्धा में वे तमाम सीमाएँ लाँघने लग जाते हैं।

समाचारों का अनावश्यक दोहराव एवं विस्तार

समाचार चैनलों को अनावश्यक विस्तार एवं दोहराव से ज़बर्दस्त प्रेम हो गया है और इसके पीछे भी टीआरपी का ही खेल होता है। उन्हें लगता है कि उनकी किसी सामग्री को या फिर कोई बड़ी ख़बर को दर्शक देखना चाहता है और अगर वह स्क्रीन पर न रही तो दर्शक उसे छोड़कर दूसरे चैनल पर चला जायेगा। इसके अलावा वह इस धारणा की वजह से भी ख़बरों को दोहराता रहता है और उनका अनावश्यक विस्तार करता रहता है कि न्यूज़ देखने के लिए उसके दर्शक अलग-अलग समय पर आते हैं और किसी दर्शक को अगर उस चैनल पर आने पर सबसे महत्त्वपूर्ण समाचार न दिखा तो वह दूसरे चैनल का रुख कर सकता है। नतीजा ये निकलेगा कि उसकी खुद की टीआरपी नहीं बढ़ पायेगी। इसलिए अपनी समझ से वह किसी भी बड़ी ख़बर को खींचता रहता है। हालाँकि खींचने का ये प्रयास कंटेंट को हल्का बना देता है। अगर उस घटना से जुड़ी नयी जानकारी या विचार न आये तो वह केवल दोहराव लगेगा।

देशव्यापी जनमत सर्वेक्षण में भी ये बात निकलकर आयी कि चैनल ख़बरों को बढ़ा-चढ़ाकर दिखाते हैं। केवल 35.2 प्रतिशत लोगों ने कहा कि चैनल ख़बर जैसी

होती है वैसी दिखाते हैं, जबकि 44.2 फ़ीसदी लोगों का स्पष्ट मत था कि वे बढ़ा-चढ़ाकर दिखाते हैं। इसके अलावा 17.4 फ़ीसदी ऐसे लोग भी थे जिनके अनुसार चैनल ख़बरों को बढ़ा-चढ़ाकर दिखाते तो हैं मगर ज़्यादा नहीं। मजे की बात ये है कि पुरुषों के बजाय महिलाओं की राय इस मामले में ज़्यादा तीखी थी। पुरुषों के 39.9 प्रतिशत के मुकाबले 59.3 प्रतिशत महिलाओं ने कहा कि चैनल ख़बरें बढ़ा-चढ़ाकर दिखाते हैं। यहाँ इस सम्भावना को अगर ध्यान में रखा जाये कि धीरे-धीरे लोग इस बात के अभ्यस्त हो गये हैं कि ये चैनलों का स्वभाव है और इसलिए इसे स्वाभाविक मान लिया जाये तो ये प्रतिक्रिया और भी चैनल विरोधी मानी जा सकती है, क्योंकि इसमें उसकी भावनाएं पूरी तरह व्यक्त नहीं हो पायी होंगी[34]।

यदि भौगोलिक आधार पर इस प्रश्न के जवाब में आये विचारों का विश्लेषण करें तो हम पाते हंस कि नगरीय और अर्ध नगरीय इलाकों में ये एहसास गहरा है कि चैनल ख़बरों को बढ़ा-चढ़ाकर दिखाते हैं। यहाँ ये प्रतिशत क्रमशः 59.7 और 59.8 है जबकि ग्रामीण इलाकों में गिरकर 30.3 रह जाता है, जिसका सीधा सा मतलब जागरूकता में कमी है। आयु वर्ग के साथ इस प्रश्न को जोड़कर देखने पर ये बात और भी स्पष्ट होती जाती है। पचीस से पैंतालीस वर्ष के 50.7 और पैंतालीस से साठ वर्ष के 71.3 प्रतिशत ख़बरों को बढ़ा-चढ़ाकर दिखाने के प्रश्न पर हामी भरते हैं। इस प्रश्न को जब हम शिक्षा के मानदंड पर कसते हैं तो पाते हैं कि सामान्य और उच्च शिक्षित वर्ग के लोग अल्प शिक्षित वर्ग के मुक़ाबले ये बात महसूस करते हैं। आय वर्ग के हिसाब से देखने पर हम पाते हैं कि 50.4 प्रतिशत मध्यवर्ग भी यही सोचता है। ये वही वर्ग है जिस पर बाज़ार की निगाहें होती हैं और जो सबसे बड़ा उपभोक्ता वर्ग भी है। उसके मुक़ाबले उच्च वर्ग ऐसी मान्यता रखने के मामले में बीस फ़ीसदी पीछे है, बल्कि निम्न वर्ग भी 43.5 प्रतिशत के साथ उससे आगे है। कहने का अर्थ ये है कि न्यूज़ चैनलों के बारे में ये धारणा निराधार नहीं है और आम और ख़ास दोनों वर्गों में ये काफ़ी पुख्ता है[35]।

लाइव एवं ब्रेकिंग न्यूज़ की बमबारी

चौबीस घंटे के चैनल जब शुरू हुए थे तो उनका एक बहुत बड़ा आकर्षण था घटनाओं का जीवन्त प्रसारण। सीएनएन तो खाड़ी युद्ध के सीधे प्रसारण की वजह से ही विश्व भर में अपनी धाक जमा सका, बल्कि ये कहा जाना चाहिए कि उसने टेलीविज़न न्यूज़ को एक नयी दिशा दे दी। सीएनएन ने ख़बरों के प्रसारण के मामले में लाइव के ज़रिए सम्पादकीय विशेषता प्रदान कर दी। स्टीफन कुशन के मुताबिक, "ज़ोर दृश्यों को दिखाना पर था न कि श्रवणीय (सुनने की) पत्रकारिता पर। चौबीस घंटों के चैनल आने के पहले जहाँ रात को प्रसारित होने वाली बुलेटिन लाइव होती थीं, वहाँ सीएनएन ने लम्बे समय तक फौरन लाइवनेस (जीवन्तता) देना शुरू कर दिया। इस

सन्दर्भ में न्यूज़ चैनल ये दावा कर सकते हैं कि उन्होंने सबसे पहले ख़बर दिखाई (क्योंकि तयशुदा बुलेटिन या कार्यक्रमों को रोककर लाइव लिया जा सकता था)। जब कुछ घटित हो रहा हो तो घटनास्थल पर रहो (यदि न्यूज़ चैनल के पास संसाधन हैं तो)। और टीवी दर्शकों के लिए सबसे महत्त्वपूर्ण बात ये है कि उन्हें लाइव के ज़रिए ये जानने का मौक़ा मिल जाता है कि दुनिया में क्या हो रहा है[36]।''

सीएनएन की तर्ज पर बाद में आने वाले चैनलों ने भी लाइव प्रसारण पर विशेष ध्यान दिया। चैनलों की एक मजबूरी को भी लाइव से दूर किया जाने लगा और वह मजबूरी यही है कि चौबीस घंटे चैनल को ताजातरीन बनाने के लिए सामग्री कहाँ से लायें। चैनलों की मजबूरी होती है कि वे चैनल में लगातार नई एवं ताजा सूचनाएँ देते रहें, ताकि दर्शकों की दिलचस्पी चैनल में कायम रहे। टीआरपी के लिहाज से भी ये ज़रूरी हो गया कि वे लाइव रहें, क्योंकि ख़बरों को खींचने और उनमें दर्शकों को उलझाये रखने (हुक एंड होल्ड) में लाइव तत्त्व मसलन, रिपोर्टर या किसी मेहमान से बातचीत आदि मददगार साबित होते हैं। सीधे प्रसारण ने चैनलों को दिलचस्प बनायें रखने का एक समाधान तो दे दिया मगर इस क्रम में लाइव की अति भी होने लगी। वे बेवजह लाइव करने लगे। रिपोर्टर के पास कोई नयी जानकारी हो या न हो अथवा विषय पर उसकी पकड़ें बेशक न हो, उससे लम्बी-लम्बी बातचीत की जाती है।

न्यूज़ चैनलों में ब्रेकिंग न्यूज़ की अधिकता ने उसके महत्त्व और ज़रूरत को ही प्रश्नों के घेरे में ला दिया है। पहले चैनलों में न्यूज़ अपडेट, न्यूज़ फ्लैश और ब्रेकिंग न्यूज़ होती थीं, मगर अब केवल ब्रेकिंग न्यूज़ ही नज़र आती हैं। छोटी-मोटी ख़बर भी ब्रेकिंग न्यूज़ बनाकर पेश की जाती है। ब्रेकिंग न्यूज़ के ग्राफिक्स भी बड़े और आकर्षक बनाये जाने लगे, जिनसे वे आँखों को अच्छे तो लगते ही थे, उत्तेजक भी होते थे। ख़बरों को सनसनीखेज बनाने की प्रवृत्ति तो इसके पीछे है ही मगर इसके और भी कारण हैं। माना जाता है कि टेलीविज़न न्यूज़ में ये ट्रेंड रुपर्ट मर्डोक के चैनल फॉक्स न्यूज़ के द्वारा शुरू किया गया। इसे ''फॉक्स-प्रभाव'' का नाम दिया गया और इस प्रक्रिया को ''फॉक्सीकरण'' (Foxification) कहा जाने लगा। इस फॉक्स-प्रभाव की पहचान ब्रेकिंग न्यूज़ परम्परा के प्रमोशन एवं मार्केटिंग से की जाने लगी। ब्रिटेन के दोनों चैनल स्काई न्यूज़ एवं बीबीसी का उल्लेख करते हुए कुशन एंड लेविस ने लिखा, ''तीन सालों के अन्दर इनमें ब्रेकिंग न्यूज़ का कवरेज एकदम से बढ़ गया। एक साल तो फॉक्स न्यूज़ की हर पाँच में से एक ख़बर ब्रेकिंग रही। ज्यादातर मामलों में ब्रेकिंग न्यूज़ सामान्य और पहले से पता थीं। सबसे बड़ी बात ये पता चली कि चार में से तीन बार ब्रेकिंग ख़बरों को दोनों चैनलों ने दोबारा नहीं दिखाया। दूसरे शब्दों में कहा जाये तो ये बताने के बजाय कि कुछ नया और महत्त्वपूर्ण घटित हुआ है, ब्रेकिंग न्यूज़ मार्केटिंग की रणनीति का हिस्सा दिखाई दी। ये एक ऐसी प्रवृत्ति थी जिसका इस्तेमाल समाचार मूल्य न होने के बावजूद उनके महत्त्व को बढ़ा-चढ़ाकर किया

गया[37]।'' स्पष्ट है कि न्यूज़ चैनलों के बाज़ारोन्मुख चरित्र ने ख़बरों को बिकाऊ बनाने के लिए गलत ढंग से प्रस्तुत किया, ब्रेकिंग न्यूज़ का अत्यधिक उपयोग इसी का परिणाम है।

भारत में कई चैनल ऐसे हैं जिनकी स्क्रीन पर ब्रेकिंग न्यूज़ की पट्टी हर समय चलती रहती है। जाहिर है हर दिन इतनी बड़ी ख़बरें ब्रेक नहीं होतीं कि उन्हें ब्रेकिंग न्यूज़ के तौर पर पेश किया जाये। कुछ चैनल तो सुबह में ब्रेक हुई ख़बर को शाम को दोबारा ब्रेकिंग न्यूज़ के तौर पर प्रस्तुत करते हैं जो कि पत्रकारीय नैतिकता के लिहाज से गलत है। ये दर्शकों को धोखा देने जैसा है। चैनलों में न्यूज़ ब्रेक करने और उन्हें ब्रेकिंग न्यूज़ के तौर पर पेश करने की होड़ लगी रहती है। ऐसे में अकसर ये भी होता है कि वे गलत ख़बरें दिखा देते हैं और बाद में पता चलने पर चुपचाप उन्हें हटा लेते हैं, माफी तक नहीं माँगते। ब्रेकिंग न्यूज़ के इस तरह ग़ैर-जिम्मेदाराना इस्तेमाल ने उसके महत्त्व को लगभग ख़त्म कर दिया है।

ब्रेकिंग न्यूज़ जैसी ही दुरुपयोग एक्सक्लूसिव शब्द का भी हुआ है। वरिष्ठ पत्रकार प्रोनंजय गुहा ठाकुरता के अनुसार, ''व्यावसायीकरण के प्रभाव में चैनलों ने दर्शकों का अपमान करना शुरू कर दिया... नाग-नागिन शादी एक्सक्लूसिव...किसी ने चार चैनलों को दो-चार मिनट का इंटरव्यू दे दिया... हर जगह चलने लगा एक्सक्लूसिव... दर्शक तो इतना बेवकूफ नहीं है, मगर आप समझते हैं कि दर्शक बिना बुद्धि के है। यही बिल्कुल स्पष्ट उदाहरण है कि टीआरपी के लिए कंटेंट को कैसे गिरा दिया गया[38]।''

ख़बरों का संक्षिप्तीकरण

दर्शकों को मनोरंजन और टेबलॉयड समाचारों की लत लगाने के बाद न्यूज़ चैनलों ने ख़बरों को हलका बनाने की जो कोशिशें शुरू की थीं, उन्हीं का नतीजा है तेज एवं संक्षिप्त समाचार। वैसे तो तेज के नाम से पहले ही एक चैनल ये सेवा दे रहा था मगर बाकी के चैनल इससे बचे हुए थे। लेकिन फिर स्पीड न्यूज़, न्यूज़ शतक, आधे घंटे में दो सौ ख़बरें आदि नाम से कई चैनलों में ये बुलेटिन शुरू हुईं और छा गयीं। शुरुआत किसी एक चैनल ने की, मगर जब उसे टीआरपी मिली तो दूसरे चैनल भी उसकी तरफ दौड़ पड़े। उन्होंने नक़ल और प्रतिस्पर्धा में संक्षिप्त से संक्षिप्ततम ख़बरों के बुलेटिन शुरू कर दिये (टैम के शीर्ष कार्यक्रमों में समाचारों के सबसे अधिक बुलेटिन संक्षिप्त एवं तेज ख़बरों के ही होते हैं)। सोचा जा सकता है कि अगर बीस मिनट में दो सौ ख़बरें दी जायेंगी तो ख़बरों का तो कचूमर ही निकल जायेगा। इस तरह की बुलेटिन शुरू करने के पीछे दलील ये दी गयी कि अब दर्शकों के पास समय नहीं होता इसलिए वे संक्षेप में जल्दी से ख़बरें देखना चाहते हैं। लेकिन वास्तव में समाचारों का ये फार्मेट समाचारों का अवमूल्यन करने वाला है, क्योंकि इनसे दर्शकों को किसी घटना की सम्पूर्ण तस्वीर नहीं मिलती। उसे चंद सूचनाएँ देकर ये झूठा

एहसास करवा दिया जाता है कि उसने ख़बरें जान लीं और उसके लिए इतना काफ़ी है। इस तरह के समाचारों से विचार-विश्लेषण की भी हत्या हो जाती है। विडम्बना ये है कि ये फार्मेट कार्यक्रमों में भी आ गया है और पचास या सौ कहानियों के ज़रिए टुकड़ों में बाँटकर उसकी एकबद्धता को खंडित कर दिया जाता है।

महानगर एवं बड़े शहरों पर केन्द्रित सामग्री

न्यूज़ चैनल महानगरों, बड़े और मझोले शहरों की ख़बरों को प्रमुखता से दिखाते हैं, जबकि ग्रामीण एवं कस्बाई इलाकों में घटने वाली घटनाएं उनके लिए विशेष महत्त्व नहीं रखतीं। इसकी मुख्य वजह यही है कि टैम द्वारा पीपल्स मीटर बड़े शहरों में ही लगाये गये हैं और जब वहाँ के दर्शक देखेंगे तभी टीआरपी में इजाफा होगा। बड़े शहरों का टैम-महत्त्व (टैम वेटेज) ज़्यादा है और महानगरों का तो और भी ज्यादा। महानगरों में भी दिल्ली एवं मुम्बई का सबसे अधिक है। इंडस्ट्री के सूत्रों का तो कहना ये है कि इन दो महानगरों का टैम वेटज लगभग तीस फ़ीसदी है, जिसका मतलब है कि न्यूज़ चैनलों की तीस फ़ीसदी टीआरपी का फैसला यहीं से होता है। यही वजह है कि न्यूज़ चैनल इन दो महानगरों की ख़बरों को सबसे ज़्यादा दिखाते हैं और छोटी-मोटी ख़बरों तक को राष्ट्रीय बना डालते हैं। मुम्बई में भारी बारिश के कवरेज के बाद स्टार न्यूज़ की टीआरपी ने एकदम से छलाँग लगा दी थी और उस हफ्ते वह पहली बार आज तक को पछाड़कर नम्बर वन बन गया था। विभिन्न चैनल अपनी टीआरपी रणनीति के साथ सम्पादकीय सामग्री का तालमेल इस सबको ध्यान में रखते हुए बैठाते हैं।

तालिका-ख़बरें यहाँ से आती हैं–2008-2010 (प्रतिशत में)

समाचारों का उद्‌भव	*सन् 2008 (%)*	*सन् 2009 (%)*	*सन् 2010 (%)*
दिल्ली	33.1	38.31	43.18
मुम्बई	17.5	15.39	16.70
चेन्नई	1.2	0.57	0.41
कोलकाता	1.0	0.56	1.09
अन्य राज्यों की राजधानियाँ	7.5	6.81	8.13
ग्रामीण क्षेत्र	0.2	0.45	0.80
अन्तरराष्ट्रीय	18.6	20.46	13.60
अन्य शहर-कस्बे	20.9	17.45	16.08
अन्य	0.0	0.00	0.00
कुल	100	100	100

स्रोत– सीएमएस मीडिया लैब

सीएमएस मीडिया लैब के आँकड़े न्यूज़ चैनलों की इस रणनीति की पुष्टि करते हैं। मीडिया लैब ने वर्ष 2008, 2009 और 2010 में छह राष्ट्रीय चैनलों के कंटेंट को

करीब से देखा। इन चैनलों में से चार हिन्दी के और दो अँग्रेज़ी के थे। पचास से साठ फ़ीसदी तक ख़बरें केवल चार महानगरों से आती हैं उनमें भी दिल्ली और मुम्बई की ख़बरों का हिस्सा पचास फ़ीसदी तक रहा। इसके बाद दूसरे शहरों और प्रदेशों की राजधानी से आने वाली ख़बरें करीब पचीस प्रतिशत तक थीं। इसके उलट ग्रामीण इलाकों से आने वाली ख़बरों की हिस्सेदारी एक फ़ीसदी से भी कम थी। इसकी तुलना में अन्तरराष्ट्रीय समाचारों को ज़्यादा महत्त्व मिला। उनका हिस्सा 15-20 फ़ीसदी तक रहा।

विशेष आर्थिक वर्गों का विशेष ध्यान

जिस तरह टीआरपी की वजह से न्यूज़ चैनलों का झुकाव शहरों की तरफ हो गया है, उसी तरह से उन्होंने आर्थिक रूप से सम्पन्न वर्गों की ओर अपना झुकाव कर लिया है। टैम ने आर्थिक आधार पर अपने सैंपल बाँट रखे हैं और वह हर हफ्ते बताता है कि किस चैनल की किस वर्ग में कितनी टीआरपी है। चूँकि विज्ञापनदाताओं की दिलचस्पी ऐसे चैनलों में होती है जिनकी पैठ सम्पन्न वर्ग में हो इसलिए न्यूज़ चैनल भी उसी वर्ग की आवश्यकताओं और रुचियों के हिसाब से सामग्री का निर्माण करते हैं। इस प्रक्रिया में वे दूसरे वर्गों की ख़बरों को महत्त्व देना बन्द कर देते हैं। जाहिर है इससे एक तरह का पक्षपात उनकी सामग्री में पैदा हो जाता है जो कि लोकतन्त्र और पत्रकारिता दोनों के आधारभूत सिद्धान्त के विरुद्ध है।

राष्ट्रीय सर्वेक्षण में हमने दर्शकों से चैनलों के शहरी और धनी वर्ग के प्रति झुकाव के बाबत भी सवाल पूछा। जवाब में 58.5 फ़ीसदी लोगों का कहना था कि हाँ है, जबकि केवल 29.1 फ़ीसदी दर्शकों की राय इसके विपरीत थी। पुरुषों की बनिस्बत (54.9 प्रतिशत) महिलाओं (58.6 प्रतिशत) में ये एहसास ज़्यादा गहरा दिखा कि चैनलों का रुख शहरी और सम्पन्न वर्गीय है। इलाकाई आधार पर जब हमने चैनलों के इस रवैये की पड़ताल के नजरिए से ये सवाल किया तो पाया कि अर्ध-नगरीय इलाकों के लोग सबसे ज़्यादा ऐसा मानते हैं (74.2 प्रतिशत) और नगरीय क्षेत्र में भी (59.9 प्रतिशत) इस तरह का विचार रखने वालों की राय अच्छी-खासी है। ग्रामीण इलाकों में 49.3 प्रतिशत दर्शकों ने ऐसी राय रखी जो कि शहरी वर्गों के मुक़ाबले कम है और शायद इसकी बड़ी वजह अशिक्षा हो[39]।

विभिन्न आय वर्गों में जब हम इस प्रश्न को रखते हैं तो चैनलों के धन एवं क्षेत्र के आधार पर पक्षपाती होने की धारणा और मजबूत दिखती है। निम्न आय वर्ग के 63.9 प्रतिशत लोग मानते हैं कि चैनल शहरी और धनी वर्ग को महत्त्व देते हैं। इसकी तुलना में मध्यम वर्ग (50.9 प्रतिशत) और उच्च वर्ग (45.4 प्रतिशत) इस विचार से सहमत दिखता है। उच्च आय वर्ग तो इसके उलट (48.5 प्रतिशत) ये कहता है कि चैनल सभी वर्गों की ख़बरों को बराबर महत्त्व देते हैं[40]। जाहिर है इस तरह की

विभाजित राय दर्शकों के वर्गीय चरित्र से निकलकर आयी। दरअसल, जो चीज़ें आम दर्शकों की पकड़ में आ जाती हैं उनके बारे में वह स्पष्ट राय भी व्यक्त करता है और वे हकीकत के करीब भी पहुँच जाती हैं।

किसान-मज़दूर एजेंडे से बाहर

हम ये पहले ही देख चुके हैं कि टीआरपी बाज़ार के एक उपकरण की तरह काम करती है और उसकी आवश्यकताओं के अनुसार मीडिया का कंटेंट बनवाने का वातावरण बनाती है। ये इसी वातावरण की उपज है कि भारत के कृषि प्रधान देश होने के बावजूद खेती-किसानी से जुड़ी ख़बरें न के बराबर होती हैं। किसानों की समस्याएँ जब तक बड़े आन्दोलन का रूप नहीं ले लेतीं या वे हिंसक रूप में सामने नहीं आतीं, टीवी चैनल उनसे किनारा किये रहते हैं। देश भर में किसानों द्वारा की जाने वाली आत्महत्याओं के सम्बन्ध में भी उनका रवैया उपेक्षा भरा रहा है। सीएमएस मीडिया लैब के आँकड़ों के मुताबिक़ न्यूज़ चैनलों में करीब आधा फ़ीसदी ख़बरें खेती से जुड़ी होती हैं।

टेलीविज़न न्यूज़ के ट्रेंड–2009-2011 (आँकड़े प्रतिशत में)

विषय	*सन् 2009*	*सन् 2010*	*सन् 2011*
राजनीति	20.36	12.47	17.68
खेल	16.03	17.93	16.09
अपराध	4.86	5.74	5.16
मनोरंजन	10.13	12.74	9.72
खेती-किसानी	0.18	0.19	0.09
शिक्षा	0.85	0.51	0.60
स्वास्थ्य	1.87	1.19	1.00
पर्यावरण	1.53	1.29	0.84

स्रोत–सीएमएस मीडिया लैब

नोटः- आँकड़े छह राष्ट्रीय न्यूज़ चैनलों के प्राइम टाइम (शाम 7 बजे से रात 11 बजे तक) कवरेज पर आधारित हैं। ये छह चैनल आज तक, सीएनएन-आईबीएनएनये डीडी न्यूज़, एनडीटीवी 2X7, स्टार न्यूज़ और ज़ी न्यूज़ हैं।

मज़दूरों को लेकर भी टेलीविज़न न्यूज़ का रुख कमोबेश यही देखने में आया है। मज़दूरों की समस्याएँ, मज़दूरों के हित, मज़दूरों के संघर्ष और उनका दमन न्यूज़ चैनलों से बाहर ही रहता है। अगर कहीं कोई आन्दोलन बड़ा रूप लेने लगता है तो वे कम्पनियों के प्रबन्धन एवं स्वामियों के साथ खड़े हो जाते हैं, उनकी वकालत करने लगते हैं जैसा कि हरियाणा के मानेसर स्थित मारुति कार की फैक्ट्री में मजदूरों द्वारा

चलाये गये आन्दोलन के दौरान उसने दिखाया। लम्बे समय तक न्यूज़ चैनलों में काम कर चुके संदीप भूषण बताते हैं, "निजी निगमों के बारे में रिपोर्टिंग करते समय सम्पादकीय नियन्त्रण बहुत कड़ा होता है। मेरे अनुभव के हिसाब से सबसे ज़्यादा चर्चित मिसाल पिछले साल (2012) मारुति के कर्मचारियों की हड़ताल थी। इस घटना की रिपोर्टिंग बिल्कुल एकतरफा थी और टीवी चैनलों द्वारा किसी नाटकीय घटना को दिन-रात दिखाने की आदत के विपरीत बहुत हलकी भी। सम्पादकों ने स्वीकार भी किया कि चूँकि मारुति उनके लिए एक बड़ी विज्ञापनदाता है इसलिए वे उसके खिलाफ बड़ी स्टोरी नहीं कर सकते थे[41]।" हालाँकि यहाँ प्रश्न उठ सकता है कि मज़दूरों पर नृशंस लाठी चार्ज के दृश्य बहुत देखे जाते और चैनलों के लिए टीआरपी के लिहाज से बहुत काम के थे। मगर यहाँ ये नहीं भूलना चाहिए कि बाज़ार का मकसद टीआरपी बढ़ाना नहीं, बल्कि अपने अनुकूल मीडिया-वातावरण निर्मित करना है, इसलिए वह मौक़ा पड़ने पर चैनलों को रोक भी सकता है और विज्ञापन देने की शक्ति का इस्तेमाल इस तरह की सेंसरशिप के लिए करता है।

वाणिज्य एवं उद्योग जगत के प्रति झुकाव

नवउदारवादी नीतियों के लागू होने के बाद से मीडिया और उसका एक महत्त्वपूर्ण हिस्सा होने के नाते न्यूज़ चैनल भी खुले तौर पर मुक्त बाज़ार की नीतियों के साथ खड़े हो गये। इसमें बाज़ार का दबाव भी था और विज्ञापनदाताओं तथा टीआरपी का भी। चूँकि आर्थिक उदारवाद से मध्यवर्ग को लाभ हुआ और वह उसका पक्षधर बन गया, इसलिए चैनलों के लिए उसके सोच एवं आकांक्षाओं के ख़िलाफ जाना सम्भव नहीं था। इसके विपरीत वे उन्हें खुश करने के लिए उन सभी नीतियों, कार्यक्रमों एवं गतिविधियों का समर्थन करने लगे, जिनके बारे में मध्यवर्ग की ये धारणा थी कि उनसे उसको फायदा होगा। फील गुड पत्रकारिता का आगाज़ भी इसी धारणा को मजबूत करने के लिए हुआ। ये पत्रकारिता का बाज़ार के हिसाब से अनुकूलन था। महत्त्वपूर्ण आर्थिक घटनाओं के समय चैनल वाणिज्य-उद्योगों के संगठन फिक्कीं एवं सीआईआई की प्रतिक्रियाएँ लेने भागते हैं। वे उससे प्रभावित होने वाले दूसरे वर्गों मसलन, किसान, मज़दूर या कर्मचारी वर्गों को सरासर अनदेखा कर देते हैं। उद्योग एवं व्यापार जगत से जुड़ी सकारात्मक समाचार भी चैनल प्रमुखता से दिखाते हैं। शेयर बाज़ार की हलचल उनके लिए दिन की सबसे बड़ी घटनाओं में से एक होती है। किस कम्पनी के शेयर में निवेश करना चाहिए और किसमें नहीं, ये बताना चैनलों ने अपना धर्म समझ लिया है, हालाँकि इस तरह की समझाइशें विवादास्पद एवं संदिग्ध होती हैं। वे नियमित रूप से सोने-चाँदी के भाव भी बताते रहते हैं। इसके विपरीत कृषि जगत की समस्याओं का ज़िक्र बहुत कम होता है। व्यापार और उद्योग क्षेत्र में काम करने वाले मज़दूरों की हालत और उनकी माँगों के मुतल्लिक समाचार तभी बनते हैं जब वे

हड़ताल करते हैं और वह हिंसक हो जाती है।

उद्योग और व्यापार जगत के प्रति न्यूज़ चैनलों के इस रुझान को हमने अपने राष्ट्रीय सर्वेक्षण में भी जाँचने की कोशिश की। हमने दर्शकों से पूछा कि क्या चैनल विज्ञापनदाताओं और बड़ी कम्पनियों को खुश करने के लिए उनके हिसाब से चीज़ें दिखाते हैं। जवाब में 55 फ़ीसदी दर्शकों ने कहा, हाँ वे ऐसा करते हैं। केवल 20.2 प्रतिशत लोगों ने कहा कि नहीं वे अपने हिसाब से ख़बरें दिखाते हैं। 14.3 प्रतिशत लोग भी मानते हैं कि वे दिखाते हैं मगर ज़्यादा नहीं[42]। इसका मतलब ये निकला कि करीब अस्सी फ़ीसदी दर्शक मानते हैं कि विज्ञापनदाताओं और बड़ी कम्पनियों के हित में समाचार सामग्री के साथ छेड़छाड़ होती है। ये हाल तब है जबकि अधिकांश दर्शकों को मीडिया घरानों के ढाँचे, उनके स्वामित्व, निगमीकरण और नाना प्रकार के दबाव एवं प्रभाव के बारे में नहीं के बराबर जानकारी होती है। उन्हें ठीक से ये भी नहीं पता होता कि न्यूज़ चैनलों का बिजनेस मॉडल कैसा होता है और उनकी राजनीतिक-आर्थिकी क्या होती है। इस परिप्रेक्ष्य में जब हम नतीजों को देखते हैं तो ये और भी भयावह नज़र आते हैं।

ताज्जुब की बात ये है कि इस मामले में भी महिलाओं की राय (60 प्रतिशत) पुरुषों की तुलना में (51 प्रतिशत) काफी अलग दिखी। क्या इसका ये अर्थ निकाला जाए कि वे चैनलों के छल-प्रपंच को बेहतर ढंग से समझती हैं या फिर ख़बरों की दुनिया के बारे में उनकी जानकारी कम है? ग्रामीण इलाकों में भी ये धारणा ज़्यादा मुखर है (61.5 प्रतिशत) कि चैनल विज्ञापनदाताओं और कम्पनियों को खुश रखने के लिए ख़बरों को उनके हिसाब से दिखाते हैं। जब इसी प्रश्न की जाँच हम आय वर्गों के हिसाब से करते हैं तो पाते हैं कि निम्न आय वर्ग में ये धारणा गहरी है (59.1 प्रतिशत) जबकि मध्यम वर्ग में उससे कम (54.8 प्रतिशत) और उच्च आय वर्ग में और भी कम (42.3 प्रतिशत) है। दिलचस्प बात ये है कि शैक्षणिक वर्गों में फिर विरोधाभास दिखते हैं। अल्प शिक्षित वर्ग (54.1 प्रतिशत) के मुक़ाबले मध्यम शिक्षित वर्ग (62.2 प्रतिशत) इस प्रश्न का उत्तर सकारात्मक तौर पर देता है जबकि उच्च वर्ग का केवल 45.8 प्रतिशत हिस्सा ऐसा मानता है[43]।

राजनीति और नेताओं से परहेज

किसी भी लोकतन्त्र में राजनीतिक प्रक्रिया का विशेष महत्त्व होता है, उसको नकार कर न तो लोकतांत्रिक व्यवस्था सुचारु रूप से चल सकती है और न ही सुदृढ़ हो सकती है। इस उद्देश्य में मीडिया की भूमिका महती होती है। लेकिन चूँकि मध्यवर्ग का राजनीति से मोहभंग हो रहा था और इस मोहभंग के पीछे भी मीडिया का ही हाथ था, इसलिए टेलीविज़न ने भी उससे दूरी बना ली। "कई मीडिया अध्ययनों में मीडिया के क्षेत्र में नवउदारवाद को अराजनीतिकरण की प्रक्रिया के तौर पर भी देखा गया है।

इस प्रक्रिया में मीडिया लोक क्षेत्र में एक संस्थान के रूप में काम करना बन्द कर देता है और वाणिज्य एवं उपभोग की दुनिया में महज विज्ञापन के साधन तथा वस्तुकृत मनोरंजन उद्योग में उसका उपयोग होने लगता है[44]।" डेनियल सी. हालिन के कहने का मतलब ये है कि बाज़ारवादी व्यवस्था में मीडिया जान-बूझकर अराजनीतिकरण करने का काम करता है और इस प्रक्रिया में उसने न केवल राजनीति से दूरी बना ली बल्कि वह राजनीति एवं नेताओं को धिक्कारने भी लगा। राजनीति को सब समस्याओं की जड़ और नेताओं को खलनायक सिद्ध करना न्यूज़ चैनलों का एजेंडा बन चुका है।

न्यूज़ चैनलों ने सरकार, विपक्ष एवं राजनीति से जुड़ी घटनाओं को कवर करना बहुत कम कर दिया। आलम ये हुआ कि महत्त्वपूर्ण राजनीतिक घटनाएँ तक चैनलों में जगह पाने के लिए तरसने लगीं। राजनीतिक रिपोर्टिंग करने वाले वरिष्ठ संवाददाताओं के पास कुछ करने के लिए बचा ही नहीं। टीवी न्यूज़ का ये अराजनीतिकरण विश्व बाज़ार के उदारीकरण और उपभोक्ता संस्कृति के विस्तार का ही हिस्सा था। बाज़ार अपने उपभोक्ताओं को खुश मूड में देखना चाहता है ताकि वे उसके उत्पादों को सकारात्मकता के साथ देखें और उन्हें खरीदने का मन बनाएँ। गम्भीर राजनीति इसमें व्यवधान पैदा करती है इसलिए उसने इसे रास्ते से हटाने का अभियान छेड़ दिया और इसमें उसे काफी हद तक कामयाबी भी मिल गयी।

यदि किसी वजह से टेलीविज़न पर राजनीति दिखलाई देती है या न्यूज़ चैनलों को उसे दिखाना पड़ता है तो वे उसका इस्तेमाल टीआरपी को ध्यान में रखकर ही करते हैं। वे उसमें सनसनी तलाशते हैं, उसे विवादास्पद बनाते हैं, उसमें नाटकीयता डालते हैं और मिर्च-मसाला लगाकर मनोरंजक बनाने की कोशिश करते हैं। राजनीति पर होने वाली टीवी बहसें इसकी बढ़िया मिसालें हैं। टीवी बहसों में पूरा ज़ोर प्रतिभागियों को आपस में लड़ाकर उत्तेजना पैदा करना होता है ताकि दर्शकों का मनोरंजन हो सके। विषयों का चयन भी इस तरह से किया जाता है कि उसमें आरोप-प्रत्यारोपों से गरमी पैदा हो। बहस में हिस्सा लेने वाले मेहमानों के चुनाव का आधार भी आम तौर पर उनके लड़ाकूपन की प्रसिद्धि होती है। चेहरे खूबसरत हों, जाने-माने हों और लड़ने में सिद्धहस्त हों इतना काफ़ी होता है। विषयों के जानकारों को कम बुलाया जाता है और बुलाया जाता है तो उन्हें बोलने का अवसर कम दिया जाता है। नतीजा ये होता है कि ये बहसें कहीं नहीं पहुँचतीं। इनसे दर्शकों के ज्ञान में कोई वृद्धि नहीं होती, बल्कि पुनरावृत्तियों की वजह से उबाऊ हो जाती हैं।

ज्यादातर राजनीतिक कार्यक्रम व्यक्तिपरक होते हैं। जाने-माने नेताओं से जुड़े विवाद या उनके बारे में मनोरंजक कार्यक्रमों का निर्माण करके टीआरपी हासिल करने की कोशिश की जाती है। राजनीति के बारे में संजीदा, ज्ञानवर्धक एवं जानकारीपरक कार्यक्रमों को अच्छा नहीं माना जाता, क्योंकि मान्यता है कि वे टीआरपी नहीं देते।

चुनाव के समय न्यूज़ चैनल थोड़ा ज्ञान देने की मानसिकता बना लेते हैं, मगर ये ज्ञान भी मनोरंजन को ध्यान में रखकर ही दिया जाता है। मसलन, चुनाव पूर्व सर्वेक्षण या एक्जिट पोल वास्तव में चुनाव के नतीजों के बारे में अटकलें लगाने का तमाशा बन जाता है। चुनाव के दौरान जनता के साथ किये जाने वाले कार्यक्रम भी एक तरह के तमाशे होते हैं क्योंकि उनमें कोई सार्थक बहस करने की कोई गुंजाइश नहीं होती।

साहित्यिक, सांस्कृतिक गतिविधियों की उपेक्षा

न्यूज़ चैनलों ने देखा कि साहित्यिक-सांस्कृतिक गतिविधियों पर ख़बरें और कार्यक्रम टीआरपी नहीं देते यानी उन्हें बहुत ज़्यादा दर्शक देखना पसन्द नहीं करते। इस निष्कर्ष पर पहुँचने के बाद उन्होंने उन्हें कवरेज के दायरे से बाहर करना शुरू कर दिया। अब न्यूज़ चैनल साहित्यिक पुस्तकें तो छोड़ दीजिए किसी भी तरह की किताब के बारे में न तो जानकारी देते हैं और न ही उस पर कोई चर्चा करना ज़रूरी समझते हैं। इसी तरह रंगमंच और कला जगत को भी अनदेखा किया जाता है। यहाँ तक कि अन्तरराष्ट्रीय रंग महोत्सव, कला प्रदर्शनियों और सांस्कृतिक आयोजनों पर भी बहुत कम रिपोर्ट दिखाई जाती हैं। अलबत्ता कोई विवाद खड़ा हो जाये तो उसमें वे पूरी रुचि जरूर लेते हैं। राष्ट्रीय स्तर के पुरस्कार की घोषणा या किसी जानी-मानी हस्ती के निधन आदि की ख़बरें भी तभी ढंग से जगह पाती हैं जबकि उनके साथ मनोरंजन का कोई पक्ष जुड़ा हो। संगीत से उन्हें जरूर लगाव है क्योंकि उसमें मनोरंजन ढूँढ़ा जा सकता है। मगर इसमें शास्त्रीय और उपशास्त्रीय संगीत से वे परहेज करते हैं।

जन समस्याओं और सरोकारों से दूरी

मीडिया को लोकतन्त्र का चौथा स्तम्भ कहा जाता है और उससे उम्मीद की जाती है कि वह जनता की आवाज़ बनेगा। लेकिन न्यूज़ चैनलों के रंग-ढंग ने इस विश्वास को खंडित कर दिया है और अब ये आम धारणा बन चुकी है कि टीवी न्यूज़ जन सरोकारों से कट गयी है, क्योंकि उसकी एकमात्र चिन्ता टीआरपी बढ़ाकर विज्ञापन हासिल करने की रह गयी है। वरिष्ठ पत्रकार कुरबान अली लिखते हैं, "हमारे देश में सरकारी टेलीविज़न दूरदर्शन को छोड़कर किसी भी चैनल या अख़बार में सामाजिक सरोकारों से जुड़ विषयों पर सार्थक चर्चा सुनाई नहीं देती। आम आदमी के सरोकारों के लिए मीडिया में स्थान न हो, किसी भी देश या समाज के लिए ये गम्भीर ख़तरा है और इस खतरे की घंटी भी बज रही है लेकिन जो अपने आपको देश का कर्णधार मानते हैं उन्होंने अपने कान बन्द कर रखे हैं[45]।"

इसमें कोई सन्देह नहीं कि न्यूज़ चैनलों ने अब या तो जन सरोकारों को छोड़ दिया है या फिर उनकी परिभाषा ही बदल डाली है। कभी-कभी सरोकारों से जुड़े होने का भ्रम जरूर पैदा किया जाता है लेकिन वास्तव में ऐसी कोई भी गतिविधि या अभियान टीआरपी से प्रेरित होती है। अगर अच्छे कामों के लिए टीआरपी प्रेरणा का

स्रोत बन जाये तो इससे बढ़िया क्या बात हो सकती है मगर वास्तव में ऐसा होता नहीं है। चैनल तभी तक किसी अभियान या सरोकार की कैंडल जलाकर चलाते रहते हैं जब तक उसमें टीआरपी की गुंजाइश होती है। एक बार दर्शक उससे ऊबने लगे और उसका असर टीआरपी पर दिखने लगा तो वे उससे हटने में देर नहीं करते।

मिसाल के तौर पर दिल्ली के जेसिका लाल हत्याकांड को लिया जा सकता है। चैनलों ने जेसिका लाल के मामले में एक्टिविस्ट की भूमिका निभानी शुरू कर दी थी, क्योंकि उसे मालूम था कि देश की राजधानी दिल्ली में एक खूबसूरत मॉडल की एक रेस्तराँ-बार में एक नेता-पुत्र द्वारा की गयी हत्या ऐसी घटना है जिसमें दर्शक पूरी रुचि ले रहे हैं। कुछ चैनलों ने इसे लम्बे समय तक अभियान के रूप में चलाया, मगर फिर इसे छोड़कर वे किसी और काम में लग गये। इस सन्दर्भ में ये भी गौर करने की चीज़ है कि देश के छोटे शहरों, कस्बों या गाँवों में और निम्न वर्ग की महिला के साथ हुई इस तरह की घटनाओं पर न्यूज़ चैनलों ने ऐसा रुख कभी नहीं अपनाया, क्योंकि उसमें न टीआरपी थी, न छवि निर्माण था और न ही विज्ञापनदाताओं की कोई दिलचस्पी।

देश में लाखों किसानों ने आत्महत्याएँ कीं मगर न्यूज़ चैनलों ने कभी कोई मुहिम नहीं चलाई। वे गरीबी, भुखमरी, कुपोषण और मामूली बीमारियों से होने वाली मौतों पर भी उद्वेलित नहीं होते। उन्हें उद्वेलित करती है टीआरपी और विज्ञापन। टीआरपी की सम्भावना दिखते ही वे कमर कसकर तैयार हो जाते हैं। इसी तरह अगर कोई बहुराष्ट्रीय कम्पनी या कार्पोरेट अपनी छवि निर्माण के लिए किसी अभियान के प्रायोजक बन जाते हैं तो वे उसे बड़े पैमाने पर शुरू कर देते हैं। उसमें जाने-माने फ़िल्म स्टार की भागीदारी हो जाती है और लाखों की लागत से देश भर में शो होने लगते हैं।

सरोकारों के प्रदर्शन के लिए कुछ चैनलों ने नागरिक पत्रकारिता (Citizen Journalism) का सहारा भी लिया और आम नागरिकों से इक्का-दुक्का रिपोर्ट करवाकर दिखलाना शुरू किया। ऐसे नागरिक पत्रकारों को सम्मानित भी किया जाने लगा, मगर इससे टीवी पत्रकारिता के सरोकारी चरित्र को विश्वसनीयता हासिल नहीं हुई। जन धारणा पहले जैसी बनी रही क्योंकि इसे उन्होंने बाज़ारू हथकंडे के तौर पर ही देखा।

जनहित से जुड़े मसलों के बारे में न्यूज़ चैनलों की चिन्ता को सीएमएस मीडिया लैब के आँकड़ों से भी समझा जा सकता है। न्यूज़ चैनलों के कंटेंट के अध्ययन के आधार पर उसने बताया कि सन् 2009, 2010 और 2011 के दौरान शिक्षा का कवरेज आधा फ़ीसदी के आसपास रहा। स्वास्थ्य के मामले में वे थोड़े उदार रहे, उन्होंने डेढ़ फ़ीसदी के आसपास समय उसे दिया। पर्यावरण के प्रति उनके सरोकार का आलम ये रहा कि उसे उन्होंने करीब एक फ़ीसदी का ही वक्त दिया।

सारे चैनल एक जैसे, विविधता नदारद

मुक्त बाज़ार व्यवस्था के समर्थक तर्क देते हैं कि बाज़ार उपभोक्ताओं को विकल्प देता है, उन्हें पसन्द और चुनने का अवसर देता है। लेकिन टेलीविज़न की दुनिया में ये तर्क बेमानी साबित हुआ है, ख़ास तौर पर न्यूज़ चैनलों के मामले में। इसके लिए बहुत हद तक टीआरपी ही ज़िम्मेदार है। टीआरपी ने सफलता के फार्मूले तय कर दिये हैं और जिन्हें हर चैनल आजमा रहा है इसलिए सबके सब चैनल एक जैसे नज़र आने लगे हैं। सब चैनलों पर लगभग एक जैसी ख़बरें होती हैं और उन्हें एक जैसे अन्दाज़ में ही प्रस्तुत भी किया जाता है। ऐसे में दर्शकों की मजबूरी हो जाती है कि वे उन्हीं एक जैसे चैनलों में से किसी को देखें, लेकिन इसका ये अर्थ निकाला जाता है कि वे ऐसी ही सामग्री देखना चाहते हैं जो वे दिखा रहे हैं। वे दर्शकों को विकल्प ही नहीं देना चाहते हैं। स्थिति ये बन गयी है कि विकल्प न होने की वजह से दर्शक वही घिसी-पिटी चीज़ें देखने को अभिशप्त हैं। टीआरपी ये तो बताती है कि किस कार्यक्रम या चैनल को कितनों ने देखा, मगर ये नहीं कि कितनों ने पसन्द या नापसन्द किया। कहा जा सकता है कि बाज़ार मीडिया के जरिए अपनी पसन्द दर्शकों पर थोप रहा है। वह ऐसा विकल्प बनने ही नहीं देना चाहता जिससे गम्भीर और जन सरोकार वाली सामग्री दर्शकों को मिले, क्योंकि इससे उसका उद्देश्य पूरा नहीं होता। गम्भीर सामग्री दर्शकों के खरीदारी मूड को बनने नहीं देतीं, बल्कि उनमें समझदारी वाली जीवन शैली का विवेक पैदा करने का काम करती है जो बाज़ार के हित में कतई नहीं है। ऐसा दर्शक या तो विज्ञापन देखेगा नहीं और देखेगा तो उससे प्रभावित नहीं होगा। वह अपनी ज़रूरत के हिसाब से खरीदारी के बारे में सोचेगा, न कि विज्ञापनों के उकसावे या बहकावे में आकर। वह ब्रांड के मायाजाल में भी नहीं फँसेगा। दरअसल, तार्किक जीवन शैली बाज़ार के दर्शन के विरुद्ध जाती है इसलिए टीआरपी उसके हक में मीडिया के जरिए सतहीपन का माहौल बनाने का काम करती है।

पश्चिमी देशों में हुए शोध बताते हैं कि अच्छी सामग्री को भी टीआरपी मिलती है, बशर्ते उसे कायदे से सही समय पर प्रस्तुत किया जाये। **वी इंटरप्ट दिस न्यूज़कास्ट-हाऊ टू इम्प्रूव लोकल न्यूज़ एंड विन रेटिंग्स टू** नामक पुस्तक[46] में इस मुद्दे को विस्तार से सिद्ध किया गया है। किताब के चौथे अध्याय में लेखकों की तिकड़ी वाल्टर सी.डीन, एटिबा परटिल्ला एंड टोड एल. बेल्ट ने टीआरपी की होड़ से जन्मी दस मिथ्या धारणाओं का जिक्र किया है। ये मिथ हैं-

1. दर्शकों को आकर्षित करने से ज़्यादा ज़रूरी है कि उन्हें खोया न जाये।
2. ऐसी ख़बरों को दिखाना चाहिए जो दर्शकों को चौंकाएँ, हैरत में डाल दें।
3. तुरन्त ख़बर देना टीवी न्यूज़ का सबसे ज़रूरी तत्त्व है।
4. चमकती पुलिस लाइट्स और गरमागरम दृश्य आँखों को फौरन आकर्षित करते हैं।

5. टेलीविज़न भावनाओं का माध्यम है, जिसमें शब्दों (विचारों) से ज़्यादा महत्त्व दृश्यों का है।
6. हर प्रमुख समाचार में घटनास्थल से लाइव जरूर होना चाहिए।
7. दर्शक दृश्यरतिक होते हैं और चाहते हैं कि उन्हें विस्मित किया जाये।
8. दर्शकों को केवल स्थानीय समाचारों में दिलचस्पी होती है।
9. ख़बरों के मुक़ाबले कुछ स्टोरी प्रमोशन के तौर पर ज़्यादा महत्त्वपूर्ण होती हैं।
10. दर्शक किसी भी मुद्दे पर लम्बी स्टोरी पसन्द नहीं करते।

दस साल के अध्ययन के बाद पाया गया कि ये सारी धारणाएँ गलत हैं। लेखक त्रयी इस निष्कर्ष पर पहुँची कि, "हालाँकि न्यूज़रूम इन धारणाओं पर निर्भर करते हुए तय करता है कि क्या दिखाया जाये और कैसे दिखाया जाये, मगर ख़तरा ये है कि दर्शकगण इस बारे में बिल्कुल अलग ढंग से सोचते हैं। हमारे आँकड़ों का ये अन्तिम निष्कर्ष है कि दर्शक इन धारणाओं को हथकंडों और शो बिजनेस के रूप में देखते हैं, जो कि बड़ी समस्या की ओर ले जाती हैं[47]।"

टीवी न्यूज़ की इन प्रवृत्तियों के अलावा भारतीय न्यूज़ चैनलों ने कुछ और ऐसी चीज़ें टीआरपी हासिल करने की गरज से तलाशी हैं जिन्हें उनकी विशेषता कहा जा सकता है। इनमें से कुछ फार्मूले सदाबहार होते हैं और कुछ वे समय-समय पर ईजाद करते रहते हैं। क़मर वहीद नक़वी कहते हैं, "मेरी एक वेव थ्योरी है कि लहर आती है और लहर थोड़े दिनों तक चलती है, लोग थक जाते हैं फटीक फैक्टर आ जाता है और वह लहर गायब हो जाती है। और उसके बाद दूसरी लहर आ जाती है। जिस समय टीवी पर भूत-प्रेत, अजीबोगरीब कोई काँच खाता है, कोई ट्यूबलाइट खाता है जैसी चीज़ें चल रही थीं, उस समय भी लहर चल रही थीं[48]।" नक़वी की बात से स्पष्ट है कि न्यूज़ चैनल हमेशा ऐसे फार्मूलों की तलाश करते रहते हैं जो टीआरपी देते हैं और अगर वे टीआरपी देना बन्द कर देते हैं तो कोई दूसरा फार्मूला ढूँढ़ लाते हैं। ध्यान देने वाली बात है कि ये तलाश अच्छे कंटेंट के लिए कभी नहीं होती।

आइए अब कुछ ऐसे ही फार्मूलों की पड़ताल की जाये, जो न्यूज़ चैनल टीआरपी बढ़ाने के लिए इस्तेमाल करते हैं या अतीत में उन्होंने उनका उपयोग किया है।

घटनाएँ बनीं रियलिटी शो

न्यूज़ चैनलों ने महसूस किया कि कुछ घटनाओं में लोगों की अतिशय दिलचस्पी जाग जाती है, ख़ास तौर पर जनरुचि के समाचारों में और इनके कवरेज से अच्छी टीआरपी भी हासिल होती है। इस दिशा में मील का पत्थर साबित हुआ गुड़िया का मामला। ज़ी न्यूज़ ने पश्चिमी उत्तरप्रदेश की इस लड़की का मामला एक रियलिटी शो की तरह पेश किया। चैनल ने बाकायदा अदालत बैठा दी और विभिन्न पक्षों के बीच जिरह करवाकर फैसला सुनाना शुरू कर दिया। ये सुनवाई घंटों चली और उसका नतीजा ये

निकला कि उस हफ़्ते ज़ी न्यूज़ पहली बार टीआरपी की दौड़ में नम्बर वन हो गया।

इसी तरह की एक घटना और थी जिसे रियलिटी शो बनाने में ज़ी न्यूज़ ने ही पहल की और उसे टीआरपी में ज़बर्दस्त लाभ भी हुआ। ये मामला हरियाणा के एक बच्चे प्रिंस का था जो एक बोरवेल में गिर गया था। ज़ी न्यूज़ ने सबसे पहले अपनी ओबी वैन तैनात करके प्रिंस को बचाने के अभियान को लगातार लाइव दिखाना शुरू कर दिया। नतीजा ये हुआ कि देश भर में उसके लिए हमदर्दी पैदा होने लगी। बाकी चैनलों को भी इस तमाशे में फायदा दिखा और वे भी लाव-लश्कर लेकर वहाँ जमा हो गये। जब सारे चैनल प्रिंस को बचाना है की रट लगाकर दिन-रात इसी एक घटना को दिखाने लगे तो देश भर में प्रार्थनाएँ शुरू हो गयीं और प्रिंस की सलामती की दुआएँ माँगी जाने लगीं।

रियलिटी शो का तीसरा दिलचस्प मामला मध्यप्रदेश के कुंजीलाल का है। कुंजीलाल ने भविष्यवाणी कर दी कि सूरज डूबने के पहले वह प्राण त्याग देगा। बस क्या था, तमाम बड़े चैनल अपनी ओबी लेकर वहाँ पहुँच गये जहाँ कुंजीलाल ने प्राण त्यागने की भविष्यवाणी की थी। दिन भर तमाशा होता रहा मगर हुआ कुछ नहीं। कुंजीलाल ये घोषणा करते हुए खिसक गया कि उसकी मृत्यु टल गयी है और चैनल ठगे से देखते रहे। वास्तव में इस घटना ने भारतीय न्यूज़ चैनलों के वैचारिक दीवालियेपन को सार्वजनिक कर दिया। किसी चैनल के सम्पादक को इसके वैज्ञानिक पक्ष की चिन्ता नहीं हुई और न ही उसने इसके कानूनी पक्ष को पकड़ने की कोशिश की। वे यही सोचते रहे कि कहीं दूसरे चैनल टीआरपी में बाजी न मार लें, लिहाजा हमें भी न केवल वहाँ तैनात रहना चाहिए बल्कि उसे बार-बार लाइव दिखाकर उसका दोहन करना चाहिए।

इस तरह की घटनाओं को रियलिटी शो में तब्दील करने के अलावा न्यूज़ चैनलों ने स्वयं भी रियलिटी शो रचने शुरू कर दिये। इनमें पारिवारिक विवादों को सबसे ज़्यादा तरजीह दी गयी। पति-पत्नी के झगड़े हों या सास-बहू के, निपटारा करने के नाम पर उन्हें लाइव बैठाकर आपस में लड़ाने से जो दृश्य पैदा होते थे वह दर्शकों को बाँध लेते थे।

आज तक द्वारा बिना ड्रायवर की कार का तमाशा थोड़ा अलग किस्म का रियलिटी शो था। इसने उसे रेटिंग तो भरपूर दी मगर इस तरह के हथकंडे अपनाने के लिए उसकी आलोचना भी बहुत हुई और आज तक उसकी मिसाल दी जाती है।

टैम के आँकड़ों के आधार पर प्रवृत्तियों का अध्ययन

मार्केट रिसर्च एजेंसी टैम इंडिया हर हफ्ते न्यूज़ चैनलों और उनके द्वारा दिखाये जाने वाले कार्यक्रमों के दर्शकों से सम्बन्धित आँकड़े जारी करती है। इन आँकड़ों का चैनल बहुत ही बारीकी से अध्ययन करके भावी रणनीति बनाने के लिए कुछ निष्कर्ष

निकालते हैं। हर हफ्ते के टॉप-10, 20 या 50 कार्यक्रमों की सूची इस मामले में काफी अहम भूमिका अदा करती है। ज्यादातर चैनल इसी को देखकर अपनी सम्पादकीय रणनीति को आकार देते हैं। अब अगर हम इस सूची को देखें तो समझ में आ जायेगा कि वह किन प्रवृत्तियों की जनक है और कैसे चैनलों के सम्पादकों को टीआरपी केन्द्रित होने के लिए प्रेरित या बाध्य करती है। हमने यही किया। अप्रैल, 2012 से लेकर अगले दस हफ्तों के टॉप 20 कार्यक्रमों की सूची ली और ये देखा कि किस तरह के कार्यक्रम उनमें ज़्यादा आ रहे हैं या नहीं आ रहे हैं। टैम के आँकड़ों पर आधारित टॉप-20 सूची का ये विश्लेषण हमारी धारणा को सिद्ध करने के लिहाज से बहुत महत्त्वपूर्ण है।

सन् 2012 का चौदहवाँ सप्ताह (1-4-2012 से 7-4-12 तक)

इस हफ्ते बीस में से 12 कार्यक्रम थर्ड आई ऑफ निर्मल बाबा के रहे। ये वह समय है जब देश के छत्तीस चैनलों में निर्मल बाबा के कार्यक्रम चल रहे थे। ये कार्यक्रम मोटी रकम देकर चलाये जा रहे थे, हालाँकि चैनलों ने ये बात छिपा ली थी। चैनलों ने इसके पहले वाले हफ्तों की सूची में देख लिया था कि निर्मल बाबा किस कदर जनोन्माद पैदा कर रहा है और ज़बर्दस्त टीआरपी दे रहा है। न्यूज़ 24 ने इसकी शुरुआत की थी और उसे इसका ज़बर्दस्त फायदा भी हुआ, वह उछलकर चौथे नम्बर पर पहुँच गया था। उसी की देखादेखी न्यूज़ एक्सप्रेस को छोड़कर सबने निर्मल दरबार सजा दिये थे और उसी का नतीजा था कि इस हफ्ते वह टॉप-20 की सूची में छा गया था। न्यूज़ से सम्बन्धित केवल पाँच बुलेटिन इस सूची में थीं, उनमें से चार संक्षिप्त समाचारों के थे। न्यूज़ का हिस्सा पचीस फ़ीसदी रहा और उनमें भी मनोरंजन कितना रहा ये देखने की बात होगी। इसके अलावा इसमें सास बहू और साजिश तथा सनसनी ने भी अपनी उपस्थिति दर्ज करवाई है।

सबक—निर्मल बाबा बिक रहे हैं, उन पर कार्यक्रम करो। न्यूज़ को संक्षिप्त और तेज गति में निपटाओ। गम्भीर समाचार, बहस या कार्यक्रम नहीं चाहिए।

पन्द्रहवाँ सप्ताह (आठ से चौदह अप्रैल, 2012)

न्यूज़ एक्सप्रेस द्वारा निर्मल बाबा के ख़िलाफ अभियान शुरू करने के बाद ये हफ्ता न्यूज़ चैनलों के पलटी खाने का था। लेकिन इस हफ्ते भी टॉप-20 में निर्मल बाबा छाया रहा और थर्ड आई ऑफ़ निर्मल बाबा कार्यक्रम पाँच बार आया। उसकी धोखाधड़ी के ख़िलाफ शुरू हुए कार्यक्रम सात स्थानों पर क़ाबिज हुए। इनमें एबीपी न्यूज़ का कार्यक्रम डाल्टनगंज का ठेकेदार और आज तक द्वारा निर्मल बाबा का इंटरव्यू दो-दो बार शामिल है। समाचारों के केवल तीन कार्यक्रम दस तक दो बार और देश-विदेश एक बार जगह बना पाया। अरसे बाद शायद ये पहला हफ्ता था जब सास बहू और साजिश एक बार भी टॉप-20 में नहीं आ पाया।

सबक–निर्मल बाबा के विरोध में कार्यक्रम पसन्द किये जा रहे हैं, अब बाबा का विरोध करने से टीआरपी आसेगी। दूसरे विषयों पर सामग्री नहीं या बहुत कम देना है।

सोलहवाँ सप्ताह (15 से 21 अप्रैल, 2012)

निर्मल बाबा का विरोध देखा जा रहा है, उसके बारे में चार कार्यक्रम सूची में हैं। इंडिया टीवी और आज तक जैसे चैनल भी हैं जो दोनों तरह से टीआरपी बटोर रहे हैं। वे थर्ड आई ऑफ़ निर्मल बाबा भी दिखा रहे हैं और बाबा के विरोध में कार्यक्रम भी कर रहे हैं। अलबत्ता निर्मल बाबा पर कार्यक्रम उतार पर है और मनोरंजन के दूसरे कार्यक्रम जगह बनाने लगे हैं। एबीपी न्यूज़ की टीआरपी मशीन सास बहू और साजिश चार जगहों पर विराजमान है। ज्योतिष भी लौट आया है। न्यूज़ के सात कार्यक्रम सूची में हैं मगर उनमें से केवल दो समाचारों के हैं बाकी सम-सामयिक विषयों पर कार्यक्रम हैं। समाचार भी संक्षिप्त एवं तेज रफ्तार के हैं। क्रिकेट का कार्यक्रम भी इस सूची में जगह बनाने में कामयाब रहा।

सबक–मनोरंजन पर लौट आओ। ज्योतिष और क्रिकेट थाली में सजाकर रखना ठीक होगा। समाचारों को संक्षिप्त एवं तेज गति का रखो। मुख्य समाचारों को फीचर का रूप दो और उन्हें सनसनीखेज बनाकर दिखाते रहो।

सत्रहवाँ सप्ताह (22 से 28 अप्रैल, 2012)

न्यूज़ बुलेटिन की संख्या में इजाफा। कुल आठ स्थानों पर न्यूज़ क़ाबिज हुई जिनमें से दो तेज एवं संक्षिप्त समाचारों के। यहाँ एक बात ध्यान में रखने की है कि कई बार न्यूज़ बुलेटिन के नाम पर जो समय सूची में स्थान पाता है वह वास्तव में समाचारों का होता नहीं है। टैम न्यूज़ चैनलों द्वारा दिये गये कार्यक्रम समय सारिणी (फिक्स्ड पॉइंट चार्ट) के आधार पर सूची बनाता है जबकि चैनल अकसर उसे अदलते-बदलते रहते हैं या किसी बुलेटिन की शुरुआत में सुर्खियाँ दिखाने के बाद कोई जनरुचि के समाचार पर फीचर दिखाना शुरू कर देते हैं। इसलिए बुलेटिन शुद्ध रूप में समाचार नहीं होते, वे भी मनोरंजन की सामग्री से भरे होते हैं। बहरहाल, इस हफ्ते सास बहू और साजिश सूची में शीर्ष पर विराजमान रहा और तीन अन्य जगहों पर भी उसका क़ब्जा रहा। ज्योतिष का कार्यक्रम आपके तारे भी तीन जगहों पर रहा और एक स्थान पर अपराध का कार्यक्रम वारदात।

सबक–मनोरंजन सर्वोपरि है। ज्योतिष और अपराध के कार्यक्रम भी नम्बर देते हैं। न्यूज़ को न्यूज़ की तरह नहीं मनोरंजक बनाकर दिखाओ।

अठारहवाँ सप्ताह (29 अप्रैल से 5 मई, 2012)

मनोरंजन का जलवा जारी। सास बहू और साजिश ने छह स्थानों पर क़ब्जा जमाया।

आज तक के टीवी सीरियल आधारित कार्यक्रम सास बहू और बेटियाँ को भी एक बार जगह मिली। इस हफ्ते समाचारों के नौ बुलेटिन सूची में दिखे, मगर ज्यादातर इंडिया टीवी के जिनका चरित्र मनोरंजनात्मक ही होता है। इनमें सुपरफास्ट 200 दो बार है, जो कि बीस मिनट में दो सौ समाचारों का बुलेटिन है। आज तक के दस तक को ही गम्भीर बुलेटिन के रूप में लिया जा सकता है, जो कि केवल एक बार दर्ज हुआ।

सबक–मनोरंजन परोसते रहो। दोपहर बाद के बैंड में मनोरंजन चैनलों के टुकड़े बिकते हैं।

उन्नीसवाँ सप्ताह (6 से 12 मई, 2012)

न्यूज़ चैनलों में इस हफ्ते सबसे ज़्यादा दर्शक इंडिया टीवी के ज्योतिष के कार्यक्रम भविष्यवाणी को मिले। यही नहीं कुल मिलाकर आठ स्थानों पर ज्योतिष के ही कार्यक्रम नज़र आये। इसके अलवा गैर-ख़बरिया कार्यक्रम सास बहू और साजिश एवं सास बहू और बेटियाँ पाँच जगहों पर विराजमान हो गये। समाचारों के लिए केवल छह स्थान बचे, जिनमें से दो संक्षिप्त समाचारों के और एक फीचर के थे।

सबक–ज्योतिष के कार्यक्रमों के दर्शक बहुत हैं और बेशक न्यूज़ चैनलों को इन्हें नहीं दिखाना चाहिए मगर वे उन्हें परोसें, क्योंकि उनसे टीआरपी मिलती है।

बीसवाँ सप्ताह (13 से 19 मई, 2012)

न्यूज़ और भी हाशिए पर चली गयी। केवल चार बुलेटिन सूची में आये और उनमें से भी दो तेज़ ख़बरों के तथा एक फीचर का। नौ स्थानों पर अकेले सास बहू और साजिश काबिज हो गया, जिससे पता चलता है कि एबीपी न्यूज़ (पहले स्टार न्यूज़) की कामयाबी में इस कार्यक्रम का कितना बड़ा हाथ है और अगर ये हट जाये तो उसका क्या हाल होगा। तीन कार्यक्रम भविष्यवाणियों के भी हैं।

सबक–इस सूची को देखकर चैनल यही सीखेंगे कि ख़बरें नहीं देखी जातीं, केवल सुर्खियाँ देखकर दर्शक मनोरंजन की तलाश में भटकने लगते हैं, इसलिए मनोरंजन लाओ। सास बहू की नक़ल करो या उसका कोई तोड़ ढूँढ़ो। गम्भीर बहस-मुबाहिसे के लिए कतई गुंजाइश नहीं है।

इक्कीसवाँ सप्ताह (20 मई से 26 मई)

एक बार फिर सास बहू और साजिश न्यूज़ और दूसरे कार्यक्रमों को पीटता हुआ दिखा। बीस में से आठ जगह पर उसने क़ब्जा जमा लिया। न्यूज़ और समाचार आधारित फीचर की संख्या में भी इजाफा हुआ। आठ न्यूज़ बुलेटिन सूची में दर्ज हुए जिनमें से चार संक्षिप्त समाचारों के थे। बाकी चार समाचार आधारित कार्यक्रम थे, लेकिन केवल एक का विषय ही बता पाना सम्भव है जो कि मोदी का मायाजाल के

नाम से सूची में आया। बाक़ी की सामग्री मनोरंजनात्मक थी या उनमें कुछ गम्भीर सामग्री दी गयी थी इसे देखा जाना चाहिए।

सबक—मनोरंजन का राज बरकरार।

बाईसवाँ सप्ताह (27 मई से दो जून, 2012)

शीर्ष के दो स्थानों पर सास बहू और साजिश स्थापित हुआ, लेकिन इसके अलावा तीन स्थान और उसे मिले। कार्यक्रम ने फिर ये साबित किया कि न्यूज़ चैनलों में मनोरंजन हावी है। चार जगहों पर भविष्यवाणियों पर आधारित कार्यक्रम नज़र आये और उनका भी सन्देश साफ है। न्यूज़ के नौ बुलेटिन जगह बनाने में कामयाब हुए, जिनमें से तीन संक्षिप्त एवं तेज़ ख़बरों के थे। दो न्यूज़ फीचर भी सूची में शामिल हुए।

सबक—न्यूज़ चैनलों के मिक्स में मनोरंजन का तड़का बहुत ज़्यादा होता है और शायद से देखा भी जाता है।

तेईसवाँ सप्ताह (3 जून से 9 जून, 2012)

शीर्ष पर फिर सास बहू और साजिश। कुल मिलाकर पाँच स्थानों पर उसका राज। भविष्यवाणियों के तीन कार्यक्रम फिर आये। साथ ही कॉमेडी और अपराध का एक-एक कार्यक्रम भी। समाचारों के कुल सात बुलेटिन, जिसमें से दो संक्षिप्त ख़बरों के।

सबक—कॉमेडी और अपराध के कार्यक्रम बेशक नियमित रूप से बीस की सूची में न दिखते हों मगर वे नम्बर देते हैं। शायद पचास या सौ की सूची देखकर उनके प्रदर्शन को और बेहतर ढंग से आँका जा सके। मगर इतना तय है कि वे न्यूज़ चैनल की लोकप्रियता के महत्त्वपूर्ण तत्त्व हैं।

चौबीसवाँ सप्ताह (10 जून से 16 जून, 2012)

सास बहू और साजिश ने न केवल अपनी बादशाहत कायम रखी बल्कि कुल छह स्थानों पर भी क़ाबिज हुआ। एबीपी न्यूज़ का एक और कार्यक्रम सूची में नज़र आया, असर में आमिर खान। सत्यमेव जयते पर आधारित इस कार्यक्रम का न्यूज़ से कोई सम्बन्ध नहीं था, बल्कि इसे अपने समूह के मनोरंजन चैनल का प्रमोशनल कार्यक्रम कहा जाए तो ज़्यादा सटीक होगा। एबीपी का अपराध पर आधारित कार्यक्रम सनसनी भी सूची में दिखा। कुल मिलाकर उसके आठ कार्यक्रम मगर सारे के सारे मनोरंजनात्मक। सूची में शामिल आज तक का अजब लालू की गजब कहानी भी मनोरंजन की छौंक से बना कार्यक्रम रहा। कुल मिलाकर आठ समाचारों के कार्यक्रम थे, जिनमें से तीन संक्षिप्त एवं तेज़ ख़बरों के। इंडिया टीवी ज्योतिष के कार्यक्रम के ज़रिए अपनी उपस्थिति दर्ज करवाने में कामयाब रहा।

सबक—टीआरपी हासिल करने के लिए मनोरंजन अचूक अस्त्र है। उपरोक्त दस हफ्तों की टॉप-20 सूची से कुछ ट्रेंड बिल्कुल साफ नज़र आते हैं।

हमने बॉलीवुड और क्रिकेट के असर को साबित करने के लिए दो और हफ्तों की सूची ली। वर्ष 2012 के उन्तीसवें सप्ताह में सुपर स्टार राजेश खन्ना की मौत के बाद न्यूज़ चैनल उसी से भर गये थे और चालीसवाँ हफ्ता क्रिकेट के नाम हो गया जब भारत ने टी-20 का विश्वकप जीता।

उन्तीसवाँ सप्ताह (15 जुलाई से 21 जुलाई)

इस हफ्ते राजेश खन्ना की मृत्यु के बाद तमाम चैनल उनसे जुड़ी सामग्री दिखाने के लिए टूट पड़े। न्यूज़ चैनलों पर एक उन्माद सा छा गया। इसका नतीजा ये हुआ कि बीस में से 17 कार्यक्रम राजेश खन्ना के नाम रहे। तेरह कार्यक्रम तो शीर्ष पर रहे। न्यूज़ की केवल तीन बुलेटिन दर्ज हुईं जिनमें से दो संक्षिप्त समाचारों की थीं और आश्चर्य नहीं होना चाहिए यदि इनमें भी राजेश खन्ना की ही ख़बरें भरी हुई हों।

सबक—बॉलीवुड बिकता है। बॉलीवुड पर सामग्री देने के बहाने तलाशते रहो और जब भी मौक़ा मिले टूट पड़ो। ज़रूरी ख़बरों की परवाह नहीं करना है। ऐसे वक्त एक ही ख़बर होती है और वह है बॉलीवुड। पुरानी फ़िल्मों की कतरनें दिखाओ। सेलेब्रिटी के बयान बार-बार दिखाओ, उनसे स्टूडियो में, ओबी वैन पर लाइव बातचीत करो। ये गरमागरम मसाला है और खूब बिकता है।

चालीसवाँ सप्ताह (30 सितम्बर से 6 अक्टूबर, 2012)

टी-20 विश्वकप के अन्तिम चरण और फिर भारत की जीत पर आधारित कार्यक्रम न्यूज़ चैनलों पर छा गये। बीस में से बारह कार्यक्रम तो सीधे-सीधे इसी पर थे और सम्भावना यही है कि आज तक के दो विशेष भी क्रिकेट पर रहे होंगे, क्योंकि इस कार्यक्रम की अवधारणा हल्के-फुल्के गरम विषयों को लेने की रही है। एक ब्रेकिंग न्यूज़ को छोड़कर शुरू के सात कार्यक्रम क्रिकेट के थे और ये सभी आज तक के थे। एबीपी न्यूज़ की ब्रेकिंग न्यूज़ भी निश्चित रूप से भारत के विश्वकप की ही ख़बर रही होगी। इस तरह कुल मिलाकर क्रिकेट का वर्चस्व रहा।

सबक—क्रिकेट के कार्यक्रमों पर अच्छी टीआरपी आती है इसलिए उसकी ख़बरों और आयोजनों को भरपूर तरीके से दिखाना चाहिए।

टैम की ये विवेचना हमने उन प्रवृत्तियों को दर्शाने के लिए की है जो न्यूज़ चैनलों में चल रही हैं। लेकिन ऐसा नहीं है कि टैम एक आईना भर है जो केवल चैनलों पर हावी प्रवृत्तियों को दिखाने का काम करता है। असली बात तो ये है कि वह इन प्रवृत्तियों का निर्माता भी है। वह चैनलों को बताता है कि किस तरह के कार्यक्रम टीआरपी देते हैं और आपको क्या करना चाहिए। न्यूज़ चैनल इससे सबक सीखते हैं और फार्मूलों के रूप में आजमाने लगते हैं। इसीलिए तमाम चैनलों में सिनेमा, क्रिकेट,

ज्योतिष, अपराध, संक्षिप्त एवं तेज़ ख़बरें छाई हुई हैं। बावन हफ्तों में एक भी सप्ताह नहीं मिलेगा जब कोई बड़ी समस्या का कवरेज छा जाये।

टीवी न्यूज़ का वास्तविक चरित्र टैम के आँकड़ों में नहीं दिखता, क्योंकि उसमें बुलेटिन में शामिल तमाम समाचारों का विवरण नहीं होता। न्यूज़ चैनल जो एफपीसी टैम को देते हैं उसी के आधार पर वह लोकप्रियता के विवरण तैयार करता है। लेकिन विभिन्न चैनलों की बुलेटिनों की लगातार निगरानी के ज़रिए ये सम्भव है और सीएमएस के आँकड़ों से हम ये साबित कर ही चुके हैं कि उनमें किस तरह की सामग्री कितनी होती है।

टीवी न्यूज़ की साख का सवाल

पिछले एक डेढ़ दशक में टीवी न्यूज़ का असाधारण विस्तार हुआ है। एक चैनल से बढ़कर साढ़े तीन सौ के आसपास चैनलों की संख्या हो गयी है। दर्शकों की संख्या में भी अभूतपूर्व वृद्धि हुई है। मगर जहाँ तक उसकी साख का सवाल है तो उसमें लगातार गिरावट दर्ज की जाती रही है। दर्शकों के बीच न्यूज़ चैनलों की छवि गिरी है और वे उस पर पहले जैसा भरोसा नहीं करते। हिन्दुस्तान में मीडिया की साख को मापने का रिवाज नहीं है, लेकिन पश्चिमी देशों में नियमित अन्तराल में ऐसा किया जाता है। वहाँ टेलीविज़न न्यूज़ देखने वालों की तादाद घटी भी है और उस पर भरोसा भी तेज़ी से गिरा है।

साख में कमी आने के मुख्य रूप से तीन कारण गिनाये जा सकते हैं—

1. टीवी समाचारों एवं कार्यक्रमों के स्तर में गिरावट
2. न्यूज़ चैनलों में अधिक लाभ कमाने की प्रवृत्ति
3. टीवी समाचार उद्योग में बढ़ता भ्रष्टाचार

1. टीवी समाचारों एवं कार्यक्रमों के स्तर में गिरावट—चाहे जनता की निगाह से देखें या फिर पत्रकारिता के स्थापित मानदंडों की कसौटी पर, टीवी समाचारों एवं कार्यक्रमों में आयी गिरावट को अस्वीकार नहीं किया जा सकता। हम इस पर ऊपर लम्बी चर्चा कर चुके हैं कि ये गिरावट किस तरह की है और कितनी है इसलिए उसे दोहराने का कोई अर्थ नहीं है।

2. न्यूज़ चैनलों में अधिक लाभ कमाने की प्रवृत्ति—किसी भी उद्योग और कारोबार में लाभ कमाने की इच्छा से ही कोई पूँजी निवेश करता है, लेकिन चूँकि पत्रकारिता दूसरे पेशे से अलग है, विशिष्ट है और इसका सीधा सरोकार समाज एवं देश से है इसलिए लाभ कमाने की प्रवृत्ति को एक हद तक ही ठीक माना जाता है। जब ये प्रवृत्ति एक सीमा से आगे बढ़ने लगती है तो उसे बर्दाश्त नहीं किया जाता। लाभ वृत्ति के लोभ वृत्ति में तब्दील हो जाने के कई प्रमाण दिये जा सकते हैं। इनमें एडवर्टोरियल से लेकर प्रायवेट ट्रिटीज तक ऐसे कई रास्ते चैनलों ने निकाल लिए हैं

जिनसे उन्हें मुनाफे की गुंजाइश तो बढ़ गयी है मगर उसने कंटेंट की पवित्रता को नष्ट कर डाला है।

इस बढ़ती लोभवृत्ति के दर्शन चैनलों पर ख़बरों के दौरान दिये जाने वाले ब्रेक की अवधि में भी होते हैं। ज़्यादा से ज़्यादा विज्ञापनों को शामिल करने के प्रयास में उन्होंने ब्रेक की संख्या और समय दोनों में असाधारण वृद्धि की है। एक घंटे के दौरान चैनल छह ब्रेक लेते हैं और एक ब्रेक की अवधि पाँच से आठ मिनट तक हो जाती है। यानी दर्शकों को केवल बीस मिनट की सामग्री ही दिखाई जाती है जो कि उनके साथ सरासर अन्याय है। दर्शक इस ज्यादती को चैनल के लालच के साथ जोड़कर देखते हैं और जाहिर है कि उनकी नज़र में चैनल की साख घटती जाती है।

3. टीवी समाचार उद्योग में बढ़ता भ्रष्टाचार—टेलीविज़न न्यूज़ की साख में गिरावट की सबसे बड़ी वजहों में से एक टीवी समाचार उद्योग में बढ़ता भ्रष्टाचार है। ये भ्रष्टाचार नैतिक भी है और आर्थिक भी। नैतिक भ्रष्टाचार टीवी न्यूज़ के पेशे से जुड़े सिद्धान्तों और आदर्शों को न मानने, उनका पालन करने में कोताही की वजह से होता है। जब ख़बरों के साथ छेड़छाड़ की जाती है, उनमें मिलावट की जाती है तो ये दर्शकों के साथ धोखाधड़ी कहलाती है। सम्भव है कि इस काम में पैसे का लेनदेन न होता हो, मगर विभिन्न तरह के स्वार्थों से प्रेरित होकर ऐसा किया जा सकता है, बल्कि किया जाता है। कहीं राजनीतिक उद्देश्य होते हैं, कहीं दूसरे तरह के स्वार्थ और कहीं सीधे-सीधे टीआरपी बढ़ाने के मकसद से ऐसा किया जा सकता है। गलत ख़बरें दिखाना, सचाई को छिपा जाना या ख़बरों को कम या ज़्यादा महत्त्व के साथ दिखाना इस नैतिक भ्रष्टाचार की परिधि में आता है। उदाहरण के लिए न्यूज़ चैनल सरकार और राजनीति में व्याप्त भ्रष्टाचार उजागर करने में तो आगे रहते हैं मगर प्रायवेट सेक्टर के भ्रष्टाचार से अपनी आँखें मूँदे रहते हैं, जबकि भ्रष्टाचांर का सबसे बड़ा स्रोत वहीं है। पिछले दो दशकों में भ्रष्टाचार में जो बेहिसाब बढ़ोतरी हुई है उसगें निजी क्षेत्र और ख़ास तौर पर कार्पोरेट सेक्टर की भूमिका सबसे अधिक रही है। यही नहीं, घोटालों में शामिल निजी कम्पनियों के प्रति उनका रवैया नरम भी रहता है। सरकारी कम्पनियों के विनिवेश से लेकर 2 जी स्पेक्ट्रम एवं कोयला खदानों के आवंटन घोटाले तक, सभी जगह यही देखा गया है।

नैतिक भ्रष्टाचार तब भी होता है जबकि दर्शकों से ज़रूरी सूचनाएँ छिपाई जाती हैं। मसलन, निर्मल बाबा के कार्यक्रम दिखाते वक्त दर्शकों को ये न बताना कि ये विज्ञापन है और इसके लिए चैनल ने धन लिया है तो ये विशुद्ध भ्रष्टाचार है, क्योंकि दर्शक तो यही सोचकर देखता है कि ये चैनल दिखा रहा है और इस कार्यक्रम के सही होने की जिम्मेदारी उसकी है। एक विश्वास के तहत वह निर्मल बाबा को देखता था जबकि ऐसा था नहीं। इसी तरह बहुत सारी कम्पनियों की विज्ञापन कैंपेन होती हैं जिनमें चैनल हिस्सेदार बनकर उसे बढ़-चढ़कर दिखाते हैं। ख़ास तौर पर फ़िल्मों के

प्रचार में तो ये खूब होता है। चैनल ऐसे भी कार्यक्रम दिखाते हैं जिनके निर्माण के लिए उसने पैसे लिए होते हैं और उनमें पैसे देने वाले का प्रचार होता है। इन्हें एडवर्टोरियल कहा जाता है। मगर अकसर चैनल दर्शकों से इस तरह के कार्यक्रमों के कारोबारी पक्ष को छिपा जाते हैं और कार्यक्रमों को ऐसे पेश करते हैं मानो वे निष्पक्ष एवं सन्तुलित हों।

हाल में ऐसे बहुत सारे मामले सामने आये हैं जिनमें से मीडिया के भ्रष्टाचार की गंदी तस्वीर झाँकती दिखाई दी। उदाहरण के तौर पर यहाँ हम कार्पोरेट लॉबिस्ट नीरा राडिया के साथ देश के जाने-माने पत्रकारों के रिश्तों को ले सकते हैं। पत्रकारों और पत्रकारिता की साख को सबसे ज़्यादा धक्का पहुँचाने वाली इस घटना ने उजागर किया कि कैसे पत्रकार कार्पोरेट घरानों का औजार बनने को प्रस्तुत हो जाते हैं। नीरा राडिया दूरसंचार मन्त्रालय ऐसे व्यक्ति के हाथ में देखना चाहती थी जो उनके क्लायंट टाटा के स्वार्थों को पूरा कर सके। इसके लिए शीर्षस्थ पत्रकारों से वह मदद ले रही थी। पत्रकारों से राडिया की बातचीत के आधार पर वरिष्ठ पत्रकार प्रफुल्ल बिदवई लिखते हैं, "वार्तालापों के कथ्य और तरीके बातचीत करने वालों के बीच असाधारण अन्तरंगता और गहरी मित्रता प्रदर्शित करते हैं। यह तथ्य कि नीरा राडिया पत्रकारों से खुले रूप में अपनी राजनीतिक माँगें रख सकती है और उनसे इसके लिए सौदेबाजी करवा सकती है, बताता है कि पत्रकारिता और प्रचार के बीच की महत्त्वपूर्ण नैतिक सीमा रेखा को कितना धुँधलाया गया है[50]।"

वरिष्ठ पत्रकार एस. निहाल सिंह ने इसी बात को ज़्यादा कठोर ढंग से व्यक्त किया, ये पत्रकार उन नेताओं के लिए न केवल लॉबिंग कर रहे थे जो दिल्ली में मलाईदार मन्त्रालय पाना चाहते थे, बल्कि उन्होंने ऐसा इसलिये किया क्योंकि वे ऊँचे स्तर की कार्पोरेट पैरोकार के करीबी थे, जिसके साथ वे नेताओं के साथ हुई बातों को बताते थे और सलाह देते थे जिससे वह अपने क्लायंट यानी ग्राहक के हितों को पूरा कर सके... लेकिन पत्रकारों और कार्पोरेट पैरोकारों के बीच बातचीत से एक ऐसा रास्ता खुल गया है जिसमें सीधे-सीधे बड़ा इनाम शामिल है। देश के वर्तमान आर्थिक वातावरण और प्रिंट तथा टेलीविज़न मीडिया की मजबूरियों के बारे में किसी के चाहे जो भी विचार हों मगर यदि पत्रकार अपने पेशे के अलावा किसी और के स्वार्थो को पूरा करने के काम करेंगे तो अपनी ही साख पर बट्टा लगायेंगे[51]।" समसामयिक विषयों पर लिखने वाले आनन्द प्रधान इस प्रवृत्ति का खुलासा करते हुए कहते हैं, "असल में हाल के वर्षों में न सिर्फ ख़बरों की खरीद-फरोख़्त यानी पेड न्यूज़ के रूप में बल्कि बड़े देशी-विदेशी कार्पोरेट समूहों, पार्टियों, मंत्रियों, नेताओं और सरकार के लिए पी. आर. और लॉबिंग करने वाली कम्पनियों की घुसपैठ समाचार कक्षों में बहुत ज़्यादा हो गयी है। पी. आर. और लॉबिंग कम्पनियों को ख़बरों में अपने ग्राहकों के हितों के मुताबिक़ तोड़-मरोड़ करने, मन माफिक ख़बरें प्लांट करने और नकारात्मक

ख़बरों को रुकवाने के लिए जाना जाता है[52]।''

तीन वरिष्ठ पत्रकारों और चिन्तकों की चिन्ता बताती है कि राडिया प्रकरण ने भारतीय मीडिया में किस तरह की प्रवृत्ति को उजागर किया है और उससे उसकी छवि को कितना बड़ा धक्का लगा है। दरअसल, उद्योग एवं व्यापार जगत और मीडिया के बीच घनिष्ठ सम्बन्ध पहले से मौजूद थे और इनका इस्तेमाल भी होता था। तमाम मीडिया कम्पनियाँ पत्र-पत्रिकाओं एवं चैनलों की ताकत का उपयोग अपने व्यावसायिक हितों को साधने के लिए करते थे और पत्रकार इसमें उनका औजार भी बनते थे। इसका एक उदाहरण कोयला खदानों के आवंटन में हुए घोटाले के भंडाफोड़ होने से सामने आया। हिन्दुस्तान टाइम्स में छपी ख़बर के मुताबिक दैनिक भास्कर, लोकमत एवं प्रभात ख़बर से जुड़ी कम्पनियों के नाम भी कोल ब्लॉक पाने वालों में हैं। ख़बर के मुताबिक दैनिक भास्कर ने अपनी सब्सिडिअरी कम्पनी डीबी पॉवर लिमिटेड के नाम से छत्तीसगढ़ में, मराठी दैनिक लोकमत ने जेएलडी यवतमाल एनर्जी के नाम से छत्तीसगढ़ में ही और प्रभात ख़बर को झारखंड में उषा मार्टिन लिमिटेड के नाम से कोल ब्लॉक प्राप्त हुए[53]।

आर्थिक भ्रष्टाचार के तो बहुत सारे मामले उजागर हुए हैं। ज़ी न्यूज़-नवीन जिंदल प्रकरण का ज़िक्र यहाँ इस सम्बन्ध में करना उचित होगा, क्योंकि पहली बार किसी मीडिया संस्थान द्वारा किसी उद्योगपति को ब्लैकमेल करके धन वसूली का ये पहला मामला था जो खुलकर लोगों के सामने आया। उद्योगपति एवं काँग्रेस नेता नवीन जिंदल ने ज़ी न्यूज़ के सम्पादक सुधीर चौधरी एवं ज़ी बिजनेस के सम्पादक समीर अहलुवालिया का स्टिंग ऑपरेशन करके ये आरोप लगाया कि वे कोयला खदान आवंटन मामले में उन्हें ब्लैकमेल करके सौ करोड़ रुपये माँग रहे थे। इसके बाद दोनों सम्पादक को गिरफ्तार करके तिहाड़ जेल भेज दिया गया। ये मामला फिलहाल अदालत में है, मगर ब्राडकास्ट एडिटर्स एसोसिएशन ने इसकी जाँच करने के लिए वरिष्ठ पत्रकार एन के सिंह, दिबांग और राहुल कँवल की तीन सदस्यीय टीम बनाई जिसने सुधीर चौधरी को दोषी मानते हुए उन्हें बीईए की प्राथमिक सदस्यता से खारिज कर दिया[54]। जाहिर है कि इस घटना ने पत्रकारों और पत्रकारिता की छवि को बहुत क्षति पहुँचाई। साहित्यिक पत्रिका हंस के स्तम्भ कसौटी ने इस प्रवृत्ति को बाज़ार की देन मानते हुए लिखा, ''बाज़ार जैसे-जैसे ताकतवर हुआ उसने उन्हें (सम्पादकों) भ्रष्ट बनाने के उपाय भी शुरू कर दिये और पत्रकारों के बहकने के लिए ज़्यादा अनुकूल माहौल बन गया। बाज़ार की इस बात में रुचि थी कि विचारविहीन, सिद्धान्तविहीन और रीढ़विहीन नेतृत्व उसके लिए ज़्यादा माफिक होगा, क्योंकि वह बिना रोक-टोक के उसके हित में काम करेगा। उसी रणनीति के तहत सम्पादक को मैनेजर बनाया गया और बाद में मैनेजर ही सम्पादक की भूमिका अदा करने लगे। कुछ सम्पादक डबल रोल में आ गये[55]।'' हंस का इशारा इस ओर भी था कि ज़ी के सम्पादक सुधीर

चौधरी सम्पादक होने के साथ-साथ बिजनेस हेड भी थे और ये दोहरी भूमिका अपने आप में विरोधाभासी है, मगर बाज़ार इस विरोधाभास को ही खत्म करना चाहता है इसलिए वह ऐसी प्रवृत्तियों को पुष्ट कर रहा है।

ब्लैकमेलिंग या धन वसूली का ये अकेला मामला नहीं है। ऐसी घटनाएँ बड़े पैमाने पर सामने आ रही हैं और ये ऊपर से नीचे तक फैल गयी हैं। दो बड़े चैनलों इंडिया टीवी और एबीपी न्यूज़ के दो रिपोर्टर ने एक व्यक्ति से बीस लाख की माँग की और रकम न देने पर उसे बलात्कार के फर्जी मामले में फँसाने की धमकी दी[56]। दोनों चैनलों ने रिपोर्टरों को हटा दिया मगर इसने ये तथ्य जगजाहिर कर दिया कि गन्दगी किस हद तक फैल चुकी है। इसका सबसे बड़ा सबूत तो पेड न्यूज़ का कारोबार है। वैसे तो पेड न्यूज़ पूरे साल होता है और ये हर क्षेत्र में पैर पसार चुका है मगर चुनाव के दौरान तो ख़ास तौर पर ये फलता-फूलता है। राजनीतिक दलों और नेताओं से पैसे लेकर उनके पक्ष में या उनके प्रतिद्वंद्वियों के विरोध में मनगढ़ंत समाचार दिखाने की ये महामारी प्रिंट मीडिया से शुरू हुई मगर बाद में टेलीविज़न को भी इसने अपनी गिरफ्त में ले लिया।

(क) पेड न्यूज़ यानी ख़बरों की खुली मंडी—हाल के वर्षों में मीडिया की साख पर सबसे ज़्यादा बट्टा पेड न्यूज़ के कारोबार से लगा है। वरिष्ठ पत्रकार प्रोनंजय ठाकुरता के नेतृत्व में भारतीय प्रेस परिषद द्वारा बनायी गयी कमेटी की रिपोर्ट तो एक तरह से सबूतों का दस्तावेज़ है कि कैसे भारतीय मीडिया पैसे लेकर ख़बरें छापने या न छापने के कारोबार में लिप्त है। हालाँकि ये रिपोर्ट मुख्य रूप से प्रिंट में पेड न्यूज़ की प्रवृत्ति पर केन्द्रित है, मगर टेलीविज़न चैनल भी इसके शिकार हैं, बल्कि उनमें ज़्यादा बड़े पैमाने पर लेनदेन हो रहा है। प्रोनंजय कहते हैं, "समाचार और विज्ञापन के बीच की जो फर्क था वह मिट गया है। बिका हुआ ख़बर का ज़माना आ गया। अख़बार में भी आ गया टीवी में भी आ गया[57]।" पेड न्यूज़ के कारोबार का सबसे ज़्यादा परदाफाश हिन्दू के पी साईंनाथ ने किया है। वे लिखते हैं, पेड न्यूज़ के बारे में मीडिया घरानों से ज़्यादा ईमानदार राजनीतिक वर्ग है। बहुत सारे उम्मीदवारों ने अपने चुनाव खर्चे में स्वीकार किया है कि उन्होंने इस तरह के भ्रष्ट उपाय किये हैं[58]।

टाइम्स ऑफ इंडिया इस मामले में लीडर साबित हो रहा है। सबसे पहले उसी ने मीडियानेट के नाम से पेड न्यूज़ की एजेंसी बनाकर पेड न्यूज़ को सांस्थानिक दर्जा दे दिया। मीडियानेट की एक पूरी टीम है जो हर दिन अख़बार के साथ दी जाने वाली विशेष परिशिष्ट के लिए पेड न्यूज़ का इन्तजाम करती है। देश के दो बड़े अँग्रेज़ी चैनलों द्वारा राष्ट्रमंडल खेल घोटाले को लेकर चलाये गये अभियान में भी पेड न्यूज़ का मामला सामने आया था। इस तरह की ख़बरें आयी थीं कि इन्हें ठेके न दिये जाने पर आक्रामक रुख अपना लिया गया, अन्यथा मामला सौदेबाजी में ही निपट जाता। न्यूज़ चैनलों द्वारा ब्लैकमेलिंग का ये भी एक अन्दाज़ था।

पेड न्यूज़ के कई और भी तरीके ढूँढ़ लिए गये हैं। मसलन, धन लेकर किसी डॉक्टर को स्वास्थ्य के कार्यक्रम में या शिक्षा सम्बन्धी कार्यक्रम में किसी निजी रिक्त संस्थान के विशेषज्ञ को मेहमान बना लेना। इसी तरह कुछ चैनल ख़ास तौर पर व्यापार पर केन्द्रित चैनलों ने पेड इंटरव्यू और कार्यक्रमों को दिखाकर मुनाफ़ा कमाने को व्यापार का एक जरिया मान लिया है।

क्षेत्रीय चैनलों में प्रादेशिक सरकारों की सुविधा के हिसाब से घटनाओं का कवरेज करना या ख़बरों को तोड़ना-मरोड़ना बहुत ही आम प्रचलन हो गया है। इसके लिए उन्हें सरकारों से मोटी धनराशि भी प्राप्त होती है।

(ख) ख़बरों के कारोबारीकरण के नये हथकंडे–बहुत सारे न्यूज़ चैनलों के प्रबन्धन ने ख़बरों और सम्पादकीय सामग्री की पवित्रता को ताख पर रख दिया है और वे उन्हें बेचकर लाभ कमाने के नित नये तरीके अपना रहे हैं। इनमें से कुछ इस प्रकार हैं–

- नये प्रोडक्ट्स की जानकारी देने के नाम पर उनका प्रचार करना और विज्ञापनदाताओं को खुश करके विज्ञापन ले लेना।
- फिल्मों और विभिन्न तरह के आयोजनों के मीडिया पार्टनर बनकर उनका परोक्ष प्रचार करना।
- जन सम्पर्क एजेंसियों द्वारा दी गयी प्रचारात्मक सामग्री को ख़बरों के रूप में प्रस्तुत करके उन्हें और सम्भावित विज्ञापनदाताओं को खुश करके व्यापारिक सम्बन्ध-सम्पर्क पुख़्ता करना।
- इवेंट के ज़रिए धन कमाने की प्रवृत्ति।
- न्यूज़ चैनल पर चलने वाली विभिन्न सामग्री मसलन, विभिन्न तरह की जानकारियों वाले ग्राफिक्स में विज्ञापन देकर उन्हें बिकाऊ (Monetize) बना देना।

न्यूज़ चैनलों के मार्केटिंग एवं सेल्स विभाग लगातार ऐसे तरीके खोजते (Innovation) रहते हैं, जिनसे चैनल की कमाई में इजाफा हो। इस प्रयास में वे कंटेंट में छेड़छाड़ करने से भी नहीं हिचकते। बहुत कम चैनल होते हैं जो इसकी इजाज़त नहीं देते, वर्ना सब इसे उचित एवं वांछनीय समझते हैं।

दर्शकों के देशव्यापी सर्वेक्षण में न्यूज़ चैनलों में बढ़ते भ्रष्टाचार के बारे में मोटे तौर पर सभी वर्गों की राय समान नज़र आती है। औसतन पैंसठ प्रतिशत लोग मानते हैं कि भ्रष्टाचार या तो बहुत ज़्यादा बढ़ गया है (25.3 प्रतिशत) या फिर काफी हद तक उसमें इजाफा (39.8 प्रतिशत) हुआ है। केवल 26.1 फ़ीसदी लोग मानते हैं कि न्यूज़ चैनलों में भ्रष्टाचार नहीं बढ़ा है। पुरुषों के मुक़ाबले महिलाओं की राय इस मामले में और भी नकारात्मक है। 24.6 प्रतिशत पुरुषों की तुलना में 26.2 प्रतिशत महिलाएँ मानती हैं कि भ्रष्टाचार बढ़ गया है। काफी हद तक बढ़ गया है का विचार रखने वाले वर्ग में महिलाओं की संख्या सीधे दस फ़ीसदी ज़्यादा (45.5 प्रतिशत) है।

नगरीय (21.0+36.3 प्रतिशत) और अर्ध नगरीय (13.5+20.2 प्रतिशत) इलाकों की तुलना में ग्रामीण क्षेत्र में ये प्रतिशत और भी बढ़ जाता है और बयासी फ़ीसदी (31.5+50.2) तक चला जाता है। 25-60 वर्ष के आयु वर्ग में चैनलों को भ्रष्टाचार में लिप्त होने की राय रखने वालों की तादाद सबसे ज़्यादा नज़र आती है[59]। अल्प शिक्षित एवं निम्न आय वर्ग में बाकी दोनों वर्गों की तुलना में चैनलों में भ्रष्टाचार बढ़ने की धारणा ज़्यादा मजबूत देखी जा सकती है।

ऐसी स्थिति में जब आम लोगों तक मीडिया के भ्रष्टाचार की कथाएँ बहुत कम पहुँचती हैं या फिर वे स्थानीय स्तर पर होने वाले भ्रष्टाचार से ही वाक़िफ होकर अपनी राय बनाते हैं, उपरोक्त जन-धारणाएँ हिलाने वाली हैं। आम तौर पर दर्शकों को लगता है कि राष्ट्रीय स्तर पर मीडिया काफी ज़िम्मेदार एवं जवाबदेह है और भ्रष्टाचार से मुक्त भी। उसे नीरा राडिया जैसे कांडों का पता नहीं चलता और न ही ये कि स्टिंग ऑपरेशन के ज़रिए किस तरह की सौदेबाजियाँ, ब्लैकमेलिग और धन वसूली की जाती हैं। अगर उन्हें इस चीज़ों का पता चले तो जो पूरी तस्वीर उनके दिमाग़ में बनेगी वह बहुत ही नकारात्मक होगी।

भ्रष्टाचार और दूसरे तरह के गोरखधंधों की वजह से न्यूज़ चैनलों की साख गिरी है, वे कम विश्वसनीय रह गये हैं ऐसी चर्चाएँ हम सुनते रहते हैं। लेकिन हमारे पास इस तरह की गिरावट को मापने का कोई पैमाना नहीं है। इसके लिए सर्वेक्षण पश्चिमी देशों में होते रहते हैं मगर भारत में ऐसी परम्परा नहीं है। इसीलिए हमने दर्शकों के सामने ये सवाल भी रखा कि उनकी नज़र में क्या चैनलों की विश्वसनीयता गिरी है, क्या उनकी साख में गिरावट आयी है। हैरत की बात है कि इस सवाल पर दर्शक वर्ग खासा उलझन में दिखा। पचहत्तर फ़ीसदी लोगों ने कहा कि या तो उनको पता नहीं है या वे कह नहीं सकते। 11.1 फ़ीसदी लोगों ने कहा कि विश्वसनीयता गिरने के लिए प्रश्नावली में बताये गये सभी कारण ज़िम्मेदार हैं। 11.4 फ़ीसदी पुरुषों को भी भ्रष्टाचार इसकी मुख्य वजह लगी जबकि 15.9 फ़ीसदी महिलाओं को जनता से दूर जाना। 5.1 प्रतिशत लोगों ने बेकार की ख़बरें दिखाना इसका कारण माना। दूसरे वर्गों ने भी जनता से दूर होने को विश्वसनीयता में गिरावट की सबसे बड़ी वजह बताया[60]।

टीवी पत्रकारों और पत्रकारिता पर टीआरपी का प्रभाव

टीआरपी ने अगर टीवी न्यूज़ को बदल डाला है तो जाहिर है कि उस बदलाव का असर टीवी की दुनिया में काम करने वाले पत्रकारों पर भी पड़ा होगा। ये देखना ज़रूरी है कि टीआरपी ने पत्रकारों और पत्रकारिता के लिए कैसा माहौल निर्मित किया है। क्या उसकी वजह से पत्रकारिता में ऐसा वातावरण तैयार हुआ है जिसमें वे स्वतन्त्रतापूर्वक अपने विवेक से काम कर सकें? क्या ये कहा जा सकता है कि पत्रकार अपनी रचनात्मक ऊर्जा को श्रेष्ठतम रूप में प्रस्तुत कर पाने में सक्षम हो पा

रहे हैं? क्या पत्रकारिता के मूलभूत सिद्धान्तों के प्रति उनकी प्रतिबद्धता और मजबूत हुई है?

24 घंटों के न्यूज़ चैनलों के आने के पहले से टीवी पत्रकारिता की दुनिया ग्लैमर से भरी हुई थी और वेतन आदि की दृष्टि से भी वह चमकदार मानी जाती थी। ये चीज़ें प्रिंट में काम करने वाले पत्रकारों को खींचती भी थीं। लेकिन न्यूज़ चैनलों के आने के बाद टीवी पत्रकारिता की दुनिया एकदम से बदल गई। यकबयक अवसरों की बाढ़ आ गयी और प्रमुख चैनलों ने अच्छा वेतन देकर पत्रकारों को काम पर रखना शुरू कर दिया। पहले दौर में अच्छी पत्रकारिता के लिए थोड़ी-बहुत गुंजाइश भी दिखी, मगर जैसे-जैसे बाज़ार का प्रभाव बढ़ा और टीआरपी की वजह से प्रतिस्पर्धा में बढ़ोतरी हुई, टीवी की दुनिया भी बदलने लगी। अगर पत्रकारों के सामने अवसर थे, बेहतर वेतन और सुविधाएँ हैं तो बाज़ार का ज़बर्दस्त दबाव और काम की वजह से पैदा होने वाला तनाव भी है। टीवी की दुनिया असंगठित और अव्यवस्थित है। प्रिंट के पत्रकारों की तरह न तो उनके लिए वेतन आयोग हैं और न ही काम के घंटे निर्धारित करने की कोई प्रणाली। असुरक्षाबोध से घिरे पत्रकार आठ घंटे के बजाय 12-15 घंटे काम में डटे रहने लगे। उनकी नौकरी कहीं से भी सुरक्षित नहीं रह गयी। छोटी सी गलती पर या किसी भी वजह से उसे फौरन निकाला जाने लगा और इसकी कहीं कोई सुनवाई नहीं रह गयी। कोढ़ में खाज ये हुआ कि खर्च कम करने के लिए अप्रशिक्षित या कम प्रशिक्षित लोग काम पर रखे जाने लगे, जिससे प्रशिक्षित एवं अनुभवी लोगों की दिक्कतें दो तरह से बढ़ गयीं। एक तरफ ज़्यादा वेतन की वजह से वे हमेशा निशाने पर रहने लगे और दूसरे, नाकाबिल लोगों से बेहतर प्रदर्शन कराने का दबाव उन पर बढ़ गया। ऐसे में टीआरपी ने उनकी मुश्किलें और भी बढ़ा दीं। हर हफ्ते आने वाली टीआरपी उनके लिए जीवन-मरण का सवाल बनने लगी। वे तनाव में जीने लगे।

बहरहाल, इन्हीं परिस्थितियों को ध्यान में रखकर हमने पत्रकारों के सामने ये सवाल रखा कि टीवी पत्रकारिता का मौजूदा वातावरण आपको कैसा लगता है? जवाब में केवल 20 फ़ीसदी लोगों ने इसे अच्छा बताया। 16 फ़ीसदी पत्रकारों का कहना था कि खराब है और 60 फ़ीसदी के हिसाब से ये मिला-जुला है। चार प्रतिशत पत्रकारों की नज़र में ये बहुत खराब है[61]। इन आँकड़ों से स्पष्ट है कि वर्तमान में पत्रकारिता के लिए बहुत अच्छा माहौल नहीं है। माहौल में इस खराबी को परखने के लिए हमने उनके सामने एक और प्रश्न रखा। हमने पूछा कि क्या आपको लगता है कि आप स्वतन्त्रतापूर्वक अपने विवेक का इस्तेमाल करते हुए काम कर सकते हैं और उत्तर में 80 फ़ीसदी लोगों ने कहा कि एक सीमा तक ही कर सकते हैं। केवल 12 प्रतिशत लोगों ने कहा पूरी तरह कर सकते हैं और आठ फ़ीसदी ने कहा बिल्कुल नहीं कर सकते[62]। जाहिर है कि यदि पत्रकारों को स्वतन्त्रतापूर्वक काम करने की आजादी

नहीं मिल रही है तो उन्हें घुटन महसूस होगी, वे ढंग से काम नहीं कर सकेंगे। अगर उन्हें मन मारकर काम करना पड़े या तरह-तरह के समझौते करने पड़ें तो वातावरण से वे सन्तुष्ट कैसे हो सकते हैं। अच्छा वेतन और सुख-सुविधाएँ जरूर उन्हें उपलब्धियों का एहसास कराते होंगे और इस वजह से शायद उन्हें मिला-जुला वातावरण लगने लगता हो, मगर पत्रकारीय आकांक्षाएँ और निष्ठाएँ इससे पूरी नहीं हो सकतीं, नतीजतन उनका कुंठित हो जाना आश्चर्यजनक नहीं माना जाना चाहिए।

पत्रकार अगर पत्रकारिता के मूलभूत सिद्धान्तों के हिसाब से काम नहीं कर पा रहे हैं, जो कि बेहतर काम के वातावरण के लिए एक ज़रूरी शर्त है, तो इसकी कई वजहें हो सकती हैं। हमने उनके सामने चार विकल्प रखकर इन वजहों को भी जानने की कोशिश की। 56 फ़ीसदी पत्रकारों ने कहा कि प्रबन्धन के तौर-तरीके इसके पीछे सबसे बड़ी वजह है। उनके इस उत्तर का यही अर्थ निकाला जाना चाहिए कि एक तो उन पर काम का दबाव बहुत ज़्यादा है और वे असुरक्षाबोध की वजह से मानसिक दबाव भी झेल रहे हैं। मार्केटिंग के दबावों को चार फ़ीसदी लोगों ने वजह बताया जबकि 16 प्रतिशत अल्प प्रशिक्षित कर्मियों को कारण मानते हैं। 12 प्रतिशत पत्रकारों ने टीआरपी को वजह के तौर पर रेखांकित किया[63]। लेकिन उक्त प्रश्न को एक और प्रश्न के साथ जोड़कर देखने से स्थिति और भी स्पष्ट हो जाती है। सवाल ये था कि वे टीआरपी के दबाव को कितना ज़्यादा महसूस करते हैं। उत्तर में केवल 12 प्रतिशत लोगों ने कहा कि दबाव बहुत कम है मगर इसके विपरीत 36 फ़ीसदी लोगों ने दबाव को बहुत ज़्यादा बताया और 16 प्रतिशत ने तो इसे असहनीय करार दिया। बचे हुए 40 प्रतिशत पत्रकारों ने ठीक-ठाक दबाव की बात की। साफ है कि 88 प्रतिशत पत्रकार टीआरपी के दबाव में काम कर रहे हैं[64]।

प्रशिक्षित एवं अनुभवी पत्रकारों की उपेक्षा

टीआरपी ने टीवी न्यूज़ कंटेंट को इस तरह से सीमित और उथला बना दिया है कि प्रशिक्षित एवं अनुभवी पत्रकारों की उपयोगिता नहीं रह गयी है या फिर बहुत कम हो गयी है। रिपोर्टिंग को बाइट इकट्ठी करने तक सीमित कर दिया गया है। गम्भीर विषयों की रिपोर्टिंग लगभग बन्द हो गयी है। राजनीति, समाज और आर्थिक मामलों पर हल्की-फुल्की रिपोर्टें देखने को मिलती हैं और उनके विषय भी बहुत सीमित और पॉपुलर किस्म के होते हैं। ऐसे में पचीस से पैंतीस साल के रिपोर्टर चैनलों को मुफीद लगते हैं। इसीलिए न्यूज़ चैनलों ने एक तरह से नीति बना ली है कि पचास की उम्र के ऊपर के पत्रकारों को नहीं लेना है। जो पुराने और पके हुए लोग हैं उन्हें हाशिए पर डाल दिया गया है। वरिष्ठ पत्रकार शैलेश कहते हैं, "एक समय तो ऐसा भी आया था कि राजनीति की रिपोर्टिंग पूरी तरह बन्द कर दी गयी थी। राजनीति की ख़बरें करने वाले खाली हो गये थे, उनके पास कोई काम ही नहीं रह गया था। अब थोड़ी

सी स्थिति बेहतर होती दिख रही है[65]।" शैलेश स्थिति में जिस सुधार का संकेत कर रह हैं, वह भी परिस्थितिजन्य है। चुनाव के मौसम में या किसी राजनीतिक विवाद के समय राजनीति की रिपोर्टिंग की माँग बढ़ जाती है इसलिए वह चैनलों पर भी ज़्यादा नज़र आने लगती है, मगर इसका ये अर्थ नहीं निकाला जा सकता कि चैनल बदल गये हैं या फिर टीवी पत्रकारिता सकारात्मक बदलाव के रास्ते पर अग्रसर है।

रिपोर्टिंग के मामले में चैनलों की इस अगम्भीर प्रवृत्ति की वजह से ही रिपोर्टिंग की गुणवत्ता बहुत गिर गयी है। यही नहीं, इससे अच्छे रिपोर्टर भी हतोत्साहित हुए हैं। जाहिर है कि जब चैनलों में अच्छी रिपोर्ट की गुंजाइश नहीं रह जायेगी, क्योंकि वे नम्बर नहीं ला सकतीं तो धीरे-धीरे उनको करने की आदत भी छूट जायेगी। यही वजह है कि अच्छे संवाददाताओं को भी जंग लग गयी है, वे नकारा हो गये। यही हाल टीवी के लिए कार्यक्रम बनाने वाले पत्रकारों, प्रोड्यूसरों का हो गया है। आज तक के प्रोग्रामिंग हेड रह चुके नीलेंदु सेन बताते हैं, "सब कुछ टीआरपी के नजरिए से देखा जाता है इसलिए प्रोग्रामिंग में नयी चीज़ें करने की गुंजाइश ही नहीं बचती। हमारे टैलेंट और इमेजिनेशन को जंग लग जाती है। ऐसे में या तो अच्छे काम करने वाले हताश होते हैं या मजबूरन वही करने लगते हैं जो मार्केट चाहता है[66]।"

टीआरपी ड्रिवेन कंटेंट ने हिन्दी के न्यूज़ चैनलों के बौद्धिक स्तर को भी गिरा दिया है। इसका अन्दाज़ा उनके एंकर से भी लगाया जा सकता है। पढ़े-लिखे, समझदार, विश्लेषण की क्षमता रखने वाले सन्तुलित एंकर का हिन्दी में अकाल दिखता है, उनकी संख्या उँगलियों पर गिनी जा सकती है। सुदर्शन चेहरे वाले युवा एंकर भले ही दर्शकों को लुभाने में कामयाब होते हों मगर वे विषयों को समझदारी के साथ प्रस्तुत नहीं कर पाते। टीवी स्क्रीन पर दिखने वाली ये कमी दरअसल चैनलों की पूरी व्यवस्था में ही शामिल हो गयी है। कुशलता, विशेषज्ञता और अनुभव के प्रति इस उपेक्षा को उनमें हर स्तर पर देखा जा सकता है।

सन्दर्भ

1. The Hindustan Times, Page-12, 8 February, 2013
2. साक्षात्कार
3. Television Viewership Measurement, Dilemma and Challenges Published by CMS, Page-49
4. Audience Market and the Public, Page-125
5. उपरोक्त
6. रचनाक्रम, अक्टूबर, 2011
7. रचनाक्रम, अक्टूबर, 2011, पेज-58
8. देखें परिशिष्ट-2, पेज-58
9. देखिए परिशिष्ट-2

10. News As Entertainment by Dayakrishna Thussu, Sage Publication, 2007, Page-31
11. उपरोक्त
12. देखें परिशिष्ट-पेज-2
13. साक्षात्कार
14. देखिए परिशिष्ट-पेज-2
15. देखिए परिशिष्ट-पेज-2
16. News As Entertainment by Dayakrishna Thussu, Sage Publication, 2007, Page-132
17. News As Entertainment by Dayakrishna Thussu, Sage Publication, 2007
18. CMS Report—Face of Corruption in News Media, 2011
19. उपरोक्त
20. देखें परिशिष्ट-1
21. ट्राई की रिपोर्ट, स्रोत-पीटीआई, 6 अगस्त, 2008
22. देखें परिशिष्ट-1
23. देखें परिशिष्ट-1
24. देखें परिशिष्ट-2
25. देखें परिशिष्ट-2
26. देखें परिशिष्ट-1
27. साक्षात्कार
28. The Indian Express, Page-11, 23 January, 2013
29. The Hindu, Page-12, 24 January, 2013
30. The Times of India, Page-20, 25 January, 2013
31. Media must shun rubble rousing by Pramod Kumar, www.thehoot.org, 24 January, 2013
32. The Indian Express, Page-11, 28 January, 2013
33. जनसत्ता, पेज-6, 30 जनवरी, 2013
34. देखें परिशिष्ट-1
35. देखें परिशिष्ट-1
36. The Rise of 24 Hour News Television by Stephen Cushion, Peter Lang, 2010 Page16-17
37. The Rise of 24 Hour News Television by Stephen Cushion, Peter Lang, 2010 Page 24-25
38. साक्षात्कार
39. देखें परिशिष्ट-1
40. देखें परिशिष्ट-1
41. The Hindu, 21 January, 2013, Page-10
42. देखें परिशिष्ट-1
43. देखें परिशिष्ट-1
44. The Media and Social Theory Edited by. David Hesmondhalgh and Jason Toynbee, Routledge, 2008, Page-43
45. रचनाक्रम, अक्टूबर, 2011, पेज-38
46. We interrupt this broadcast. How to Improve Local News and Win Ratings Too, 2001, Page-51

47. उपरोक्त-पेज 48
48. साक्षात्कार
49. टैम रिपोर्ट—देखें परिशिष्ट-पेज से पेज तक
50. मीडिया विमर्श, मार्च, 2011
51. अंग्रेजी आउटलुक, 6 दिसम्बर, 2010
52. हिन्दी आउटलुक, दिसम्बर 2010
53. हिन्दुस्तान टाइम्स, 7 सितम्बर
54. www.bea.org
55. हंस, पेज-89, नवम्बर, 2012
56. इंडियन एक्सप्रेस, 9 नवम्बर, 2012
57. साक्षात्कार
58. द हिन्दू, पेज-1, 29 जनवरी, 2013
59. देखें परिशिष्ट-1
60. देखें परिशिष्ट-1
61. देखें परिशिष्ट-2
62. देखें परिशिष्ट-2
63. देखें परिशिष्ट-1
64. देखें परिशिष्ट-1
65. देखें परिशिष्ट-1
66. देखें परिशिष्ट-1

टीवी न्यूज़ को टीआरपी के दुष्प्रभाव से बचाने के प्रयास और सम्भावनाएँ

पिछले अध्यायों में दिये गये विवरणों से सिद्ध हो गया है कि न्यूज़ चैनलों के कंटेंट को लेकर एक दशक से उठ रहे सवालों एवं सन्देहों के पुख़्ता आधार हैं और टीआरपी की मौजूदा व्यवस्था के टीवी न्यूज़ पर बहुत बुरे प्रभाव पड़ रहे हैं। यही वजह है कि रेटिंग व्यवस्था से कोई भी सन्तुष्ट नज़र नहीं आता, न दर्शक, न प्रसारक, न विज्ञापनदाता और न ही सरकार। ये असन्तोष विभिन्न तरह से प्रकट होता रहा है। सभा-सेमिनारों में इस पर तीखी बहसें होती रही हैं और यहाँ तक कि संसद तक में इस पर चिन्ता जाहिर की गयी है। शिकायतें सरकार के पास भी पहुँचीं और उस पर दबाव पड़ा कि वह कुछ करे। सरकार और टीवी इंडस्ट्री द्वारा उठाये गये सुधारात्मक कदमों का अध्ययन करने से पहले टीआरपी से जुड़ी समस्याओं को संक्षेप में देख लेना ठीक होगा।

इस समस्या को मुख्य रूप से दो हिस्सों में बाँटकर देखा जा सकता है–

1. टीआरपी की मौजूदा व्यवस्था विश्वसनीय नहीं है–

- क्योंकि देश की विशालता और विविधता के हिसाब से नमूनों का आकार बहुत छोटा है इसलिए इसे सच्चे अर्थों में प्रातिनिधिक नहीं माना जा सकता।
- क्योंकि वह बड़े शहरों तक केन्द्रित है और उसमें ग्रामीण इलाकों की पूरी तरह से उपेक्षा की गयी है।
- क्योंकि ये निजी प्रसारकों के पक्ष में देश के एकमात्र लोक प्रसारक दूरदर्शन को नज़रअन्दाज़ करती रही है।
- क्योंकि इसके आँकड़े को मन मुताबिक तोड़ने-मरोड़ने या प्रभावित करने की पूरी गुंजाइश है। इसके प्रमाण भी मिल चुके हैं। कई बड़े प्रसारकों ने खुले आम आरोप लगाये हैं और वे अदालत तक चले गये हैं।
- क्योंकि टैम इंडिया ने अपने काम को पारदर्शी नहीं बनाया है।
- क्योंकि टैम इंडिया की क्रास हॉल्डिंग (हिस्सेदारी) इसी उद्योग के दूसरे धन्धों में भी है।

- क्योंकि टैम अपने काम और वित्तीय लेनदेन की स्वतन्त्र जाँच करवाने के लिए तैयार नहीं है।
- क्योंकि किसी भी बाज़ार में किसी एक कम्पनी का एकाधिकार होना ठीक नहीं है। इससे प्रतिस्पर्धा पैदा नहीं होती और नतीजतन एकमात्र एजेंसी की सेवाओं पर ही निर्भर रहना पड़ता है भले ही वह सेवा के नाम पर जो भी प्रदान करे। टैम को अमेरिका में इसके लिए दंडित भी किया जा चुका है।

2. टीआरपी की मौजूदा व्यवस्था टीवी सामग्री को दुष्प्रभावित कर रही है–

- टीआरपी की वजह से चैनलों के बीच एक अन्धी होड़ पैदा हो गयी है और वे दर्शक संख्या बढ़ाने के लिए कंटेंट के साथ खिलवाड़ कर रहे हैं। वे बाज़ार की ज़रूरतों के अनुरूप कंटेंट का निर्माण कर रहे हैं।
- चैनलों को केवल अपने विज्ञापनदाताओं और बाज़ार की चिन्ता रह गयी है और उन्हें खुश करने के लिए वे किसी भी हद तक जा रहे हैं।
- चैनलों को उसने शहरों और उच्च तथा मध्यवर्ग की रुचियों के अनुरूप सामग्री दिखाने के लिए विवश कर दिया है।
- न्यूज़ चैनल ख़बरों को सनसनीखेज बनाने के आदी हो गये हैं।
- वे अनावश्यक और नकारात्मक समाचारों को बढ़ा-चढ़ाकर दिखाते हैं।
- सामाजिक सरोकारों से उनका सम्बन्ध टूट गया है।
- न्यूज़ चैनलों में गम्भीर ख़बरों की बजाय मनोरंजन को महत्त्व दिया जाने लगा है।
- चैनलों की साख बहुत नीचे गिर गयी है। उनकी विश्वसनीयता का पतन हो गया है।
- चैनलों के इस व्यवहार से लोकतन्त्र को नुकसान हो रहा है। चौथे खंभे के रूप में उसकी भूमिका संदिग्ध हो गयी है।

टेलीविज़न चैनलों के कंटेंट पर टीआरपी के असर को लेकर चिन्ता सर्वत्र व्याप्त है। यहाँ तक कि सूचना एवं प्रसारण मन्त्रालय ने भारतीय दूरसंचार नियामक प्राधिकरण को सिफारिशें देने के लिए जो पत्र लिखा था उसमें भी टीआरपी के सम्बन्ध में इसी तरह की समस्याओं का उल्लेख किया गया था। इसके पहले ही बिन्दु में कहा गया है, "रेटिंग मूल रूप से इसलिए अस्तित्व में आयी थी कि इससे विज्ञापनदाता अपने धन का अधिकतम लाभ उठा सकें। लेकिन आन्तरिक कवायद तक सीमित रहने के बजाय रेटिंग देश के टेलीविज़न और चैनलों के कार्यक्रमों की प्राथमिकताएँ तय करने लगी है, मानो दर्शकों के एक छोटे से नमूने के हित और समूची जनता के हित एक जैसे हों[1]।" हालाँकि मन्त्रालय की उपरोक्त टिप्पणी टीआरपी की वजह से टेलीविज़न न्यूज़ में आयी नकारात्मक प्रवृत्तियों को सम्पूर्ण रूप में व्यक्त नहीं करती है और एक पत्र में ये सम्भव भी नहीं है, मगर इससे ये

तो पता चलता ही है कि समस्या कितनी गहरी है। इसका सबसे महत्त्वपूर्ण अर्थ ये निकलता है कि टीआरपी टीवी न्यूज़ को निर्देशित कर रही है, जो कि बहुत ही विध्वंसकारी साबित हो रहा है।

टीआरपी से पैदा होने वाली समस्याओं को टीवी न्यूज़ के भावो परिदृश्य के साथ जोड़कर भी देखा जाना चाहिए। न्यूज़ चैनलों का बिजनेस मॉडल अभी भी ऐसा है कि मोटा मुनाफ़ा कमाना तो दूर उन्हें चलाना ही मुश्किल साबित हो रहा है। शीर्ष के दो-तीन चैनलों को छोड़ दें तो बाकी के सभी चैनल घाटे में चल रहे हैं और सालों से चल रहे हैं। यहाँ तक कि कोई लाभ या हानि नहीं वाली स्थिति तक पहुँचने में उन्हें पाँच साल से ज़्यादा का समय लग रहा है। किसी भी राष्ट्रीय चैनल का मासिक खर्च 5-6 करोड़ महीने होता है, मगर इसकी भरपाई किसी भी तरह नहीं हो पाती। शीर्ष के तीन चैनल अधिकांश विज्ञापन ठीक-ठाक दरों पर ले जाते हैं। हालाँकि उन्हें भी मनोरंजन चैनलों के मुक़ाबले केवल दस फ़ीसदी या उससे भी कम दरों पर विज्ञापन मिल पाते हैं। हर महीने 2-3 करोड़ का नुक़सान उन्हें उठाना पड़ता है और इसे कम करने के लिए वे कंटेंट को हलका भी बनाते हैं और राजस्व लाने के लिए भ्रष्ट रास्ते भी अपनाते हैं।

जरा सोचिए अगर हर साल पचास से लेकर अस्सी चैनलों का इजाफा होता रहा तो विज्ञापन लेने की होड़ क्या शक्ल ले लेगी। टीवी इंडस्ट्री में न्यूज़ चैनलों के लिए विज्ञापनों में औसतन चौदह फ़ीसदी की दर से वृद्धि हो रही है, जो कि अच्छी-खासी होने के बावजूद चैनलों की बढ़ती आबादी के लिहाज से काफी नहीं होगी। दूसरे, अगर टीआरपी को बेहतर बनाने के लिए पीपल्स मीटर और अधिक शहरों में लगाये जाते हैं तो उससे वितरण का खर्च भी बढ़ेगा। हालाँकि डिजिटाइजेशन से इस खर्च में कटौती के अनुमान लगाये जा रहे हैं, मगर ये कटौती बहुत कम होगी इसकी उम्मीद नहीं है।

कहने का मतलब ये है कि टेलीविज़न की न्यूज़ इंडस्ट्री की जितनी चमकीली तस्वीर बाहर से दिखती है, उतनी है नहीं, इसलिए भविष्य में समाचार-सामग्री में और अधिक गिरावट के खतरे स्पष्ट दिखलाई पड़ रहे हैं। लिहाजा ये ज़रूरी है कि ठोस कदम उठाये जायें।

बहरहाल, इस संकट का एहसास होने पर ही केन्द्रीय सूचना एवं प्रसारण मंत्रलय ने 17 जनवरी, 2008 को भारतीय दूरसंचार नियमन प्राधिकरण (ट्राई) को पत्र लिखकर टीआरपी मापन के सम्बन्ध में अपनी सिफारिशें देने के लिए कहा था। ट्राई ने 19 अगस्त, 2008 को अपनी विस्तृत रिपोर्ट सरकार को सौंप दी।

रेटिंग व्यवस्था में सुधार के लिए ट्राई की सिफारिशें

ट्राई ने लगभग छह महीनों तक टीआरपी मापन से जुड़े सभी पक्षों से राय-मशवरा

किया। प्रसारकों, विज्ञापनदाताओं और विज्ञापन एजेंसियों की राय जानने के अलावा उसने उपभोक्ताओं के पक्ष को भी समझने की कोशिश की। ध्यान रहे कि सरकार ने उससे जिन बिन्दुओं पर सिफारिशें माँगी थीं, उनमें टीआरपी के कंटेंट पर पड़ने वाले नकारात्मक प्रभाव भी शामिल थे। ट्राई की रिपोर्ट में एक तरह से इसे स्वीकार करते हुए डाउन टू अर्थ पत्रिका[2] में प्रकाशित रिपोर्ट का हवाला देते हुए कहा गया कि कैसे न्यूज़ चैनलों में अपराध और मनोरंजन की ख़बरें बढ़ गयी हैं और विकास तथा राजनीति के समाचार हाशिए पर चले गये हैं। लेकिन इस स्वीकारोक्ति के बावजूद ट्राई ने विचार-विमर्श और सिफारिशों में कंटेंट के पक्ष को शामिल नहीं किया। उसने अपना सारा ध्यान इस मुद्दे पर केन्द्रित किया कि टीआरपी मापने के लिए ऐसी व्यवस्था बनायी जाये जो इस सम्बन्ध में उठने वाली शिकायतों को सम्बोधित कर सके, उनके समाधान सुझा सके। टीवी कंटेंट को अपनी रिपोर्ट से बाहर रखने के पीछे उसका तर्क था[3] कि "भारतीय दूरसंचार नियामक प्राधिकरण अधिनियम के तहत ट्राई केवल वितरण (कैरिएज) एवं प्रसारण के क्षेत्र का नियमन करने की जिम्मेदार है और कंटेंट का नियमन उसके अधिकार क्षेत्र नहीं आता। कंटेंट का नियमन केबल टेलीविज़न नेटवर्क (नियमन) अधिनियम 1995 के तहत बनायी गयी विज्ञापन एवं कार्यक्रम संहिता के आधार पर होता है।"

वास्तव में ट्राई कार्यक्रमों की संहिता तय करने के विवाद में नहीं पड़ना चाहता था। कंटेंट कोड का मामला काफी गरमाया हुआ था और टीवी इंडस्ट्री ख़ास तौर पर न्यूज़ चैनल इसके ख़िलाफ लामबन्द हो गये थे। सरकार ने भी इसी विरोध को देखते हुए अपने क़दम पीछे खींच लिए थे और सम्भव है कि वह ट्राई के कन्धे पर रखकर बन्दूक चलाना चाह रही हो, जिसे ट्राई ने मंजूर नहीं किया। हालाँकि ये मजे की बात है कि ट्राई ने अपनी रिपोर्ट में कहा है कि ब्रिटेन के दूरसंचार एवं मीडिया नियामक ऑफकॉम (Ofcom) ने ब्राडकास्ट संहिता भी लागू की है। टेलीविज़न और रेडियो दोनों पर लागू होने वाली इस संहिता में कार्यक्रमों के मानकों, प्रायोजन, निष्पक्षता एवं निजता आदि को शामिल किया गया है। ट्राई ने इस बात का ज़िक्र भी किया है कि हाल में बीबीसी पर संहिता के उल्लंघन करने के लिए चार लाख पौंड का जुर्माना भी किया था। ट्राई ऑफकॉम का हवाला देते हुए सरकार से माँग कर सकता था कि उसे भी इस तरह के अधिकार दिये जाये तो वह उस मामले में भी विचार-विमर्श करके सिफारिशें दे सकता है। मगर ट्राई को ये अधिकार देने पर अधिनियम में संशोधन की ज़रूरत पड़ती और उसके लिए संसद में जाना पड़ता। इससे भी बड़ी समस्या ये पैदा होती कि न्यूज़ चैनल तुरन्त सरकार पर ये कहते हुए हमला बोल देते कि वह मीडिया की स्वतन्त्रता पर हमला कर रही है।

बहरहाल, मन्त्रालय को सौंपी अपनी रिपोर्ट में ट्राई ने टीआरपी सम्बन्धी

शिकायतों के निवारण के लिए टीवी इंडस्ट्री द्वारा आत्म नियमन का रास्ता सुझाया। उसमें कहा गया, "बेहतर होगा यदि टीआरपी मापन के क्षेत्र में सरकार दखल न दे और इंडस्ट्री खुद एक विश्वसनीय एवं पारदर्शी व्यवस्था का निर्माण करे। उसने इंडस्ट्री द्वारा सन् 2007 में ब्रिटेन के बार्ब (Broadcasters Audience Research Board) की तर्ज पर बीएआरसी बनाने के फैसले को उचित ठहराया और उसके कामकाज एवं उद्देश्यों के सम्बन्ध में अपनी सिफारिशें दीं[4])।"

बार्ब का गठन सन् 1981 में किया गया था यानी भारत से लगभग तीस साल पहले। बार्ब स्वयं रेटिंग देने का काम नहीं करती, बल्कि एजेंसियों को अनुबंधित करके तय नियम-कानूनों के तहत मार्केट रिसर्च करवाती है। उसका काम आश्वस्त करना है कि सैंपल साइज पर्याप्त हो, सभी क्षेत्रों और वर्गों का उचित प्रतिनिधित्व हो, और रेटिंग की प्रक्रिया विश्वसनीय एवं पारदर्शी हो। बार्क के गठन के लिए उसकी इसी संरचना एवं उद्देश्यों को आधार बनाया गया।

दरअसल, ट्राई ने मौजूदा रेटिंग प्रणाली की खामियों को रेखांकित करते हुए बीएआरसी यानी बार्क के ढाँचे एवं उसकी कार्यप्रणाली का एक खाका सुझाने का काम किया। मार्केट रिसर्च करने वाली किसी एजेंसी के कामकाज से क्या अपेक्षाएँ रखी जा सकती हैं और उन्हें पूरा करने के लिए क्या-क्या चीज़ें सुनिश्चित किया जाना चाहिए, इसके बारे में उसने सिफारिशें कीं। ट्राई के मुताबिक रेटिंग एजेंसियों को भारत में काम करने के लिए खुद को पंजीकृत कराना अनिवार्य होगा और इसकी प्रक्रिया क्या होनी चाहिए इसे उसने स्पष्ट किया। अभी तक ऐसी कोई व्यवस्था नहीं है। टैम जैसी विदेशी एजेंसियाँ बिना किसी अनुमति के काम कर रही हैं और टीवी एवं रेडियो के बाज़ार को नियंत्रित भी कर रही हैं। ये भी ध्यान रखा जाना चाहिए कि मार्केट रिसर्च के क्षेत्र में सौ फ़ीसदी विदेशी निवेश की छूट है, जिसका मतलब है विदेशी एजेंसियाँ पूरी तरह से निरंकुश होकर काम कर सकती हैं, जैसा कि टैम कर रही है।

इसके अलावा ट्राई ने एजेंसियों के काम करने के नैतिक, आचरण सम्बन्धी, कानूनी और व्यावहारिक मानदंडों के बारे में भी अपनी सिफारिशें दीं। बल्कि ये कहना ज़्यादा ठीक होगा कि उसने उन सभी विवादित बिन्दुओं पर अपनी राय और सिफारिशें दीं जो टीआरपी मापन से जुड़े हुए हैं। हालाँकि उसने भारत में टीवी घरों की संख्या को देखते हुए नमूनों के आकार के बारे में कोई संख्यात्मक सिफारिश नहीं की। ट्राई की सिफारिशों के बाद भी बार्क का काम बहुत धीमी गति से चलता रहा, सरकार उसमें किसी तरह की तेज़ी नहीं ला पायी। इसके लिए कई वजहें बतायी गयीं। एक तो पीपल्स मीटर की संख्या बढ़ाने में होने वाला खर्च था। एक पीपल्स मीटर की लागत टैम इंडिया के अनुसार पचहत्तर हज़ार तक पड़ती है। अगर पहले दौर में तीस हज़ार मीटर लगाये जाने हैं तो ये राशि थोड़ी बड़ी हो जाएगी। हालाँकि ये ख़र्च इतना बड़ा भी नहीं था कि सरकार अगर

दबाव बनाती तो इंडस्ट्री तैयार नहीं होती, मगर उसके ढुलमुल रवैये और टैम की आक्रामकता की वजह से गाड़ी स्टेशन पर ही रुकी रही।

इस रुकावट की वजह से टीआरपी सम्बन्धी शिकायतें और नाराजगी बढ़ती जा रही थीं। इससे निजात पाने के लिए भारत सरकार के सूचना एवं प्रसारण मन्त्रालय ने फिक्की के अध्यक्ष डॉ. अमित मित्रा की अध्यक्षता में एक सात सदस्यीय कमेटी का गठन किया, जिसने जनवरी 2011 में अपनी रिपोर्ट सौंप दी। मित्रा कमेटी से भी उन्हीं बिन्दुओं पर सिफारिशें माँगी गयीं, जिन पर ट्राई ने दी थीं। यानी रेटिंग प्रणाली में सुधार और टीवी कंटेंट पर टीआरपी के दुष्प्रभावों को रोकना।

मित्रा कमेटी की सिफारिशें

मित्रा की अध्यक्षता वाली कमेटी ने दर्ज किया कि प्रसारकों, विज्ञापनदाताओं और विज्ञापन एजेंसियों ने मिलकर बीएआरसी का गठन किया है और जुलाई, 2010 में कम्पनी अधिनियम के तहत उसका पंजीकरण भी करवा लिया है। ट्राई की तरह कमेटी ने भी माना कि ये इंडस्ट्री की ओर की गयी पहल है और टीआरपी के मामले में आत्म नियमन के ज़रिए आगे बढ़ना ही सही रास्ता होगा। इसीलिए उसने बीएआरसी को ही पुख़्ता बनाने के लिए मुख्य रूप से पन्द्रह सिफारिशें कीं। मित्रा कमेटी की सिफारिशें–

1. बीएआरसी के बोर्ड को और अधिक समावेशी बनाने के लिए उसके संविधान को विस्तृत बनाया जाये। कम्पनी की संरचना में प्रसारकों (जिनमें लोक प्रसारक भी शामिल हैं) विज्ञापनदाताओं और विज्ञापन एजेंसियों को शामिल किया जाना चाहिए। कमेटी के मताबिक 12 सदस्यीय बोर्ड में लोक प्रसारकों समेत सभी प्रसारकों की ओर से सात, तीन विज्ञापनदाताओं और दो विज्ञापन एजेंसियों के प्रतिनिधि होने चाहिए। एजेंसियों के प्रतिनिधि में दृश्य-श्रव्य प्रचार निदेशालय (डीएवीपी) के सदस्य भी शामिल हैं।
2. बीएआरसी का शोध, रूपरेखा और विश्लेषण के मामले में मार्गनिर्देशन करने के लिए एक उच्चाधिकार प्राप्त कमेटी का गठन किया जाये। इस कमेटी के सदस्य विभिन्न क्षेत्रों के जाने-माने लोग होंगे। इसमें राष्ट्रीय स्तर का एक सांख्यिकीविद्, मापन टेक्नालॉजी का एक विशेषज्ञ, सिविल सोसायटी या न्यायपालिका में से एक प्रतिष्ठित व्यक्ति, एक जनसंख्याविद्, एक समाजशास्त्री, एक अर्थशास्त्री, किसी भारतीय प्रबन्धन संस्थान से एक वाणिज्य प्रबन्धन विशेषज्ञ, किसी जाने-माने संस्थान से एक मनोनीत सदस्य, राष्ट्रीय स्तर की एक जानी-मानी महिला और बीएआरसी से तीन विशेष आमंत्रित सदस्य होने चाहिए।
3. इस उच्चाधिकार प्राप्त कमेटी की सिफारिशें बीएआरसी के लिए बाध्यकारी होंगी। इसके लिए बीएआरसी में आवश्यक बदलाव किये जायें।

4. कमेटी ने टीआरपी मापने के लिए वर्तमान एजेंसियों द्वारा कम नमूनों को आधार बनाने और ग्रामीण इलाकों की अनदेखी करने को गम्भीरता से लिया। उसने दो साल के अन्दर नमूनों की संख्या 8000 घरों से बढ़ाकर 15000 और फिर तीन साल के अन्दर 30000 करने के लिए कहा। उसने ये भी कहा कि शहरी इलाकों के साथ-साथ गाँव और कस्बों को भी शामिल किया जाये, साथ ही भौगोलिक रूप से देश के सभी हिस्सों का प्रतिनिधित्व इनमें होना चाहिए।
5. टीआरपी मापने के लिए नमूनों की संख्या में बढ़ोतरी को फंड करने के लिए कमेटी ने सिफारिश की कि प्रसारकों, विज्ञापनदाताओं और विज्ञापन एजेंसियों को अपने वार्षिक कारोबार का एक निश्चित हिस्सा बीएआरसी को देना चाहिए। अगले पाँच साल में रेटिंग प्रणाली के विस्तार में करीब 660 करोड़ का खर्च आयेगा, जो कि भारतीय टीवी उद्योग के आकार का केवल 0.32 फ़ीसदी है। कमेटी के मुताबिक इंडस्ट्री के लिए ये कोई बहुत बड़ा खर्च नहीं है।
6. पीपल मीटर का कवरेज बढ़ाने के लिए बीएआरसी को इसके देशीकरण और स्थानीय निर्माण की सम्भावनाएँ खोजनी चाहिए। कमेटी के मुताबिक रेटिंग एजेंसियों को खुद भारत में ही पीपल मीटर के निर्माण के बारे में सोचना चाहिए ताकि उनकी लागत को नीचे लाया जा सके।
7. कमेटी ने पाया कि पीपल मीटर पर पचास प्रतिशत आयात कर लगाया गया है, जिससे वे काफी महँगे हो जाते हैं। उसका सुझाव था कि कुछ समय के लिए इसमें कमी की जा सकती है।
8. कमेटी ने टीआरपी मापने की विधि में पारदर्शिता की कमी पर चिन्ता व्यक्त की। उसने सिफारिश की कि रेटिंग एजेंसी का चयन और टीआरपी मापने की विधि का निर्धारण विश्वसनीय, पारदर्शी एवं सांख्यिकीय नजरिए से ठोस होना चाहिए और इसे वित्तीय एवं विधि सम्बन्धी जाँच के लिए खुला होना चाहिए। इसके विवरण बीएआरसी की वेबसाइट पर उपलब्ध होने चाहिए ताकि कोई भी इन्हें देख सके।
9. विभिन्न प्लेटफार्म (कैस, डीटीएच या हिट) पर आँकड़े इकट्ठे करने के लिए उभर रही टेक्नालॉजी और विभिन्न प्लेटफार्म से हो रहे प्रसारण से जुड़े दर्शकों की पसन्द से सम्बन्धित आँकड़ों को एकत्र करने के लिए एक समग्र नीति बनायी जाये।
10. हितों में टकराव को रोकने के लिए रेटिंग एजेंसी की हिस्सेदारी (क्रास होल्डिंग) प्रसारक, विज्ञापनदाता या विज्ञापन एजेंसी में नहीं होनी चाहिए।
11. टीआरपी मापन की प्रक्रिया चार चरणों में होनी चाहिए। पहला चरण सर्वेक्षण की रूपरेखा और गुणवत्ता नियंत्रित शोध का होगा। इसके बाद सर्वेक्षण एजेंसी की नियुक्ति और स्थापना होगी। तीसरे चरण में आँकड़ों का विश्लेषण एवं रिपोर्ट

का निर्माण होगा जबकि चौथा चरण जाँच का होगा। चारों चरणों का काम अलग-अलग एजेंसियों को दिया जाये ताकि पक्षपात न हो।

12. कमेटी ने पाया कि वर्तमान में एजेंसियाँ आँकड़े देने और शोध प्रविधि में बहुत ज़्यादा गोपनीयता बरतती हैं। टेलीकॉम रेग्यूलेटरी अथॉरिटी (ट्राई) की 2008 की रिपोर्ट में रेटिंग एजेंसियों के लिए पात्रता, कामकाजी नैतिकता आदि के बारे में दिशानिर्देश दिये हैं, उनका पालन किया जाना चाहिए।
13. टीआरपी सप्ताह में एक बार और आगे चलकर एक पखवाड़े में एक बार दी जानी चाहिए क्योंकि इसका प्रसारण सामग्री पर नकारात्मक असर पड़ता है, ख़ास तौर पर न्यूज़ चैनलों की सामग्री पर।
14. एडवर्टाइजिंग स्टैंडर्ड कौंसिल ऑफ इंडिया (एएससीआई) की तर्ज पर बीएआरसी को शिकायतें दूर करने के लिए एक तंत्र का निर्माण करना चाहिए।
15. बीएआरसी को जून, 2011 तक उच्चाधिकार प्राप्त कमेटी के गठन के उद्देश्य से बोर्ड में परिवर्तन के लिए काम शुरू कर देना चाहिए। यदि वह ऐसा नहीं कर पाती है तो सरकार उपयुक्त कानून बनाकर टीआरपी मापन को किसी एजेंसी को सौंप सकती है या फिर कोई दूसरी व्यवस्था कर सकती है[5]।

मित्रा कमेटी की रिपोर्ट से ये तो साफ हो गया कि टीआरपी तय करने का मौजूदा तरीका ख़ामियों से भरा हुआ है। ये भी स्पष्ट हो गया कि उसकी रिपोर्ट ने टैम इंडिया की पूरी प्रणाली पर ही प्रश्नचिह्न लगा दिये हैं और उसमें आमूल-चूल बदलाव की ज़रूरत बताई है। उसके लगभग सभी सुझाव महत्त्वपूर्ण हैं। लेकिन जहाँ तक कंटेंट पर पड़ने वाले टीआरपी के असर को कम करने का सवाल है तो उससे सम्बन्धित ये सुझाव महत्त्वपूर्ण हैं कि टीआरपी एक हफ्ते के बजाय एक पखवाड़े में दी जाये। टीआरपी जितने अधिक अन्तराल में आयेगी उसका दबाव उतना ही कम होगा ऐसा बहुत सारे लोग मानते हैं। आज तक के न्यूज़ डायरेक्टर क़मर वहीद नक़वी मानते हैं, "टेलीविज़न में एक-एक मिनट की टीआरपी देखी जा सकती है और उसके हिसाब से निर्णय लिए जाते हैं इसलिए कंटेंट पर बुरा असर पड़ता है, जबकि अख़बारों की प्रसार संख्या के आँकड़े छह महीनों में आते हैं इसलिए ये सवाल नहीं उठता कि कौन से पेज की किस ख़बर की वजह से सर्कुलेशन बढ़ा। वहाँ अख़बार के सभी पन्नों की सम्मिलित टीआरपी होती है, टेलीविज़न में ऐसा नहीं होता[6]।"

टीवी पत्रकारों के बीच करवाये गये सर्वेक्षण में हमने ये सवाल रखा कि अगर टीआरपी लम्बे अन्तराल में आये तो क्या वे बेहतर ढंग से काम कर पायेंगे। उत्तर में चालीस फ़ीसदी लोगों का मत था कि हाँ वे कर पायेंगे। 32 प्रतिशत पत्रकारों का मत था कि उस सूरत में वे काफ़ी हद तक बेहतर ढंग से काम कर पायेंगे जबकि बीस प्रतिशत इससे विपरीत विचार रखते थे। उनके मुताबिक दबाव और

भी बढ़ जायेगा। आठ प्रतिशत का मानना था कि दबाव कम होगा मगर चलेगी टीआरपी की ही[7]। साफ है कि टीआरपी के होने का मतलब है कि कंटेंट पर दबाव उल्लेखनीय है कि नेशनल ब्राडकास्टर्स एसोसिएशन और ब्राडकास्ट एडिटर्स एसोसिएशन दोनों ने बाकायदा प्रस्ताव पारित करके कहा था कि टीआरपी हर सप्ताह देने के बजाय महीने में एक बार दी जानी चाहिए। मगर टैम ने ऐसा करने से इंकार कर दिया क्योंकि विज्ञापनदाताओं की संस्था ने इसे मानने से मना कर दिया। जाहिर है ये एक ऐसी व्यावहारिक समस्या है जिसका इलाज खोजना ज़रूरी है और ये आसान नहीं है।

हालाँकि मित्रा कमेटी द्वारा रिपोर्ट सौंपे जाने को करीब तीन साल गुजर चुके हैं और उसकी सिफारिशों पर अमल होता नहीं दिख रहा है। मगर कमेटी की कई सिफारिशें महत्त्वपूर्ण हैं और जिन पर जमकर वाद-विवाद भी हुआ। मीडिया से जुड़ी वेबसाइट एक्सचेंज फॉर मीडिया में छपी एक रिपोर्ट[8] के मुताबिक इसका सबसे ज़्यादा असर टैम इंडिया पर पड़ने वाला था जो कि वर्तमान में टीआरपी बताने वाली सबसे ज़्यादा स्वीकार्य एजेंसी है। अव्वल तो निष्पक्षता बरतने के लिहाज से कमेटी ने ऐसी किसी एजेंसी को काम न देने की बात की है, जिसकी दूसरी मीडिया कम्पनियों में भागीदारी (क्रास होल्डिंग) हो। टैम इंडिया नील्सन और कंटार मीडिया की संयुक्त भागीदारी वाली कम्पनी है और दोनों में से कंटार एक डब्ल्यूपीपी कम्पनी है, जिसका मतलब है उसकी दूसरी कम्पनी में क्रास होल्डिंग है। लेकिन दिलचस्प बात ये है कि भारत में काम कर रहीं प्रमुख मार्केट रिसर्च एजेंसियाँ TNS, Nielsen, Kantar or IMRB सब टैम परिवार की हैं। ऐसे में इस तरह के काम के लिए एजेंसियाँ कहाँ से आयेंगी। यही नहीं, कमेटी ने ये सुझाव भी दिया है कि टीआरपी मापने के चार चरणों के लिए अलग-अलग एजेंसियों को काम दिया जाये ताकि वे मिलीभगत से पक्षपात न कर सकें। फिलहाल टैम ये चारों काम अकेले ही करती है। जाहिर है कि कमेटी की सिफारिशों पर अमल की स्थिति में उसे अपना कारोबार या तो समेटना होगा या उसे सीमित करना पड़ सकता है। मगर यहाँ भी पेच ऊपरवाला ही है यानी विकल्पों का अभाव।

कमेटी ने टीआरपी हफ्ते में एक बार और सम्भव हो तो दो हफ्तों में एक बार देने की सिफारिश की, जिसका मतलब हुआ कि वह दैनिक टीआरपी के ख़िलाफ थी। अमेरिका सहित बहुत से मुल्कों में हर दिन (ओवरनाइट) टीआरपी देने का चलन है **(देखें : तालिका)**। रेटिंग एजेंसी एमैप की यही ख़ासियत थी कि वह दैनिक रेटिंग उपलब्ध करवाती थी। एमैप बन्द हो चुकी है लेकिन अगर वह काम कर रही होती तो उस पर इसका गहरा असर पड़ता।

विभिन्न देशों में टीआरपी की आवृत्ति

क्र.	देश का नाम	टीआरपी की आवृत्ति	क्र.	देश का नाम	टीआरपी की आवृत्ति
1	चीन	ओवरनाइट	11	डोमिनिकन रिपब्लिक	ओवरनाइट
2	पोलैंड	ओवरनाइट	12	दक्षिण अफ्रीका	ओवरनाइट
3	फिलीपींस	ओवरनाइट	13	इंडोनेशिया	साप्ताहिक
4	रोमानिया	ओवरनाइट	14	ग्रीस	ओवरनाइट
5	हंगरी	ओवरनाइट	15	इटली	ओवरनाइट
6	सर्बिया	ओवरनाइट	16	तुर्की	ओवरनाइट
7	वेनेजुएला	ओवरनाइट	17	सायप्रस	ओवरनाइट
8	थाईलैंड	साप्ताहिक	18	मलेशिया	तीन दिनों में
9	स्लोवेनिया	ओवरनाइट	19	क्रोएशिया	ओवरनाइट
10	ब्रिटेन	ओवरनाइट	20	अमेरिका	ओवरनाइट

स्रोत—ट्राई की रिपोर्ट

टीआरपी को मापने की प्रक्रिया को सुदृढ़ करने के लिए कमेटी ने जो उपाय सुझाये उनको लेकर विवाद भी हुआ। नमूनों के आकार में तीन गुना वृद्धि को पर्याप्त नहीं माना गया। अमेरिका और ब्रिटेन में टीवी-घरों के अनुपात में नमूनों की संख्या भारतीय अनुपात से कहीं ज़्यादा है। इस तजवीज पर भी कि पीपल मीटर पर होने वाले खर्च को सब मिलकर वहन करें जमकर विवाद हुआ।

विभिन्न देशों में पीपल्स पैनल होम की संख्या

देश का नाम	पैनल की संख्या	टीवी होम्स (मिलियन में)	टीवी होम्स के हिसाब से पैनलों का प्रतिशत
ऑस्ट्रेलिया	5000	7.3	0.07
एस्टोनिया	275	0.56	0.05
फिनलैंड	1000	2.2	0.05
नार्वे	1000	1.99	0.05
सिंगापुर	700	0.98	0.07
स्लोवाकिया	800	1.65	0.05
स्विट्ज़रलैंड	2000	2.7	0.07
ब्रिटेन	5100	25.7	0.02
अमेरिका	14000	112.8	0.01
अन्तर्राष्ट्रीय औसत			0.02

स्रोत—ट्राई की रिपोर्ट

ये भी विवाद का विषय है कि पीपल मीटरों की संख्या बढ़ने से स्थिति में कोई बदलाव आयेगा या नहीं। ख़ास तौर पर कंटेंट के सन्दर्भ में। बीईए के पूर्व अध्यक्ष एन. के. सिंह के मुताबिक, "अगर गाँव में भी मीटर लगे तो कंटेंट को गाँवों का भी ख़याल रखना होगा, वे उसकी उपेक्षा नहीं कर सकता। ऐसा होने के बाद मार्केट फोर्सेस भी गाँव की आवश्यकताओं के हिसाब से काम करेंगी[9]।" लेकिन आज तक के पूर्व समाचार निदेशक क़मर वहीद नक़वी इससे सहमत नहीं हैं। उनका कहना है, "मीटर की संख्या बढ़ने से या गाँवों में मीटर लग जाने से कंटेंट में किसी तरह का बदलाव इसलिए नहीं आयेगा, क्योंकि गाँव के लोग भी इसी तरह की मनोरंजनात्मक, हल्की-फुल्की चीज़ें देखना चाहते हैं। उन्हें गम्भीर चीज़ों में दिलचस्पी होगी ये मानना भूल होगी[10]।" नकवी की बातों में ज़्यादा वजन इसलिए दिखता है कि बाज़ार टेलीविज़न न्यूज़ का जिस रूप में इस्तेमाल कर रहा है और आगे करना चाहेगा, उसमें उसकी दिशा और दशा वही रहेगी। उपभोक्ता संस्कृति का विस्तार करने का उसका लक्ष्य देश के ग्रामीण इलाकों में भी रहेगा। ख़बरों को वस्तु में तब्दील करके उन्हें उपभोग के लिए बाज़ार में बेचने का उसका नजरिया बदलेगा नहीं।

आईबीएन-18 नेटवर्क के पूर्व प्रधान सम्पादक राजदीप सरदेसाई टीआरपी को दूसरी दृष्टि से भी देखने की कोशिश करते हैं, "पत्रकारिता के गिरते मानदंडों के लिए टीआरपी को दोषी ठहराना आलोचकों के लिए आसान होगा। ये सही है कि साप्ताहिक टीआरपी कई बार पत्रकारिता को टेबलॉयड जैसे बॉक्स ऑफ़िस में तब्दील कर देती है मगर क्या ज़्यादा बेहतर रेटिंग प्रणालियाँ उस तरीके को बदल सकेंगी जिससे हम ख़बरों के बारे में फैसला लेते हैं। सचाई ये है कि हम वह नैतिक पैमाना ही भूल गये हैं जिनसे पत्रकारिता की प्राथमिकता तय होनी चाहिए[11]।"

बहरहाल, कुल मिलाकर देखा जाये तो टीआरपी से जुड़े सभी पक्षों ने रिपोर्ट को खारिज कर दिया। अलबत्ता इससे ये एहसास जरूर बढ़ा कि टीआरपी मापने के लिए एक स्वतंत्र एवं निष्पक्ष एजेंसी की ज़रूरत है और उसका गठन किया जाना चाहिए।

ट्राई की ही तरह मित्रा कमेटी की सिफारिशों के साथ भी विडम्बना यही रही कि उसने भी सिर्फ़ रेटिंग प्रणाली को दुरुस्त करने के बारे में उपाय सुझाये। कंटेंट पर टीआरपी से पड़ रहे दुष्प्रभावों के बारे में उसने एक भी सिफारिश नहीं की, जबकि मन्त्रालय की पहली चिन्ता यही थी। टीवी इंडस्ट्री से बाहर भी लोग टीवी न्यूज़ पर छाए इसी संकट को लेकर चिन्तित थे, मगर मित्रा कमेटी ने सिर्फ़ ये कहकर पल्ला झाड़ लिया कि इसका समाधान रेटिंग प्रणाली में नहीं, बल्कि कहीं और ढूँढ़ा जाना चाहिए[12]।

दो महत्त्वपूर्ण कमेटियों का सबसे बड़े सवाल से कन्नी काट जाना और दर्शकों के बजाय केवल इंडस्ट्री के बारे में सोचना यही जाहिर करता है कि उनमें या तो इच्छाशक्ति का अभाव था या फिर वे कोई रास्ता सुझा पाने में सक्षम नहीं थीं।

सरकार ने भी इस पर ज़ोर नहीं दिया और सारे मामले को इंडस्ट्री तक सीमित करके मुक्ति पा ली गयी।

मित्रा कमेटी ने सिफारिशों पर अमल के लिए जून, 2011 की अन्तिम समय सीमा तय की थी, मगर 2013 के अन्त तक भी बीएआरसी ने काम करना शुरू नहीं किया। ये फिर इस बात का संकेत है कि सरकार और इंडस्ट्री दोनों ही समस्या की गम्भीरता को नहीं समझ रही हैं और जिस त्वरित गति से काम करने की ज़रूरत है उसके लिए उनमें वैसी प्रतिबद्धता का अभाव है। उन्होंने भारतीय दर्शकों को टीवी बाज़ार नामक मगरमच्छ के आगे निहत्था छोड़ दिया है।

ट्राई एवं मित्रा कमेटी ने खुद को रेटिंग व्यवस्था तक महदूद रखा और इस महत्त्वपूर्ण मुद्दे को भी टीवी उद्योग द्वारा आत्मनियमन के भरोसे छोड़ दिया, जो बताता है कि वे उद्योग जगत से कितना प्रभावित एवं आतंकित हैं, जबकि वहाँ एक सख्त नियमन की आवश्यकता से कोई भी इंकार नहीं कर सकता। वास्तव में उन्होंने जो सिफारिशें दी हैं, वे भी एक तरह के नियमन की ओर ही इशारा करती हैं, ये और बात है कि बार्क चूँकि टीवी उद्योग की ही संस्था होगी इसलिए किसी नियामक संस्था के गठन का मामला नहीं बनता। शायद यही वजह है कि बार्क को सक्रिय एवं गतिशील बनाने की दिशा में लेट-लतीफी हो रही है।

टीवी रेटिंग से जुड़ी टेक्नालॉजी और उसके ज़रिए प्राप्त की जाने वाली जानकारी के सम्बन्ध में भी दोनों से चूक हुई। ये सर्वविदित है कि टैम के आँकड़े केवल इसी आधार पर चैनलों एवं कार्यक्रमों की रेटिंग देती है कि उन्हें कितना देखा गया। इसमें कहीं भी दर्शकों की पसन्द-नापसन्द शामिल नहीं होती। एमैप के रविरतन अरोड़ा के अनुसार, "रेटिंग एजेंसियों के मीटर में इस तरह की प्रोग्रामिंग की जा सकती है जिसमें दर्शक किसी प्रोग्राम के बारे में वोट कर सकते हैं, अपनी प्रतिक्रियाएँ दर्ज करवा सकते हैं"[13]।

टीवी न्यूज़ को बचाने के लिए नियमन का रास्ता

दोनों कमेटी की रिपोर्टों, सरकार और टीवी न्यूज़ इंडस्ट्री के रवैये से स्पष्ट है कि रेटिंग प्रणाली में अगर वांछित बदलाव हो भी गये तो भी टीवी न्यूज़ टीआरपी के दुष्प्रभाव से बच नहीं पायेगी। हालाँकि कुछ लोगों का मानना है कि नमूनों का आकार बढ़ने और सामाजिक, आर्थिक एवं क्षेत्रीय असन्तुलन कम होने से फ़र्क़ पड़ेगा। बार्क के मातहत रेटिंग का काम होने से विश्वसनीयता एवं पारदर्शिता आ जायेगी और कहीं न कहीं कंटेंट को बेहतर बनाने में इससे मदद मिलेगी।

लेकिन दूसरे देशों में जहाँ इस तरह की विसंगतियाँ नहीं हैं, वहाँ ऐसा कुछ नहीं हुआ है। मसलन, अमेरिका में नमूनों की संख्या अच्छी है, वहाँ कई रेटिंग एजेंसियाँ हैं, उनकी विश्वसनीयता है और वे पारदर्शी भी हैं। इस सबके बावजूद वहाँ का टीवी

न्यूज़ कंटेंट टीआरपी के दुष्प्रभावों से मुक्त नहीं है, बल्कि वहाँ भी इस समस्या को लेकर वैसी ही गहरी चिन्ता एवं क्षोभ है जैसा कि भारत में। इसी तरह ब्रिटेन में तो बार्ब के मातहत तीस सालों से टीवी रेटिंग बताने का काम हो रहा है, मगर वहाँ भी टीवी न्यूज़ उन्हीं बीमारियों से ग्रस्त है जिन्होंने भारत में तबाही मचा रखी है। इसीलिए मित्र कमेटी का ये कहना ठीक लगता है कि इस समस्या का समाधान कहीं और तलाशा जाना चाहिए। सवाल उठता है कहाँ तलाशा जाना चाहिए। इस बारे में एक चुप्पी है, मगर इशारा भी स्पष्ट है। कहा ये जा रहा है कि ऐसी आचार संहिता लागू की जानी चाहिए जिससे बाज़ार और टीआरपी का दुष्प्रभाव न्यूज़ कंटेंट पर न पड़े।

नियमन के सवाल पर हमने दर्शकों की राय जानने के लिए राष्ट्रीय स्तर पर सर्वेक्षण किया। हमारा सवाल था कि चैनलों को अनुशासित करने के लिए क्या कोई स्वतन्त्र संस्था होनी चाहिए। जवाब में 80.4 प्रतिशत लोगों की राय थी कि स्वतन्त्र संस्था होनी चाहिए। केवल 9.7 फ़ीसदी लोगों ने इसके खिलाफ राय व्यक्त की। इस मामले में पुरुषों (79.6 प्रतिशत) और महिलाओं (81.4 प्रतिशत) की राय लगभग एक जैसी निकलकर आयी। लेकिन नगरीय और ग्रामीण इलाकों में बहुत ज़्यादा फ़र्क़ दिखा। नगरीय इलाकों में 71.8 प्रतिशत लोगों ने नियमन का समर्थन किया जबकि अर्धनगरीय इलाकों में 88.9 प्रतिशत और ग्रामीण इलाकों में 85.2 प्रतिशत दर्शकों ने कहा कि चैनलों को अनुशासित करने के लिए संस्था होनी चाहिए[14]।

जब हमने विभिन्न आयु वर्ग के सामने इस प्रश्न को रखा तो पाया कि आयु के बढ़ने के साथ-साथ स्वतन्त्र संस्था के पक्ष में लोगों की संख्या बढ़ती जाती है, जबकि 45-60 आयु वर्ग में ये सबसे ज़्यादा 93 प्रतिशत दिखी। जहाँ तक शैक्षणिक वर्गों का सवाल है तो अल्प और उच्च शिक्षित वर्ग में क्रमशः 89.3 और 85.0 प्रतिशत है जबकि मध्य शिक्षित वर्ग में 65.9 फ़ीसदी, जो कि थोड़ा विचित्र लगता है। लेकिन यही ट्रेंड हमें विभिन्न आय वर्गों में भी नज़र आता है। निम्न (88.9 प्रतिशत) और उच्च आय वर्ग (74.0 प्रतिशत) में चैनलों को अनुशासित करने के प्रति ज़्यादा रुझान दिखता है जबकि मध्य आय वर्ग (71.1 प्रतिशत) अपेक्षाकृत कम इच्छुक नज़र आता है मगर बहुत कम नहीं[15]।

बहरहाल, विभिन्न वर्गों की राय में मामूली अन्तर के बावजूद जो राय उभरकर सामने आती है वह यही है कि चैनलों को अनुशासित करने के लिए स्वतन्त्र संस्था की ज़रूरत है। वैसे सामान्य दर्शक वर्गों में नियन्त्रण और कड़ाई के प्रति अतिरिक्त रुझान देखा गया है। देश काल और परिस्थितियों के हिसाब से इनमें कमी-बेशी होती रहती है, मगर वर्तमान में देश की जो मनःस्थिति है उसमें तो इस तरह के परिणाम और भी स्वाभाविक नज़र आते हैं। मगर इसका दूसरा पक्ष ये भी है कि जनमानस चैनलों के व्यवहार से बुरी तरह आजिज़ आ गया हो और वह चाहता हो कि उन पर कोई अंकुश लगे। कुल मिलाकर कहा जा सकता है कि वह नियमन के पक्ष में ही है।

टेलीविज़न न्यूज़ के नियमन के प्रयास और उनके परिणाम

पिछले चार-पाँच वर्षों से न्यूज़ चैनलों के नियमन की चर्चाएँ ज़ोर-शोर से चल रही हैं और अब तो ये अपने चरम पर भी पहुँचने लगी हैं। दिलचस्प बात ये है कि दुनिया के दो बड़े लोकतांत्रिक देशों भारत और ब्रिटेन में एक साथ मीडिया में आयी गिरावट को लेकर बड़ा संकट महसूस किया जा रहा है और इसके निदान के लिए नियमन का रास्ता सुझाया जा रहा है। हालाँकि नियमन का ये सवाल दोनों ही देशों में नब्बे के दशक में भी उठा था, मगर तब मान लिया गया था कि आत्म नियमन के ज़रिए इससे निपट लिया जायेगा। इस संकट की शुरुआत ब्रिटेन में आर्थिक उदारवाद की कट्टर समर्थक प्रधानमंत्री मार्ग्रेट थैचर के उस फैसले से हुई थी जिसमें उन्होंने रूपर्ट मर्डोक को ब्रिटेन के दो बड़े अख़बारों द टाइम और द संडे टाइम्स खरीदने की इजाजत सीधे कैबिनेट कमीशन के ज़रिए दे दी थी, जबकि उस सौदे को एकाधिकार एवं विलय आयोग को भेजा जाना चाहिए था[16]। भारत में भी मीडिया के पतन का सिलसिला 1991 में आर्थिक उदारवाद के आगमन के साथ शुरू हुआ माना जा सकता है। बहरहाल, इक्कीसवीं सदी के पहले दशक में संकट और भी गहरा गया। ब्रिटेन में मर्डोक की पत्रिका न्यूज़ ऑफ़ द वर्ल्ड द्वारा एक छात्रा के फोन हैक करने की घटना के बाद पानी सिर से ऊपर चला गया, जिसका पता सुप्रीम कोर्ट के न्यायाधीश जस्टिस लेवसन की रिपोर्ट से चलता है। भारत में देश को हिला देने वाली कोई एक ऐसी घटना तो नहीं हुई, मगर छोटी-बड़ी घटनाओं का सिलसिला बना हुआ है जो बताती हैं कि हालत दिनोदिन बिगड़ रही है और नियमन की ज़रूरत है। इन घटनाओं में इंडिया टीवी द्वारा मुम्बई हमले की रात आतंकवादियों से फोन पर बातचीत करनाएँ, लाइव इंडिया का एक स्कूल शिक्षिका उमा खुराना का फर्जी स्टिंग दिखाना और गुवाहाटी में एक महिला के साथ यौन दुर्व्यवहार को फिल्माकर चैनल पर दिखाना शामिल हैं।

टेलीविज़न के न्यूज़ कंटेंट को पटरी पर लाने के लिए दो तरह के उपाय सुझाये जा रहे हैं। पहला रास्ता आत्म नियमन का है और दूसरा टीवी चैनलों के लिए आचार संहिता बनाने या नियामक संस्था का गठन करने का।

आत्म-नियमन के प्रयास और परिणाम

मीडिया का एक तबका आत्म-नियमन के पक्ष में है। उसे भय है कि कहीं सरकार नियमन के बहाने मीडिया की स्वतन्त्रता को ही न छीन ले। इसलिए वह ये दलील देता रहता है कि पत्रकार बिरादरी चीज़ों को दुरुस्त करने में सक्षम है और अतीत में उसने ये साबित भी किया है। इस वर्ग के मुताबिक अभी भारत में टीवी न्यूज़ चूँकि शैशव अवस्था में ही है इसलिए अपने अनुभवों से सीखते हुए स्वयं ही धीरे-धीरे विसंगतियों को ठीक कर लेगी। दूसरा पक्ष उसके इन तर्कों से इत्तफाक नहीं रखता। वह पूरा ज़ोर

देकर कहता है कि आत्म-नियमन दुनिया में कहीं भी सफल नहीं हुआ। ख़ास तौर पर बाज़ारवाद के इस दौर में जहाँ मुनाफ़ा ही सर्वोपरि लक्ष्य है, इसके कामयाब होने की सम्भावना न के बराबर है। टीवी पत्रकारिता की शैशव अवस्था होने की बात वह ये कहकर ख़ारिज करता है कि एक तो वह भी पत्रकारिता का ही हिस्सा है और इसका इतिहास बहुत लम्बा है। दूसरे, इस बच्चे को बड़ा होने के लिए काफी वक्त मिल चुका है और अब ये बिगड़ा हुआ वयस्क बन चुका है। अब अगर इसे न सुधारा गया तो ये टीवी पत्रकारिता ही नहीं देश एवं समाज का भी बड़ा नुक़सान कर देगा।

यहाँ ये उल्लेख करना सामयिक होगा कि संविधान में पूर्ण स्वतन्त्रता का प्रावधान नहीं है। संविधान की धारा 19(1)(ए) अभिव्यक्ति की स्वतंत्रता प्रदान करती है और उसी से मीडिया अपने लिए स्वतन्त्रता प्राप्त करता है। मगर ये धारा एक दूसरी धारा 19(2) के साथ जोड़कर ही पढ़ी जा सकती है जिसमें कहा गया है कि जनहित में कुछ तर्कसंगत पाबन्दियाँ हैं। इसका मतलब है कि किसी की अवमानना करने, दंगे भड़काने, धन वसूलने या ब्लैकमेल करने की स्वतन्त्रता नहीं हो सकती। यहाँ तर्कसंगत पाबिन्दयों की बात है और नियमन का भी वही मतलब निकाला जा सकता है मगर नियमन को नियन्त्रण के रूप में देखने से परेशानी खड़ी हो जाती है। इस तर्क के हिसाब से चलने पर तो प्रेस परिषद भी नहीं होनी चाहिए थी।

आत्म-नियमन के पक्षधर पत्रकारों ने ब्राडकास्ट एडिटर्स एसोसिएशन (बीईए) के नाम से एक संस्था का गठन चार साल पहले किया था। सरकार जब कंटेंट कोड लागू करने और मीडिया की मुश्कें कसने की तैयारी कर रही थी तो उसका मुक़ाबला करने के लिए इस संगठन की नींव डाली गयी थी। बीईए ने सरकार को भरोसा दिया था कि न्यूज़ चैनल आत्म-नियमन के ज़रिए खुद को ठीक कर लेंगे। बीईए समय-समय पर चैनलों को एडवयाजरी (सलाह) जारी करती रहती है और उम्मीद करती है कि वे उसका पालन करेंगे। उसे इस दिशा में थोड़ी सफलता भी मिली है। मगर उसकी बहुत सारी सलाहों को चैनलों ने नहीं माना है। मसलन, मनोरंजन चैनलों का फूटेज इस्तेमाल करने के लिए अधिकतम तीन मिनट की अवधि निर्धारित की गयी थी, मगर किसी चैनल ने उसमें कोई कटौती नहीं की। वे आज भी वैसे ही सीरियलों, रियलिटी शो या कॉमेडी शो की कतरनें परोसने में लगे हुए हैं।

बीईए के अध्यक्ष रह चुके वरिष्ठ पत्रकार एन. के. सिंह बताते हैं, ''बीईए के हस्तक्षेप से हालत पहले से बहुत बेहतर हुए हैं...भूत-प्रेत बन्द हो गये हैं और प्राइम टाइम से बाबाओं की विदाई हो गयी है...हम लोग प्रयास कर रहे हैं...थोड़ा वक्त लगेगा लेकिन स्थितियाँ सुधरेंगी ऐसा हमें यकीन है[17]।'' न्यूज़ नेशन के चैनल प्रमुख शैलेश भी आत्म-नियमन के पक्षधर हैं, ''इंडस्ट्री के लोगों पर छोड़ दिया जाना चाहिए, वे ही इस समस्या का समाधान बेहतर ढंग से ढूँढ़ सकते हैं। ऊपर से थोपे गये उपाय अभिव्यक्ति की स्वतन्त्रता को बाधित करेंगे[18]।'' वरिष्ठ पत्रकार प्रोनंजय गुहा ठाकुरता

इससे सहमत नहीं हैं। उनका स्पष्ट मत है कि आत्म-नियमन से कुछ नहीं होगा क्योंकि पानी सिर से ऊपर जा चुका है[19]।

वैसे कंटेंट कोड या नियमन के विरोध का कोई तुक नहीं है। ये सही है कि सरकार द्वारा अगर इस तरह की कोई कोशिश होती है तो उसमें मीडिया को नाथने की मंशा हो सकती है। सूचना एवं प्रसारण मन्त्रालय ने जो कंटेंट कोड तैयार किया था और उसे लागू करने की जो व्यवस्था उसने तजवीज़ की थी उसे सीधे-सीधे मीडिया का गला दबाने की कोशिश के रूप में देखा गया था और उसका पुरजोर विरोध भी इसीलिए हुआ था। लेकिन यदि एक सर्वसम्मत आचार संहिता बने और कोई स्वतन्त्र नियामक उसको लागू करवाएँ तो इस पर किसी को एतराज़ नहीं होना चाहिए। ये बात गौर करने की है कि दुनिया के बहुत से देशों में इस तरह की व्यवस्थाएँ पहले से लागू हैं। मसलन, ब्रिटेन में ऑफकॉम इस जिम्मेदारी का निर्वहन कर रहा है। मीडिया की स्वतन्त्रता के मामले में ब्रिटेन की स्थिति भारत से कहीं बेहतर मानी जाती है और वहाँ का मीडिया भी ज़्यादा जागरूक है इसके बावजूद वहाँ नियामक संस्था है और वह सक्रियता के साथ काम भी करती है।

मीडिया परिषद के गठन का प्रस्ताव और विरोध

न्यूज़ चैनलों के आगमन के बाद से ही मीडिया परिषद के गठन की चर्चाएँ चलती रही हैं। पिछले कुछ वर्षों में इन चर्चाओं ने और ज़ोर पकड़ा है मगर एक पक्ष द्वारा इसका विरोध होता रहा है और इस विरोध में सबसे मुखर स्वर टीवी प्रसारकों के हैं। ये प्रसारक नहीं चाहते कि उनकी करनी पर कोई निगरानी रखी जाये। इसके लिए वे मीडिया की स्वतन्त्रता को ढाल के तौर पर इस्तेमाल करते हैं। लेकिन दूसरा पक्ष इसका समर्थन करता रहा है और उसने यहाँ तक कहा है कि मीडिया परिषद को प्रेस परिषद जैसा कमज़ोर नहीं बनाया जाना चाहिए। फिलहाल प्रेस परिषद के पास कमेटी बैठाने और दोषियों के ख़िलाफ टिप्पणी करने के अलावा कोई ख़ास अधिकार नहीं हैं। पेड न्यूज़ के मामले में आयी रिपोर्ट को उसने दबा ही दिया था। दरअसल, उसमें पत्र-पत्रिकाओं के मालिकों का वर्चस्व है इस और वे कतई नहीं चाहते कि परिषद को ऐसे अधिकार मिल जायें कि वह उन्हें कठघरे में खड़ा करे या दंडित करे।

प्रेस परिषद के अध्यक्ष एवं सुप्रीम कोर्ट के पूर्व न्यायाधीश मार्कंडेय काटजू ने भी जब मीडिया कौंसिल की माँग उठाई तो प्रसारकों ने आक्रामक रुख अख़्तियार करके उनका मुँह बन्द करने की कोशिश की। उनकी छवि सरकारी एजेंट और तानाशाह की बनाने की कोशिश की गयी। मगर जस्टिस काटजू इससे डिगे नहीं और उन्होंने खुलकर कहा कि आत्म-नियमन का बहाना बनाकर नियमन से बचने की कोशिश की जा रही है और मीडिया जगत के प्रतिष्ठित लोगों को मिलाकर मीडिया परिषद बननी चाहिए[20]। द इंडियन एक्सप्रेस में जस्टिस काटजू ने मीडिया कौंसिल की पूरी रूपरेखा

प्रस्तुत करते हुए मीडिया परिषद को संवैधानिक संस्था का दर्जा देने की वकालत की। उनके मुताबिक मीडिया कौंसिल के पास दोषी चैनलों के प्रसारण लायसेंस रद्द करने जैसे दंडात्मक अधिकार होने चाहिए[21]।

केन्द्रीय सूचना एवं प्रसारण मन्त्रालय ने जब एक कमेटी गठित करके टीवी चैनलों के लिए आचार संहिता बनाने की कवायद की तब भी ज़बर्दस्त हंगामा मचा। हालाँकि प्रस्तावित आचार संहिता के प्रावधान इतने ख़तरनाक थे कि उससे एक तरह की सेंसरशिप लागू करने की मंशा नज़र आती थी। इसीलिए उसका हर तरफ से ज़बर्दस्त विरोध हुआ और ठीक ही हुआ। लेकिन सरकार की बदनीयती से लड़ना एक बात है और तर्कसंगत ढंग से मीडिया को अनुशासित करना दूसरी। अभिव्यक्ति की स्वतन्त्रता की बात करने वाले दूसरे पक्ष से मुँह फेर लेते हैं। वे भूल जाते हैं कि बाज़ार अपने ढंग से सेंसरशिप लागू कर रहा है जिसमें कुछ ख़ास तरह का कंटेंट दिखाया जाता है और कुछ को गायब कर दिया जाता है।

अब आलम ये है कि मीडिया से भयभीत सरकार किसी तरह के नियमन के लिए तैयार नहीं दिखती। केन्द्रीय सूचना एवं प्रसारण मंत्री मनीष तिवारी ने स्पष्ट कर दिया है कि सरकार ऐसा कुछ भी नहीं करना चाहती और न्यूज़ चैनल स्वयं आत्म-नियमन के ज़रिए खुद को दुरुस्त करें[22]। साफ है कि टीवी कंटेंट के नियमन का रास्ता अभी बन्द है। ये दरवाज़ा तभी खुलेगा जबकि खुद मीडिया की ओर से पहल हो या फिर अदालती आदेश उन्हें नियमन स्वीकार करने के लिए बाध्य कर दे। ब्रिटेन की मिसाल उनके सामने है कि कैसे सुप्रीम कोर्ट ने सख्त नियमन लागू करने के निर्देश दिये हैं। सम्पादकों और पत्रकारों को इससे सबक लेते हुए एकजुट होकर ऐसी नियामक संस्था बनाने की दिशा में कोशिश करनी चाहिए जो स्वतन्त्र हो और सरकारी-गैरसरकारी दबावों से मुक्त होकर काम कर सके। आत्म-नियमन का रास्ता इससे बन्द नहीं होता, वह भी साथ-साथ चलता रहना चाहिए मगर आत्म-नियमन के पैरोकारों को ये नहीं भूलना चाहिए कि प्रबन्धन और स्वामी इसे स्वीकार नहीं करते, उन पर उनका कोई वश नहीं चलता। यहाँ तक कि उनकी बिरादरी भी उनके बहुत सारे निर्णयों को मानने से इंकार कर देती है और इसके कई उदाहरण मौजूद हैं।

वैसे तो नेशनल ब्राडकास्ट स्टैंडर्ड अथारिटी (NBSA) शिकायतों की जाँच करके न्यूज़ चैनलों को निर्देश देती रहती है। इंडियन ब्राडकास्टिंग फेडरेशन (IBF) भी शिकायतों पर गौर करती है और सुधारात्मक क़दम उठाती है, मगर उसने खुद को मनोरंजन चैनलों तक ही सीमित कर रखा है। जाहिर है इन दोनों संस्थाओं की अपनी उपयोगिता है और उन्हें अपना काम करने देना चाहिए। मगर ये मूलतः आत्म-नियमन की अवधारणा पर काम कर रही हैं और इसके निर्णय अथवा सलाहें बाध्यकारी नहीं हैं। एक सशक्त नियामक की ज़रूरत को ये किसी भी तरह से पूरा नहीं कर सकतीं।

टेलीविज़न न्यूज़ को टीआरपी के प्रभाव से मुक्त करवाने के कुछ अन्य उपाय

टीवी न्यूज़ को टीआरपी और बाज़ार के हमले से बचाने के लिए कई और मोर्चों पर भी काम करने की ज़रूरत है, क्योंकि समस्या का आकार इतना विशाल है और इसके इतने पहलू हैं कि जब तक इसे समग्रता में देखकर क़दम नहीं उठाये जायेंगे, तब तक अपेक्षित परिणाम निकलने की सम्भावना भी क्षीण रहेगी। इनमें सबसे पहला है लोक प्रसारण व्यवस्था को मजबूत करना।

1. लोक प्रसारण का सशक्तीकरण–इसमें सबसे बड़ी आवश्यकता लोक प्रसारक को मजबूत करने की है। नवउदारवाद के दौर में अगर दर्शकों को केवल बाज़ार के भरोसे छोड़ दिया जायेगा और लोक प्रसारक को सशक्त नहीं किया जायेगा तो जनहित एवं जन सरोकार की रक्षा सम्भव ही नहीं रह जायेगी। निजी चैनलों को चाहे जितना भी नियमों में बाँध दिया जाये वे बाज नहीं आयेंगे, क्योंकि उन्हें बाज़ार के साथ चलकर ही फायदा दिखता है भले ही उससे दर्शकों का अहित होता हो। हालाँकि टीआरपी और बाज़ार के प्रभाव से लोक प्रसारक भी पूरी तरह नहीं बच नहीं पाता, मगर यदि उसे कायदे से चलाया जाये तो इंडस्ट्री के लिए एक मिसाल कायम करने का काम कर सकता है। वैसे भी जबसे निजी चैनलों ने गलत राह पकड़ी है डीडी न्यूज़ की साख बढ़ी है। रिसर्च एजेंसी टीम-सी वोटर के निदेशक यशवंत देशमुख कहते हैं, "मुझे ऐसे बहुत से लोग मिले हैं जिनका कहना है कि मैं तो डीडी न्यूज़ देखता हूँ क्योंकि सही मायने में न्यूज़ वहीं देखने को मिलती है।"

मुश्किल ये है कि भारत में सरकारों ने पब्लिक ब्राडकास्टिंग को सरकार की प्रोपेगंडा मशीनरी समझ लिया है और प्रसार भारती के बन जाने के बावजूद दूरदर्शन की स्थिति में कोई बदलाव नहीं आया है। वह उन्हीं नौकरशाहों के हाथों में है जो सरकार के निर्देशों के हिसाब से उसे चलाना ही अपना कर्तव्य समझते हैं और लोक प्रसारण की समझ भी उनकी यही है। प्रसार भारती के उद्देश्यों में वह सब कुछ शामिल है जो किसी लोक प्रसारण सेवा से अपेक्षित है मगर वह न तो खुद को अतीत के बन्धन से मुक्त कर पा रही है और न ही सरकार अपना शिकंजा उससे ढीला करती है। लेकिन समय की माँग यही है कि लोक प्रसारक की प्रतिष्ठा और विश्वसनीयता स्थापित की जाये ताकि बाज़ारू मीडिया के उत्पात को रोका जा सके।

2. वितरण के ख़र्च को नियंत्रित करना–न्यूज़ चैनलों की डाँवाडोल अर्थव्यवस्था का सबसे बड़ा कारण वितरण पर होने वाला ख़र्च है। कुल ख़र्च का वह पचास से साठ फ़ीसदी तक होता है। विदेशों में न्यूज़ चैनल वितरण पर कुछ भी ख़र्च नहीं करते उल्टे उन्हें सदस्यता शुल्क के रूप में मोटा राजस्व प्राप्त होता है। भारत में भी मनोरंजन चैनल पे चैनल के रूप में चलते हैं और वे भी अपने ख़र्च का तीस से चालीस फ़ीसदी तक सदस्यता शुल्क से निकाल लेते हैं। अधिकांश न्यूज़ चैनल फ्री टू एयर हैं और

उन्हें दर्शकों से कुछ हासिल नहीं होता। दर्शकों को न्यूज़ के दो-तीन चैनलों की ही ज़रूरत होती है और चूँकि सारे चैनल लगभग एक जैसे हो गये हैं इसलिए उन्हें इससे फ़र्क़ नहीं पड़ता कि सारे चैनल उसे मिल रहे हैं या नहीं। ऐसे में चैनलों को झख मारकर वितरण पर खर्च करके दर्शकों तक पहुँचना पड़ता है, भले ही इससे उनकी अर्थव्यवस्था की कमर ही न टूट जाये।

उच्चतम न्यायालय द्वारा डिजिटाइजेशन के आदेश दिये जाने के बाद वितरण के ख़र्च में कमी की एक सम्भावना बनी है। उम्मीद है कि देश के अधिकांश बड़े एवं मझोले शहरों में केबल नेटवर्क का डिस्ट्रीब्यूशन तीन साल के अन्दर डिजिटाइज हो जायेगा और इससे खर्च में मोटी कटौती हो सकती है। लेकिन यहाँ ट्राई को ज़्यादा सख्ती और सक्रियता दिखलानी होगी। एक तो समय पर डिजिटाइजेशन को पूरा करने के लिए और दूसरे कैरिएज फीस को तर्कसंगत बनाकर उसे निम्नतम स्तर पर लाकर चैनलों को राहत देने की। यही नहीं, डीटीएच सेवा प्रदायक भी चैनलों से बेहिसाब धन वसूल रहे हैं और वहाँ भी हस्तक्षेप करके कैरिएज फीस को ऐसे स्तर पर लाना होगा जिसे चैनल वहन कर सकते हों।

सदस्यता शुल्क के रूप में होने वाली आय चैनलों की विज्ञापनों पर निर्भरता को भी कम करेगी, जिससे विज्ञापना दाताओं के हिसाब से कंटेंट के निर्माण के लिए पड़ने वाले प्रत्यक्ष या परोक्ष दबाव कम होंगे। उस सूरत में चैनल टीआरपी को खुदा मानने के लिए बाध्य नहीं होंगे।

3. अगम्भीर कम्पनियों को निरुत्साहित करना—टीवी इंडस्ट्री की समस्याओं की एक बड़ी वजह ये भी है कि चैनलों की बाढ़ आ गयी है। साढ़े तीन सौ न्यूज़ चैनल आ चुके हैं और हर साल ये तादाद बढ़ती ही जा रही है। इतने चैनलों के लिए बाज़ार में गुंजाइश कम दिखती है। ऐसे में साधनों या समझदारी के हिसाब से कमज़ोर चैनलों का डगमगाना और फिर बन्द हो जाना लाजिमी ही है। लेकिन सबसे बड़ी समस्या तो यही है कि बहुत सारे चैनलों के होने से जिस तरह की प्रतिस्पर्धा होने लगती है उसमें क्या बड़े और क्या छोटे, हर किस्म के चैनल फार्मूलेबाजी और भ्रष्टाचार में लिप्त होने लगते हैं और इससे कंटेंट का कबाड़ा होने लगता है जो कि हो भी रहा है। इसलिए ज़रूरी है कि अगम्भीर चैनल चालकों को निरुत्साहित किया जाये।

हाल के वर्षों में ढेरों ऐसी कम्पनियाँ न्यूज़ चैनल लेकर आ गयी हैं जिनके उद्देश्य मीडिया की ताक़त को अपने कारोबारी हितों की रक्षा के लिए इस्तेमाल करने की है। वे चैनल के ज़रिए सत्ता और प्रशासन में अपना दखल बढ़ाना चाहती हैं और फिर उसका फायदा उठाना चाहती हैं। इनमें चिट फंड कम्पनियाँ और रियल इस्टेट के कारोबार से जुड़े लोग शामिल हैं। इसी तरह राजनीतिक फायदा उठाने की गरज से भी चैनल लाए जा रहे हैं। जाहिर है इनसे ईमानदार टीवी पत्रकारिता की उम्मीद नहीं की जा सकती। अगम्भीर कम्पनियों को निरुत्साहित करने के लिए सूचना एवं

मंत्रालय ने कुछ क़दम भी उठाये हैं। मसलन, न्यूज़ चैनल के आवेदकों के लिए पेड अप कैपिटल तीन करोड़ के बजाय बीस करोड़ कर दी गयी है। ये भी ज़रूरी कर दिया गया है कि लायसेंस मिलने के साल भर के अन्दर चैनल लाना होगा। लेकिन केवल आर्थिक स्तर पर कड़ाई करना काफ़ी नहीं है। ये भी जाँचा जाना चाहिए कि वह इस कारोबार में किस उद्देश्य से आना चाहता है और न्यूज़ चैनल चलाने के लिए उसमें कितनी योग्यता एवं प्रतिबद्धता है।

4. दर्शकों को प्रशिक्षित करना उन्हें जागरूक बनाना–टेलीविज़न प्रसारण का सबसे महत्त्वपूर्ण हिस्सा दर्शक हैं मगर उन्हें हाशिए पर फेंक दिया गया है। मान लिया गया है कि उन्हें जो भी दिया जायेगा वे वही देखेंगे। यही सोचकर उन्हें घटिया चीज़ें परोसी जाती हैं और फिर कहा जाता है कि वह घटिया चीज़ें ही देखना चाहता है इसलिए हम यही दिखाने के लिए मजबूर हैं। ये टीआरपी द्वारा निर्मित एक ऐसा दुष्चक्र है जिसमें दर्शक वर्ग को फँसाकर रख दिया गया है। अतः ज़रूरी है कि दर्शकों को इस दुष्चक्र से निकाला जाये और ये तभी सम्भव होगा जबकि उन्हें टेलीविज़न देखने का प्रशिक्षण दिया जाये, उन्हें जागरूक बनाया जाये। उन्हें बताया जाये कि अवैज्ञानिक एवं चमत्कार आधारित कार्यक्रम देखने के कौन से नुक़सान है या अगर कोई चैनल गलत चीज़ें दिखा रहा है तो उसे देखकर वे उस प्रवृत्ति को मजबूत कर रहे हैं। अगर दर्शकों में कंटेंट की एक बेहतर समझ विकसित होने लगे तो इस दबाव से न्यूज़ चैनलों को बदलना पड़ेगा, क्योंकि तब अच्छे कंटेंट से ही टीआरपी हासिल की जा सकेगी।

दर्शकों को जागरूक बनाने का एक अच्छा परिणाम ये भी निकल सकता है कि वे चैनलों में परोसी जाने वाली आपत्तिजनक सामग्री का विरोध करना शुरू कर देंगे और आगे बढ़कर नेशनल ब्राडकास्ट स्टैंडर्ड अथॉरिटी को अपनी शिकायतें भेजने लगेंगे। जब इन शिकायतों पर कार्रवाई होगी तो चैनलों को ज़िम्मेदार रवैया अपनाने और कंटेंट में अपेक्षित सुधार करने के लिए बाध्य होना पड़ेगा। ये एक लम्बी प्रक्रिया जरूर है, मगर चैनलों पर सकारात्मक दबाव बनाने के लिए अनिवार्य भी है।

5. ओम्बुड्समैन की नियुक्ति–न्यूज़ चैनलों को ओम्बुड्समैन की नियुक्ति के लिए प्रेरित किया जाना चाहिए। इससे पत्रकारिता के स्थापित मानदंडों के हिसाब से कंटेंट के निर्माण के लिए दबाव बनेगा, साथ ही दर्शकों की शिकायतों को सुनने और कंटेंट की गड़बड़ियों को दुरुस्त करने में मदद भी मिलेगी। अभी तक एक भी न्यूज़ चैनल ने ऐसा करने की समझदारी और साहस नहीं दिखाया है। बड़े अख़बारों में भी केवल हिन्दू है जिसने ओम्बुड्समैन भी नियुक्त किया है और पाठकों का सम्पादक (Readers Editor) भी। इनकी नियुक्ति से एक ऐसी व्यवस्था का निर्माण होता है जिसमें पाठकों-दर्शकों की भागीदारी सुनिश्चित होती है और अख़बार या चैनल की विश्वसनीयता भी बढ़ती है। हालाँकि मीडिया संस्थान छलावे के लिए भी इसका इस्तेमाल कर सकते हैं।

6. रेटिंग के दूसरे मानदंडों की स्थापना—मार्केट रिसर्च एजेंसियाँ जिन मानदंडों पर काम करती हैं उसे ही सर्व स्वीकृत मान लिया गया है और उसका एकाधिकार हो गया है। बुनियादी तौर पर रेटिंग को सफलता का पैमाना माना जाता है, क्योंकि सफलता की कोई दूसरी कसौटी मौजूद ही नहीं है। रेटिंग का इसीलिए आकर्षण है क्योंकि वे प्रकट रूप में वस्तुपरक हैं, सुस्पष्ट हैं और असंदिग्ध हैं। इसीलिए वे अन्तिम रूप से शून्य को भरने की क्षमता रखती हैं, क्योंकि कोई दूसरा पैमाना इस भूमिका को निभाने के लिए उपलब्ध ही नहीं है[23]। यही वजह है कि पब्लिक ब्राडकास्टिंग भी अपने तय उद्देश्यों से भटककर बाज़ार द्वारा निर्धारित रेटिंग व्यवस्था को स्वीकारने और उसके हिसाब से काम करने लगती है।

उक्त कथन को अगर हम इस रूप में समझने की कोशिश करें कि यदि कोई ऐसी रेटिंग प्रणाली हो जो कंटेंट की लोकप्रियता के साथ-साथ उसकी विश्वसनीयता, गुणवत्ता आदि के बारे में भी रेटिंग दे और इस तरह दे कि उन्हें भी बाज़ार को उतना ही महत्त्व देना पड़े तो टीआरपी की वजह से पैदा हो रही विसंगतियों में कुछ हद तक सन्तुलन लाया जा सकता है। सम्भव है कि दूसरे मानदंडों वाली रेटिंग प्रणाली को बाज़ार, विज्ञापनदाताओं और न्यूज़ चैनलों की स्वीकृति न मिले, मगर इससे दर्शकों को तो बताया जा सकेगा कि साख के मीटर पर कौन सा चैनल किस पायदान पर है या कौन सा चैनल गुणवत्ता और विश्वसनीयता के मामले में आगे या पीछे है। इससे घटिया कंटेंट देने वालों का नाम लिया जा सकेगा, उन्हें शर्मिंदा किया जा सकेगा। दर्शकों का आस्वाद भी बदलने में इससे मदद मिलेगी, क्योंकि जब उन्हें पता चलेगा कि फलाँ चैनल बेहतर है तो वे उसकी तरफ मुखातिब होने लगेंगे और घटिया सामग्री देने वाले चैनल उनकी पसन्द से फिसलते जायेंगे।

इस तरह की रेटिंग व्यवस्था को बनाने और लागू करने की राह में ढेरों दुश्वारियाँ जरूर आयेंगी। मसलन, टेक्नालॉजी का सवाल सबसे पहले उठाया जायेगा। इसके बाद विज्ञापनदाताओं की आवश्यकताओं की बात की जायेगी। कुछ व्यावहारिक अड़चनों का सवाल भी उठेगा, मगर यदि चाह हो तो राह निकाली जा सकती है। आख़िरकार, दर्शकों का हित सर्वोपरि होना चाहिए और वह तभी होगा जबकि टीआरपी या विज्ञापनदाता नहीं, कंटेंट को प्राथमिकता पर रखा जायेगा

सन्दर्भ

1. 17 जनवरी, 2008 को सूचना एवं प्रसारण मन्त्रालय द्वारा ट्राई को लिखा गया पत्र—ट्राई की रिपोर्ट में संलग्न परिशिष्ट- पेज संख्या-92
2. Down to Earth-16-30 June, 2008
3. ट्राई रिपोर्ट की प्रस्तावना-पेज-5
4. ट्राई की रिपोर्ट

5. देखें-संलग्नक-मित्र कमेटी रिपोर्ट
6. साक्षात्कार
7. देखें परिशिष्ट-2
8. www.exchange4media.com 11 January, 2011
9. साक्षात्कार
10. उपरोक्त
11. Hindustan Times, page-12, 8 February, 2013
12. Review of Existing Television Rating System in India—A TRP committee report, page-10
13. Television viewership measurement and Dilemma, Published by CMS, Page-49
14. देखें परिशिष्ट-1
15. देखें परिशिष्ट-1
16. The Hindu, 20 October, 2012
17. साक्षात्कार
18. उपरोक्त
19. उपरोक्त
20. Business line, 17 January, 2013
21. The Indian Express, Page-13, 17 November, 2012
22. www.bhadas4media-com, 16-01-13
23. Audience, Market and Public, Page-126

उपसंहार

यह तो तय है कि टेलीविज़न न्यूज़ की बाज़ार के साथ बढ़ती घनिष्ठता ने टीवी पत्रकारिता की चाल, चरित्र और चेहरा तीनों बदल डाला है। इन परिवर्तनों ने देश और समाज में हलचल मचा दी है और ये हलचलें सकारात्मक कम, नकारात्मक ज़्यादा हैं। नवउदारवाद ने जो वातावरण निर्मित किया है उसकी वजह से ढेर सारे न्यूज़ चैनल भले ही शुरू हो गये हैं मगर उनकी गुणवत्ता को लेकर गहरे सन्देह भी खड़े हो गये हैं। इसके अलावा टीवी पत्रकारिता की विश्सनीयता और साख तो कम हुई ही है, साथ ही पत्रकारिता की गुणवत्ता में भी गिरावट देखी गयी है। इस गिरावट के लिए पिछले दो-ढाई दशकों में आये सामाजिक-आर्थिक बदलाव हैं। इनमें जीवन के हर क्षेत्र में बाज़ार की बढ़ती अहमियत और दखल की ज़बर्दस्त भूमिका रही है। बाज़ार ने जिस तरह से तमाम चीज़ों का वस्तुकरण किया है वैसे ही उसने टेलीविज़न न्यूज़ के साथ भी किया है। टीवी न्यूज़ को एक बिकाऊ उत्पाद में और दर्शकों को उपभोक्ताओं में रूपान्तरित करके अपना विस्तार करने में वह काफ़ी हद तक सफल रहा है। मगर बाज़ारीकरण की इस प्रक्रिया में समाचार के मूल तत्त्व या तो कम हुए हैं या फिर विकृत हो गये हैं।

बाज़ार की शक्तियाँ शून्य में काम नहीं करतीं और अपने अनुकूल माहौल बनाने के लिए वह कई तरह के उपकरणों का सहारा लेती हैं। इनमें मीडिया की भूमिका बेहद अहम रही है, क्योंकि उसकी अपनी विश्वसनीयता होती है। इसीलिए बाज़ार ने मीडिया को साधने का भी मंत्र ढूँढ़ निकाला। पिछले अध्यायों में हमने ये भी देखा कि रेटिंग प्रणालियाँ यानी टीआरपी बाज़ार के एक औजार के रूप में किस तरह से काम कर रही है। उसका हस्तक्षेप इतना ज़बर्दस्त रहा है कि उसने टेलीविज़न न्यूज़ का एजेंडा बदलकर रख दिया। अब वह दर्शकों के साथ चलने के बजाय बाज़ार के पीछे चल रहा है, उसकी राह को आसान करता हुआ। इसका सीधा सा मतलब यही है कि पत्रकारिता में अच्छे या बुरे जो भी परिवर्तन दिखलाई पड़ रहे हैं उसके लिए सीधे तौर पर उसे ही ज़िम्मेदार माना जा सकता है। टीवी न्यूज़ की दुनिया में आये परिवर्तनों के केन्द्र में टीआरपी है, जिसका सम्बन्ध उत्पाद, उत्पादकों, दर्शकों, विज्ञापनदाताओं और पत्रकारिता सभी से है। वह साधन भी है साध्य भी।

ये निष्कर्ष भी निकलकर सामने आता है कि ऐसा कोई भी पक्ष नहीं है जो इस बात से साफ इंकार करता हो कि टीआरपी का टेलीविज़न कंटेंट पर कोई असर नहीं पड़ा है। समूचा पत्रकार जगत इस बात पर एकमत है कि टीआरपी-जनित होड़ की वजह से टेलीविज़न न्यूज़ और टीवी पत्रकारिता, दोनों में कई तरह की विकृतियाँ पैदा हुई हैं। विदेशों में संचार विशेषज्ञों, मीडिया विश्लेषकों और समाजशास्त्रियों ने रेटिंग के दुष्प्रभावों को तरह-तरह से रेखांकित किया है। टेलीविज़न न्यूज़ के दर्शकों की राय इस बारे में बहुत स्पष्ट है ही। उनकी नज़र में टीवी न्यूज़ की साख और विश्वसनीयता बुरी तरह गिरी है। केवल बाज़ार की ताकतें हैं, जिनमें रेटिंग एजेंसियों के अलावा, विज्ञापनदाता एवं विज्ञापन एजेंसियाँ शामिल हैं जो या तो इस बात को स्वीकार नहीं करतीं या इस दुष्प्रभाव को कम करके बताती हैं। उनकी असहमति आश्चर्यजनक भी नहीं है क्योंकि टीआरपी उन्हीं का अस्त्र है जिसके बल पर वे टीवी कंटेंट को अपने स्वार्थों के हिसाब से आकार देती हैं। उनकी राय को एक सीमा से अधिक महत्त्व नहीं दिया जा सकता क्योंकि टेलीविज़न जैसे सशक्त माध्यम को बाज़ार के स्वार्थी सोच के भरोसे छोड़ना घातक होगा। ख़ास तौर पर तब तो बिल्कुल भी नहीं जबकि इसके मौजूदा स्वरूप से समाज के सही सूचना, उपयुक्त शिक्षा और स्वस्थ्य मनोरंजन के बुनियादी अधिकार पर बुरा असर देखा जा रहा हो। इससे भी आगे बढ़कर कहा जाये तो जब लोकतन्त्र और लोकतान्त्रिक ताकतों का इसकी वजह से संकुचन होने लगे या उन पर नकारात्मक असर पड़ता दिख रहा हो तो सुधारात्मक क़दम उठाने की तत्काल आवश्यकता तो है ही।

ये भी स्पष्ट है कि टीआरपी व्यवस्था को निर्दोष बनाना सम्भव ही नहीं है, क्योंकि भारत की आबादी बहुत ज़्यादा है और भारतीय समाजों में विविधता के भी बीसियों स्तर हैं। कोई भी सैंपलिंग (नमूने) इस विशालता एवं विविधता को नहीं पकड़ सकती। नमूनों का आकार बढ़ाकर टीआरपी को ज़्यादा प्रातिनिधिक बनाया जा सकता है, मगर वह समूचे भारत के दर्शकों की पसन्द को प्रतिबिंबित करेगी ऐसा नहीं माना जा सकता। वह असलियत के करीब तक जा सकती है मगर पूरी तरह सच्ची तस्वीर नहीं दिखा सकती। रेटिंग प्रणालियों की खामियाँ दूर करने के लिए बनी दोनों कमेटियों की रिपोर्टें भी यही बताती हैं कि उनके पास कोई नया उपाय नहीं है, वे पश्चिम से आयातित नुस्खों और विदेशी मार्केट रिसर्च एजेंसियों के सन्दर्भ में ही उपाय सुझा रही हैं। उनकी सिफ़ारिशें किसी तरह की आश्वस्ति भी नहीं देतीं, क्योंकि वे एकांगी हैं और समस्या से सम्बद्ध पक्षों में इच्छाशक्ति का अभाव स्पष्ट दिखलाई देता है। बीएआरसी के गठन के फैसले को पाँच साल हो गये, मगर अभी तक वह अपना काम शुरू करना तो दूर बुनियादी ढाँचा ही नहीं खड़ा कर पाया है।

दूसरे, रेटिंग व्यवस्था चाहे कितनी ही निर्दोष क्यों न बना ली जाये वह कंटेंट को दुष्प्रभावित किये बिना नहीं रह सकती। इस निष्कर्ष पर पहुँचने का आधार ये है कि

अमेरिका और यूरोप में जहाँ टेलीविज़न रेटिंग का सिलसिला चालीस-पचास साल पुराना है, वहाँ भी टीआरपी से पैदा होने वाली समस्याओं को लेकर गहरी चिन्ताएँ हैं और उनका कोई समाधान अभी तक नहीं ढूँढ़ा जा सका है। वहाँ तो भारत जैसा विविधतापूर्ण समाज भी नहीं है, आबादी भी कम है, अधिकांश दर्शक पढ़े-लिखे, सम्पन्न हैं और किसी एक एजेंसी का एकाधिकार भी नहीं है, फिर भी वही सब कुप्रवृत्तियाँ वहाँ भी हावी हैं जो भारत में। यही नहीं, कुछ दुष्प्रवृत्तियाँ जो पश्चिम में पहले से मौजूद हैं और अब वे भारत में भी ज़ोर पकड़ती दिख रही हैं।

तीसरी और सबसे महत्त्वपूर्ण बात ये है कि टीआरपी का जन्म मुक्त बाज़ार व्यवस्था की ज़रूरतों को पूरा करने के लिए हुआ है, लिहाजा उसकी बनावट में ये अन्तर्निहित है कि वह टेलीविज़न कंटेंट को बाज़ार के स्वार्थों के हिसाब से ढाले। वह हर हालत में दर्शकों को उपभोक्ता के रूप में ही देखेगी और उनके आस्वाद को बाज़ार के अनुरूप ढालने के लिए वातावरण तैयार करेगी, जो उसने अभी तक किया भी है। रेटिंग एजेंसियों ने टीआरपी मापने के मानदंड ही ऐसे बनाये हैं जो उनके ग्राहकों की आवश्यकताओं के अनुकूल हों। उन्हें दर्शकों की चिन्ता नहीं है। उन्हें इस बात से भी कोई सरोकार नहीं है कि टीवी न्यूज़ के कुछ बुनियादी उसूल होते हैं, उसमें ऐसे तत्त्व विद्यमान होते हैं जिनका ख़याल रखा जाना बेहद आवश्यक है। रेटिंग एजेंसियाँ केवल बाज़ार के हितों का ध्यान रखकर काम करती हैं इसलिए उनसे ऐसी अपेक्षा रखना भी गलत होगा। लेकिन राष्ट्रीय और सामाजिक हितों की चिन्ता करने वालों को देखना होगा कि उन्हें कैसे इन सरोकारों से बाँधा जाये और उनके प्रति जवाबदेह बनाया जाये।

टेलीविज़न न्यूज़ और बाज़ार दोनों का एक अमेरिकी मॉडल है जो भारत में भी ठीक वही सब कुछ कर रहा है जो उसने दुनिया भर में किया है। इसको लेकर हर जगह आक्रोश भी है, मगर किसी को कोई समाधान नहीं सूझ रहा। यही टीआरपी का मायाजाल है। टीआरपी का बाज़ार से गर्भनाल का सम्बन्ध है। ये मायाजाल मुक्त बाज़ार का हिस्सा है और दोनों ही एक-दूसरे से अभिन्नता के साथ जुड़े हुए हैं। इसीलिए टीआरपी बन्द करने की बात कोई नहीं करता, क्योंकि इसके बिना किसी का गुजारा नहीं है। टीआरपी बाज़ार की एक आवश्यक बुराई बनी हुई है। विज्ञापनदाताओं को चैनलों और उनके कार्यक्रमों की लोकप्रियता की स्थिति जानना लाजिमी है इसलिए वे इसे चाहेंगे ही। सरकार उनकी इस ज़रूरत से मुँह नहीं फेर सकती। चैनलों की उन पर निर्भरता है इसलिए उन्हें उनके साथ ही चलना होगा। रही बात दर्शकों और पत्रकारों की तो उनकी कोई हैसियत बाज़ार में रह नहीं गयी है। इसीलिए टीआरपी से उत्पन्न समस्याओं के इलाज के लिए दूसरे उपायों की बात की जा रही है, जिनमें समाचार-सामग्री का नियमन भी शामिल है।

मुक्त बाज़ार व्यवस्था की कुछ अन्तर्निर्मित कमजोरियाँ हैं, जिनमें से एक ये भी

है कि वह मुख्य रूप से पूँजी और मुनाफे से संचालित होती है। ये व्यवस्था के हर क्षेत्र में दृष्टिगोचर होती हैं, मगर इनका मुकम्मल इलाज फिलहाल दिखलाई नहीं देता। मसलन, बहुत सारे अध्ययनों के द्वारा ये सिद्ध किया जा चुका है कि गम्भीर सामग्री भी देखी जाती है, उसके भी दर्शक होते हैं और उसे टीआरपी भी मिलती है, मगर फिर भी उसे निरुत्साहित किया जाता है। चैनल उनसे दूर भागते हैं और इस तरह के मिथ को मजबूत करते हैं कि अच्छी सामग्री के दर्शक नहीं हैं। सबसे बड़ी समस्या ये है कि अच्छी चीज़ों को विज्ञापनदाता प्रोत्साहित नहीं करना चाहते, क्योंकि इससे दर्शकों का खरीदारी वाला मूड बिगड़ता है। वे विज्ञापनों पर ध्यान देने के बजाय कंटेंट में रम जाते हैं। ऐसी स्थिति में वे विज्ञापन देख भी लें तो उससे प्रभावित नहीं होते और विज्ञापनदाताओं का विज्ञापन अस्त्र बेकार चला जाता है। विज्ञापन उपभोक्ता और बाज़ार का निर्माण करने के लिए होते हैं अगर वे कंटेंट का ध्यान रखने लगेंगे तो अपना लक्ष्य कैसे हासिल करेंगे?

इस सबके बावजूद ऐसे उपाय जरूर किये जाने चाहिए, जिनसे नकारात्मक प्रवृत्तियों को जहाँ तक सम्भव हो कमज़ोर किया जा सके। इनमें अच्छी चीज़ों की प्रशंसा करना, उनको बढ़ावा और बल देना शामिल है। ये तभी सम्भव है जबकि टीआरपी द्वारा पैदा होने वाली दुष्प्रवृत्तियों पर अंकुश लगाने के इन्तजाम किये जायें। स्वतन्त्र एवं निष्पक्ष नियमन इस दिशा में एक महत्त्वपूर्ण कदम साबित हो सकता है। मगर ये मान लेना कि नियमन ब्रह्मास्त्र है, रामबाण है, सही नहीं होगा, क्योंकि शक्तिशाली बाज़ार उसे भी धता बता सकता है। ब्रिटेन जैसे देश में हम इसे होता हुआ देख ही रहे हैं। इसलिए दर्शकों में मीडिया विवेक पैदा करना, उनमें टीवी देखने की समझ पैदा करना और सबसे बड़ी बात बाज़ार द्वारा पैदा की जा रही विसंतियों का खुलकर विरोध करना सबसे अधिक आवश्यक है। दर्शकों के अंकुश जैसा कारगर क़दम कुछ भी नहीं हो सकता क्योंकि अगर उसने खुद को उपभोक्ता के रूप में इस्तेमाल किये जाने से इंकार कर दिया तो टीवी न्यूज़ को उस एजेंडे पर लौटना पड़ेगा जो हैबरमास के सशक्त पब्लिक स्फियर की आवश्यकता और महत्त्व को रेखांकित करता है।

अन्त में हम संक्षेप में निष्कर्षों को इस तरह से रख सकते हैं–

1. टीआरपी ने बाज़ार के औजार के रूप में काम करके टेलीविज़न न्यूज़ को उपभोग की सामग्री बना दिया है। इससे समाचारों के सर्वमान्य तत्त्व कमज़ोर हुए हैं और उनकी उपयोगिता संदिग्ध हो गयी है। टीवी के दर्शक अज्ञानतावश टीआरपी के मायाजाल में फँसकर नागरिक या दर्शक से उपभोक्ता बन गये हैं। साथ ही टीआरपी का ख़बरों की विश्वसनीयता को ख़त्म या कमज़ोर करने में भी उसका योगदान रहा है।

2. टीआरपी के ज़रिए स्वस्थ प्रतिस्पर्धा पैदा करके जन संचार एवं पत्रकारिता को मजबूत करने सम्बन्धी तर्क झूठे हैं, निराधार हैं, सिर्फ छलावा हैं।
3. टीआरपी की वजह से ख़बरों के सरोकारों का संकुचन भी हुआ है और बाज़ार उनका अपने पक्ष में दोहन भी कर रहा है।
4. टीआरपी की वजह से बाज़ार के प्रभाव में निर्मित टीवी समाचारों की दुनिया का लोकतन्त्र विरोधी चरित्र उजागर हुआ है।
5. टीआरपी मुक्त बाज़ार व्यवस्था की आवश्यक बुराई है और उसे ख़त्म नहीं किया जा सकता, अलबत्ता उसके दुष्प्रभावों से बचने के लिए ठोस एवं कारगर उपाय करने ज़रूरी हैं।

परिशिष्ट-1

भारत में टेलीविज़न न्यूज़ की स्थिति पर राष्ट्रव्यापी सर्वेक्षण

सर्वेक्षण की विधि—इस सर्वेक्षण के लिए नमूनों का चयन सीएटीआई (Computer Aided Telephonic Interview) के ज़रिए बेतरतीब ढंग से किया गया। इसके तहत भारत के सभी अट्ठाईस राज्यों में 42835 लोगों की राय ली गयी। सर्वेक्षण में लोगों की उम्र, लिंग, आय वर्ग, शिक्षा का स्तर, रोज़गार एवं सामाजिक स्तर का ध्यान रखा गया। सर्वेक्षण 10 जनवरी, 2013 से 20 जनवरी, 2013 के मध्य किया गया। सर्वेक्षण में पूछे गये प्रश्न और उनसे प्राप्त परिणाम इस प्रकार हैं। सभी उत्तर प्रतिशत में दिये गये हैं।

1. क्या चैनल महत्त्वपूर्ण ख़बरों के बजाय मनोरंजन की ख़बरें ज़्यादा दिखाते हैं–लैंगिक आधार पर

	पुरुष	स्त्री	कुल
कह नहीं सकते/नहीं जानते	6.7	3.7	
मनोरंजन की ख़बरें ज़्यादा दिखाते हैं	21.5	14.1	18.2
मनोरंजन की ख़बरें ज़्यादा दिखाते हैं			
मगर महत्त्वपूर्ण ख़बरें भी	15.1	22.4	18.4
दोनों समान रूप से दिखाते हैं	56.7	63.4	59.7
कुल	100	100	100

1. (क) क्या चैनल महत्त्वपूर्ण ख़बरों के बजाय मनोरंजन की ख़बरें ज़्यादा दिखाते हैं– इलाकाई आधार पर

	नगरीय	अर्ध नगरीय	ग्रामीण	कुल
कह नहीं सकते/नहीं जानते	4.2	2.2	3.8	3.7
मनोरंजन की ख़बरें ज़्यादा दिखाते हैं	14.1	24.4	18.6	17.6
मनोरंजन की ख़बरें ज़्यादा दिखाते हैं मगर महत्त्वपूर्ण ख़बरें भी	23.7	4.4	18.6	18.7
दोनों समान रूप से दिखाते हैं	58.0	68.9	59.0	60.0
कुल	100	100	100	100

1. (ख) क्या चैनल महत्त्वपूर्ण ख़बरों के बजाय मनोरंजन की ख़बरें ज़्यादा दिखाते हैं–आयु वर्ग के आधार पर

	18-25 वर्ष	25-45 वर्ष	45-60 वर्ष	60 वर्ष	कुल
कह नहीं सकते नहीं जानते	4.3	1.0	2.4	18.2	3.7
मनोरंजन की ख़बरें ज़्यादा दिखाते हैं	20.4	17.9	9.4	24.2	18.4
मनोरंजन की ख़बरें ज़्यादा दिखाते हैं मगर महत्त्वपूर्ण ख़बरें भी	10.8	16.9	56.5	3.0	18.4
दोनों समान रूप से दिखाते हैं	64.4	64.3	31.8	54.5	59.6
कुल	100	100	100	100	100

1. (ग) क्या चैनल महत्त्वपूर्ण ख़बरों के बजाय मनोरंजन की ख़बरें ज़्यादा दिखाते हैं–शैक्षणिक आधार पर

	अल्प शिक्षित	सामान्य शिक्षित	उच्च शिक्षित	कुल
कह नहीं सकते/नहीं जानते	5.5	1.4	3.5	3.7
मनोरंजन की ख़बरें ज़्यादा दिखाते हैं	11.7	26.3	19.7	18.3
मनोरंजन की ख़बरें ज़्यादा दिखाते हैं मगर महत्त्वपूर्ण ख़बरें भी	26.1	12.9	11.3	18.5
दोनों समान रूप से दिखाते हैं	56.7	59.4	65.5	59.5
कुल	100	100	100	100

1. (घ) क्या चैनल महत्त्वपूर्ण ख़बरों के बजाय मनोरंजन की ख़बरें ज़्यादा दिखाते हैं–आय वर्ग के आधार पर

	निम्न आय वर्ग	मध्य आय वर्ग	उच्च आय वर्ग	कुल
कह नहीं सकते/नहीं जानते	3.7	4.8	2.0	3.9
मनोरंजन की ख़बरें ज़्यादा दिखाते हैं	19.7	16.7	17.3	18.3
मनोरंजन की ख़बरें ज़्यादा दिखाते हैं मगर महत्त्वपूर्ण ख़बरें भी	19.7	21.1	8.2	18.4
दोनों समान रूप से दिखाते हैं	56.9	57.5	72.4	59.4
कुल	100	100	100	100

2. क्या आपको लगता है कि न्यूज़ चैनल शहरी और धनी वर्ग को ज़्यादा महत्त्व देते हैं–लैंगिक आधार पर

	पुरुष	स्त्री	कुल
कह नहीं सकते/नहीं जानते	3.6	-----	2.0
हाँ देते हैं	54.9	58.6	58.5
देते हैं पर बहुत ज़्यादा नहीं	10.0	15.2	12.3
बराबर ही देते हैं	31.5	26.2	29.1
कुल	100	100	100

2. (क) क्या आपको लगता है कि न्यूज़ चैनल शहरी और धनी वर्ग को ज़्यादा महत्त्व देते हैं–इलाकाई आधार पर

	नगरीय	अर्ध नगरीय	ग्रामीण	कुल
कह नहीं सकते/नहीं जानते	2.3	4.5	1.0	2.0
हाँ देते हैं	59.9	74.2	49.3	56.9
देते हैं पर बहुत ज़्यादा नहीं	8.0	0.0	20.3	12.5
बराबर ही देते हैं	29.8	21.3	29.7	28.5
कुल	100	100	100	100

2. (ख) क्या आपको लगता है कि न्यूज़ चैनल शहरी और धनी वर्ग को ज़्यादा महत्त्व देते हैं–आयु वर्ग के आधार पर

	18-25 वर्ष	25-45 वर्ष	45-60 वर्ष	60 वर्ष	कुल
कह नहीं सकते/नहीं जानते	1.5	2.0	2.3	6.1	2.0
हाँ देते हैं	57.9	53.7	60.9	48.5	56.5
देते हैं पर बहुत ज़्यादा नहीं	10.5	15.6	14.9	3.0	12.3
बराबर ही देते हैं	30.0	28.8	21.8	42.4	29.2
कुल	100	100	100	100	100

2. (ग) क्या आपको लगता है कि न्यूज़ चैनल शहरी और धनी वर्ग को ज़्यादा महत्त्व देते हैं–शैक्षणिक आधार पर

	अल्प शिक्षित	सामान्य शिक्षित	उच्च शिक्षित	कुल
कह नहीं सकते/नहीं जानते	1.4	.9	5.6	2.2
हाँ देते हैं	67.4	46.1	49.3	56.3
देते हैं पर बहुत ज़्यादा नहीं	11.3	15.7	9.9	12.5
बराबर ही देते हैं	19.9	37.3	35.2	29.1
कुल	100	100	100	100

2. (घ) क्या आपको लगता है कि न्यूज़ चैनल शहरी और धनी वर्ग को ज़्यादा महत्त्व देते हैं–आय वर्ग के आधार पर

	निम्न आय वर्ग	मध्य आय वर्ग	उच्च आय वर्ग	कुल
कह नहीं सकते/नहीं जानते	9	3.5	2.1	2.0
हाँ देते हैं	63.9	50.9	45.4	56.5
देते हैं पर बहुत ज़्यादा नहीं	17.3	8.8	4.1	12.3
बराबर ही देते हैं	17.9	36.8	48.5	29.1
कुल	100	100	100	100

3. क्या आपको लगता है कि आपसी होड़ की वजह से न्यूज़ चैनल ख़बरों को बढ़ा-चढ़ाकर पेश करते हैं—लैंगिक आधार पर

	पुरुष	स्त्री	कुल
कह नहीं सकते/नहीं जानते	5.8	----	3.2
हाँ वे बढ़ा-चढ़ाकर दिखाते हैं	31.9	59.3	44.2
दिखाते हैं पर ज़्यादा नहीं	21.4	12.4	17.4
जैसी है वैसी दिखाते हैं	40.8	28.3	35.2
कुल	100	100	100

3. (क) क्या आपको लगता है कि आपसी होड़ की वजह से न्यूज़ चैनल ख़बरों को बढ़ा-चढ़ाकर पेश करते हैं—इलाकाई आधार पर

	नगरीय	अर्ध नगरीय	ग्रामीण	कुल
कह नहीं सकते/नहीं जानते	5.0	1.1	2.1	3.1
हाँ वे बढ़ा-चढ़ाकर दिखाते हैं	55.7	57.8	30.3	44.5
दिखाते हैं पर ज़्यादा नहीं	12.2	12.2	24.1	17.6
जैसी है वैसी दिखाते हैं	27.1	28.9	43.4	34.7
कुल	100	100	100	100

3. (ख) क्या आपको लगता है कि आपसी होड़ की वजह से न्यूज़ चैनल ख़बरों को बढ़ा-चढ़ाकर पेश करते हैं—आयु वर्ग के आधार पर

	18-25 वर्ष	25-45 वर्ष	45-60 वर्ष	60 वर्ष	कुल
कह नहीं सकते/नहीं जानते	4.6	1.4	1.1	6.2	3.2
हाँ वे बढ़ा-चढ़ाकर दिखाते हैं	34.4	50.7	71.3	28.1	44.2
दिखाते हैं पर ज़्यादा नहीं	23.5	8.2	10.3	31.2	17.3
जैसी है वैसी दिखाते हैं	37.5	39.6	17.2	34.4	35.3
कुल	100	100	100	100	100

3 (ग) क्या आपको लगता है कि आपसी होड़ की वजह से न्यूज़ चैनल ख़बरों को बढ़ा-चढ़ाकर पेश करते हैं–शैक्षणिक आधार पर

	अल्प शिक्षित	सामान्य शिक्षित	उच्च शिक्षित	कुल
कह नहीं सकते/नहीं जानते	4.1	1.8	3.5	3.2
हाँ वे बढ़ा-चढ़ाकर दिखाते हैं	41.6	48.4	43.0	44.2
दिखाते हैं पर ज़्यादा नहीं	10.3	24.9	20.4	17.4
जैसी है वैसी दिखाते हैं	44.0	24.9	33.1	35.2
कुल	100	100	100	100

3. (घ) क्या आपको लगता है कि आपसी होड़ की वजह से न्यूज़ चैनल ख़बरों को बढ़ा-चढ़ाकर पेश करते हैं–आय वर्ग के आधार पर

	निम्न आय वर्ग	मध्य आय वर्ग	उच्च आय वर्ग	कुल
कह नहीं सकते/नहीं जानते	3.1	4.4	1.0	3.2
हाँ वे बढ़ा-चढ़ाकर दिखाते हैं	43.5	50.4	30.9	44.1
दिखाते हैं पर ज़्यादा नहीं	15.4	14.9	28.9	17.3
जैसी है वैसी दिखाते हैं	38.0	30.3	39.2	35.4
कुल	100	100	100	100

4. क्या न्यूज़ चैनल जन कल्याण और जनता से जुड़े मुद्दों को पर्याप्त महत्त्व देते हैं–लैंगिक आधार पर

	पुरुष	स्त्री	कुल
कह नहीं सकते/नहीं जानते	11.7	4.5	8.5
पर्याप्त महत्त्व देते हैं	70.3	46.2	59.4
पर्याप्त महत्त्व नहीं देते	14.2	16.9	15.4
बिल्कुल नहीं देते	3.9	32.4	16.6
कुल	100	100	100

4. (क) क्या न्यूज़ चैनल जन कल्याण और जनता से जुड़े मुद्दों को पर्याप्त महत्त्व देते हैं–इलाकाई आधार पर

	नगरीय	अर्ध नगरीय	ग्रामीण	कुल
कह नहीं सकते/नहीं जानते	7.2	1.1	11.7	8.4
पर्याप्त महत्त्व देते हैं	58.2	44.4	64.5	59.1
पर्याप्त महत्त्व नहीं देते	8.4	23.3	19.7	15.6
बिल्कुल नहीं देते	26.2	31.1	4.1	17
कुल	100	100	100	100

4. (ख) क्या न्यूज़ चैनल जन कल्याण और जनता से जुड़े मुद्दों को पर्याप्त महत्त्व देते हैं– आयु वर्ग के आधार पर

	18-25 वर्ष	25-45 वर्ष	45-60 वर्ष	60 वर्ष	कुल
कह नहीं सकते/नहीं जानते	10.2	2.4	16.3	6.2	8.3
पर्याप्त महत्त्व देते हैं	53.9	73.8	44.2	68.8	59.7
पर्याप्त महत्त्व नहीं देते	15.5	18.9	2.3	25.00	15.3
बिल्कुल नहीं देते	20.4	4.9	37.2	——	16.7
कुल	100	100	100	100	100

4. (ग) क्या न्यूज़ चैनल जन कल्याण और जनता से जुड़े मुद्दों को पर्याप्त महत्त्व देते हैं– शैक्षणिक आधार पर

	अल्प शिक्षित	मध्यम शिक्षित	उच्च शिक्षित	कुल
कह नहीं सकते/नहीं जानते	11.7	1.8	11.3	8.3
पर्याप्त महत्त्व देते हैं	47.8	72.4	64.5	59.6
पर्याप्त महत्त्व नहीं देते	18.2	6.5	23.4	15.4
बिल्कुल नहीं देते	22.3	19.4	0.7	16.6
कुल	100	100	100	100

4. (घ) क्या न्यूज़ चैनल जन कल्याण और जनता से जुड़े मुद्दों को पर्याप्त महत्त्व देते हैं–आय वर्ग के आधार पर

	निम्न आय वर्ग	मध्य आय वर्ग	उच्च आय वर्ग	कुल
कह नहीं सकते/नहीं जानते	10.2	8.8	1.0	8.3
पर्याप्त महत्त्व देते हैं	54.9	62.1	69.1	59.6
पर्याप्त महत्त्व नहीं देते	15.4	11.0	25.8	15.4
बिल्कुल नहीं देते	19.4	18.1	4.1	16.7
कुल	100	100	100	100

5. क्या अपराध की ख़बरों को नाटकीय एवं सनसनीखेज बनाना सही है–लैंगिक आधार पर

	पुरुष	स्त्री	कुल
कह नहीं सकते/नहीं जानते	5.6		3.1
नहीं, बिल्कुल नहीं	18.4	44.1	29.9
एक हद तक	37.6	27.2	33.0
हाँ, सही है	38.4	28.6	34.1
कुल	100	100	100

5. (क) क्या अपराध की ख़बरों को नाटकीय एवं सनसनीखेज बनाना सही है–इलाकाई आधार पर

	नगरीय	अर्ध नगरीय	ग्रामीण	कुल
कह नहीं सकते/नहीं जानते	3.4	1.1	3.1	3.0
नहीं, बिल्कुल नहीं	29.9	48.9	24.8	30.3
एक हद तक	21.8	21.1	47.6	33.4
हाँ, सही है	44.8	28.9	24.5	33.4
कुल	100	100	100	100

5. (ख) क्या अपराध की ख़बरों को नाटकीय एवं सनसनीखेज बनाना सही है– आयु वर्ग के आधार पर

	18-25 वर्ष	25-45 वर्ष	45-60 वर्ष	60 वर्ष	कुल
कह नहीं सकते/नहीं जानते	3.1	1.4	3.5	12.5	3.1
नहीं, बिल्कुल नहीं	35.0	36.1	7.0	0.0	29.9
एक हद तक	35.3	34.6	22.1	31.2	33.1
हाँ, सही है	26.6	27.9	67.4	56.2	33.9
कुल	100	100	100	100	100

5. (ग) क्या अपराध की ख़बरों को नाटकीय एवं सनसनीखेज बनाना सही है– शैक्षणिक आधार पर

	अल्प शिक्षित	सामान्य शिक्षित	उच्च शिक्षित	कुल
कह नहीं सकते/नहीं जानते	2.7	3.2	3.5	3.1
नहीं, बिल्कुल नहीं	33.0	35.6	14.8	29.9
एक हद तक	27.1	31.0	47.9	33.0
हाँ, सही है	27.1	30.1	33.8	34.1
कुल	100	100	100	100

5. (घ) क्या अपराध की ख़बरों को नाटकीय एवं सनसनीखेज बनाना सही है– आय वर्ग के आधार पर

	निम्न आय वर्ग	मध्य आय वर्ग	उच्च आय वर्ग	कुल
कह नहीं सकते/नहीं जानते	1.9	4.8	3.1	3.1
नहीं, बिल्कुल नहीं	33.0	29.4	20.6	29.9
एक हद तक	32.1	26.8	51.5	33.1
हाँ, सही है	33.0	39.0	24.7	33.9
कुल	100	100	100	100

6. क्या चैनल विज्ञापनदाताओं और बड़ी कम्पनियों को खुश रखने के लिए उनके हिसाब से चीज़ें दिखाते हैं–लैंगिक आधार पर

	पुरुष	स्त्री	कुल
कह नहीं सकते/नहीं जानते	9.2	12.1	10.5
हाँ, बिल्कुल दिखाते हैं	51.0	60.0	55.0
हाँ, पर बहुत नहीं	12.5	16.6	14.3
अपनी मर्ज़ी से दिखाते हैं	27.3	11.4	20.2
कुल	100	100	100

6. (क) क्या चैनल विज्ञापनदाताओं और बड़ी कम्पनियों को खुश रखने के लिए उनके हिसाब से चीज़ें दिखाते हैं–इलाकाई आधार पर

	नगरीय	अर्ध नगरीय	ग्रामीण	कुल
कह नहीं सकते/नहीं जानते	8.8	34.4	4.5	10.4
हाँ, बिल्कुल दिखाते हैं	50.0	46.7	61.5	54.7
हाँ, पर बहुत नहीं	22.5	6.7	9.6	14.5
अपनी मर्ज़ी से दिखाते हैं	18.7	12.2	24.4	20.4
कुल	100	100	100	100

6. (ख) क्या चैनल विज्ञापनदाताओं और बड़ी कम्पनियों को खुश रखने के लिए उनके हिसाब से चीज़ें दिखाते हैं–आयु वर्ग के आधार पर

	18-25 वर्ष	25-45 वर्ष	45-60 वर्ष	60 वर्ष	कुल
कह नहीं सकते/नहीं जानते	13.3	7.2	9.4	6.2	10.4
हाँ, बिल्कुल दिखाते हैं	54.2	64.3	28.2	76	55.0
हाँ, पर बहुत नहीं	9.9	9.2	48.2	6.2	14.5
अपनी मर्ज़ी से दिखाते हैं	22.9	19.3	14.1	12.5	20.1
कुल	100	100	100	100	100

6. (ग) क्या चैनल विज्ञापनदाताओं और बड़ी कम्पनियों को खुश रखने के लिए उनके हिसाब से चीज़ें दिखाते हैं–शैक्षणिक आधार पर

	अल्प शिक्षित	मध्यम शिक्षित	उच्च शिक्षित	कुल
कह नहीं सकते/नहीं जानते	13.8	6.9	8.5	10.3
हाँ, बिल्कुल दिखाते हैं	54.1	62.2	45.8	55.0
हाँ, पर बहुत नहीं	18.6	14.3	6.3	14.5
अपनी मर्ज़ी से दिखाते हैं	13.4	16.6	39.4	20.2
कुल	100	100	100	100

6. (घ) क्या चैनल विज्ञापनदाताओं और बड़ी कम्पनियों को खुश रखने के लिए उनके हिसाब से चीज़ें दिखाते हैं–आय वर्ग के आधार पर

	निम्न आय वर्ग	मध्य आय वर्ग	उच्च आय वर्ग	कुल
कह नहीं सकते/नहीं जानते	10.5	13.2	3.1	10.3
हाँ, बिल्कुल दिखाते हैं	59.1	54.8	42.3	55.1
हाँ, पर बहुत नहीं	17.3	8.8	17.5	14.4
अपनी मर्ज़ी से दिखाते हैं	13.0	23.2	37.1	20.2
कुल	100	100	100	100

7. क्या भूत-प्रेत और चमत्कार जैसी अवैज्ञानिक चीज़ों को दिखाना सही है–लैंगिक आधार पर

	पुरुष	स्त्री	कुल
कह नहीं सकते/नहीं जानते	11.1	0.7	6.5
गलत है, नहीं दिखाना चाहिए	36.8	48.8	42.1
थोड़ा-बहुत ठीक है	33.1	34.3	33.6
हाँ, बिल्कुल सही है	18.9	16.3	17.7
कुल	100	100	100

7. (क) क्या भूत-प्रेत और चमत्कार जैसी चीज़ों को दिखाना सही है–इलाकाई आधार पर

	नगरीय	अर्ध नगरीय	ग्रामीण	कुल
कह नहीं सकते/नहीं जानते	9.5	1.1	5.5	6.6
गलत है, नहीं दिखाना चाहिए	47.7	36.0	40.0	42.6
थोड़ा-बहुत ठीक है	33.2	49.4	27.6	32.9
हाँ, बिल्कुल सही है	9.5	13.5	26.9	17.9
कुल	100	100	100	100

7. (ख) क्या भूत-प्रेत और चमत्कार जैसी चीज़ों को दिखाना सही है– आयु वर्ग के आधार पर

	18-25 वर्ष	25-45 वर्ष	45-60 वर्ष	60 वर्ष	कुल
कह नहीं सकते/नहीं जानते	4.6	7.2	12.8	6.1	6.6
गलत है, नहीं दिखाना चाहिए	36.2	42.0	54.7	69.7	42.2
थोड़ा-बहुत ठीक है	42.7	27.1	25.6	3.0	33.4
हाँ, बिल्कुल सही है	16.4	23.7	7.0	21.2	17.7
कुल	100	100	100	100	100

7. (ग) क्या भूत-प्रेत और चमत्कार जैसी चीज़ों को दिखाना सही है–शैक्षणिक आधार पर

	अल्प शिक्षित	सामान्य शिक्षित	उच्च शिक्षित	कुल
कह नहीं सकते/नहीं जानते	5.6	2.3	15.5	6.6
गलत है, नहीं दिखाना चाहिए	36.9	48.8	42.3	42.1
थोड़ा-बहुत ठीक है	36.2	28.1	36.6	33.6
हाँ, बिल्कुल सही है	21.4	20.7	5.6	17.7
कुल	100	100	100	100

7. (घ) क्या भूत-प्रेत और चमत्कार जैसी चीज़ों को दिखाना सही है–आय वर्ग के आधार पर

	निम्न आय वर्ग	मध्य आय वर्ग	उच्च आय वर्ग	कुल
कह नहीं सकते/नहीं जानते	4.6	8.8	8.2	6.6
गलत है, नहीं दिखाना चाहिए	41.2	39.6	51.0	42.2
थोड़ा-बहुत ठीक है	35.4	31.7	31.6	33.5
हाँ, बिल्कुल सही है	18.8	19.8	9.2	17.7
कुल	100	100	100	100

8. क्या चैनलों में भ्रष्टाचार बढ़ गया है–लैंगिक आधार पर

	पुरुष	स्त्री	कुल
कह नहीं सकते/नहीं जानते	12.8	3.8	8.8
हाँ, बहुत ज़्यादा	24.6	26.2	25.3
काफ़ी हद तक	35.2	45.5	39.8
बिल्कुल नहीं	27.4	24.5	26.1
कुल	100	100	100

8. (क) क्या चैनलों में भ्रष्टाचार बढ़ गया है–इलाकाई आधार पर

	नगरीय	अर्ध नगरीय	ग्रामीण	कुल
कह नहीं सकते/नहीं जानते	13.7	7.9	4.5	8.8
हाँ, बहुत ज़्यादा	21.0	13.5	31.5	24.7
काफ़ी हद तक	36.3	20.2	50.2	40.3
बिल्कुल नहीं	29.0	58.4	13.8	26.2
कुल	100	100	100	100

8. (ख) क्या चैनलों में भ्रष्टाचार बढ़ गया है–आयु वर्ग के आधार पर

	18-25 वर्ष	25-45 वर्ष	45-60 वर्ष	60 वर्ष	कुल
कह नहीं सकते/नहीं जानते	4.9	11.2	9.2	33.3	8.9
हाँ, बहुत ज़्यादा	20.7	31.6	28.7	24.2	25.4
काफ़ी हद तक	36.1	42.7	51.7	27.3	39.8
बिल्कुल नहीं	38.3	14.6	10.3	15.2	25.8
कुल	100	100	100	100	100

8. (ग) क्या चैनलों में भ्रष्टाचार बढ़ गया है–शैक्षणिक आधार पर

	अल्प शिक्षित	मध्यम शिक्षित	उच्च शिक्षित	कुल
कह नहीं सकते/नहीं जानते	4.1	13.8	10.6	8.8
हाँ, बहुत ज़्यादा	27.5	24.9	21.8	25.4
काफ़ी हद तक	49.8	20.7	38.7	39.7
बिल्कुल नहीं	18.6	34.6	28.9	26.2
कुल	100	100	100	100

8. (घ) क्या चैनलों में भ्रष्टाचार बढ़ गया है–आय वर्ग के आधार पर

	निम्न आय वर्ग	मध्य आय वर्ग	उच्च आय वर्ग	कुल
कह नहीं सकते/नहीं जानते	5.3	14.1	8.2	8.8
हाँ, बहुत ज़्यादा	29.1	22.9	17.5	25.2
काफ़ी हद तक	48.9	27.3	39.2	39.9
बिल्कुल नहीं	16.7	35.7	35.1	26.1
कुल	100	100	100	100

9. क्या चैनलों को अनुशासित करने के लिए कोई स्वतन्त्र संस्था होनी चाहिए–लैंगिक आधार पर

	पुरुष	स्त्री	कुल
कह नहीं सकते/नहीं जानते	5.0	12.8	8.5
हाँ, कोई संस्था होनी चाहिए	79.6	81.4	80.4
संस्था होने से भी कुछ नहीं होगा	1.1	1.7	1.4
संस्था की ज़रूरत नहीं	14.2	4.1	9.7
कुल	100	100	100

9. (क) क्या चैनलों को अनुशासित करने के लिए कोई स्वतन्त्र संस्था होनी चाहिए–इलाकाई आधार पर

	नगरीय	अर्ध नगरीय	ग्रामीण	कुल
कह नहीं सकते/नहीं जानते	17.6	1.1	2.4	8.4
हाँ, कोई संस्था होनी चाहिए	71.8	88.9	85.2	80.2
संस्था होने से भी कुछ नहीं होगा	2.3	2.2	0.7	1.6
संस्था की ज़रूरत नहीं	8.4	7.8	11.7	9.8
कुल	100	100	100	100

9. (ख) क्या चैनलों को अनुशासित करने के लिए कोई स्वतन्त्र संस्था होनी चाहिए–आयु वर्ग के आधार पर

	18-25 वर्ष	25-45 वर्ष	45-60 वर्ष	60 वर्ष	कुल
कह नहीं सकते/नहीं जानते	12.7	5.3	1.2	6.2	8.5
हाँ, कोई संस्था होनी चाहिए	74.9	82.6	93.0	87.5	80.4
संस्था होने से भी कुछ नहीं होगा	1.9	1.4	0.0		1.4
संस्था की ज़रूरत नहीं	10.5	10.6	5.8	6.2	9.7
कुल	100	100	100	100	100

9. (ग) क्या चैनलों को अनुशासित करने के लिए कोई स्वतन्त्र संस्था होनी चाहिए–शैक्षणिक आधार पर

	अल्प शिक्षित	मध्यम शिक्षित	उच्च शिक्षित	कुल
कह नहीं सकते/नहीं जानते	3.1	18.9	3.6	8.5
हाँ, कोई संस्था होना चाहिए	89.3	65.9	85.0	80.5
संस्था होने से भी कुछ नहीं होगा	.7	2.3	1.4	1.4
संस्था की ज़रूरत नहीं	6.9	12.9	10.0	9.6
कुल	100	100	100	100

9 (घ) क्या चैनलों को अनुशासित करने के लिए कोई स्वतन्त्र संस्था होनी चाहिए–आय वर्ग के आधार पर

	निम्न आय वर्ग	मध्य आय वर्ग	उच्च आय वर्ग	कुल
कह नहीं सकते/नहीं जानते	3.1	18.9	2.1	8.5
हाँ, कोई संस्था होनी चाहिए	88.9	71.1	74.0	80.4
संस्था होने से भी कुछ नहीं होगा	1.2	0.9	3.1	1.4
संस्था की ज़रूरत नहीं	6.8	9.2	20.8	9.7
कुल	100	100	100	100

10. न्यूज़ चैनलों की विश्वसनीयता क्यों गिरी–लैंगिक आधार पर

	पुरुष	स्त्री	कुल
कह नहीं सकते/नहीं जानते	71.9	78.9	75.0
बेकार ख़बरें दिखाने से	7.8	1.7	5.1
भ्रष्टाचार की वजह से	11.4	2.8	7.6
जनता से दूर होने के कारण	7.2	15.9	11.1
ऊपर के सभी	1.7	0.7	1.2
कुल	100	100	100

10. (क) न्यूज़ चैनलों की विश्वसनीयता क्यों गिरी–इलाकाई आधार पर

	नगरीय	अर्ध नगरीय	ग्रामीण	कुल
कह नहीं सकते/नहीं जानते	77.6	48.4	80.0	74.5
बेकार ख़बरें दिखाने से	8.0	3.3	3.1	5.1
भ्रष्टाचार की वजह से	4.2	9.9	10.0	7.6
जनता से दूर होने के कारण	7.6	37.4	6.6	11.3
ऊपर के सभी	2.7	1.1	0.3	1.4
कुल	100	100	100	100

10. (ख) न्यूज़ चैनलों की विश्वसनीयता क्यों गिरी–आयु वर्ग के आधार पर

	18-25 वर्ष	25-45 वर्ष	45-60 वर्ष	60 वर्ष	कुल
कह नहीं सकते/नहीं जानते	72.2	75.8	81.6	72.7	74.7
बेकार ख़बरें दिखाने से	2.5	7.2	11.5	3.0	5.2
भ्रष्टाचार की वजह से	7.7	10.1	3.4	3.0	7.7
जनता से दूर होने के कारण	16.4	6.3	0.0	21.2	11.2
ऊपर के सभी	1.2	0.5	3.4	----	1.2
कुल	100	100	100	100	100

10. (ग) न्यूज़ चैनलों की विश्वसनीयता क्यों गिरी–शैक्षणिक आधार पर

	अल्प शिक्षित	सामान्य शिक्षित	उच्च शिक्षित	कुल
कह नहीं सकते/नहीं जानते	79.7	75.1	63.8	74.7
बेकार ख़बरें दिखाने से	2.4	9.2	4.3	5.1
भ्रष्टाचार की वजह से	5.5	10.1	8.5	7.7
जनता से दूर होने के कारण	12.0	2.3	23.4	11.2
ऊपर के सभी	0.3	3.2	0.0	1.2
कुल	100	100	100	100

10. (घ) न्यूज़ चैनलों की विश्वसनीयता क्यों गिरी–आय वर्ग के आधार पर

	निम्न आय वर्ग	मध्य आय वर्ग	उच्च आय वर्ग	कुल
कह नहीं सकते/नहीं जानते	77.5	76.5	62.2	74.8
बेकार ख़बरें दिखाने से	2.8	7.5	8.2	5.2
भ्रष्टाचार की वजह से	9.0	4.9	9.2	7.6
जनता से दूर होने के कारण	10.8	8.0	19.4	11.1
ऊपर के सभी	0.0	3.1	1.0	1.2
कुल	100	100	100	100

परिशिष्ट-2

टेलीविज़न पत्रकारों में टीआरपी के प्रभाव को जानने के लिए रायशुमारी

सर्वेक्षण विधि—इस सर्वेक्षण के लिए प्रश्नावली पद्धति का उपयोग किया गया। दिल्ली में विभिन्न चैनलों में कार्यरत 40 टीवी पत्रकारों को ये प्रश्नावलियाँ भेजी गयीं। ये पत्रकार छह से लेकर पचीस वर्षों तक के अनुभव वाले भिन्न आयु एवं आय वर्ग के थे। कुल अट्ठाईस पत्रकारों ने प्रश्नों को भरकर ई-मेल के ज़रिए हमें भेजा, जिनमें से तीन हमें रद्द करने पड़े। ये सर्वेक्षण जनवरी, 2013 में किया गया। पत्रकारों के उत्तरों के आधार पर निकाले गये निष्कर्ष निम्नलिखित हैं (सभी निष्कर्ष प्रतिशत में)।

1. टीवी पत्रकारिता का मौजूदा वातावरण आपको कैसा लगता है?

1. अच्छा है— 20%
2. मिला-जुला है— 60%
3. ख़राब है— 16%
4. बहुत ख़राब है— 4%

2. क्या आपको लगता है कि आप स्वतन्त्रतापूर्वक अपने विवेक का इस्तेमाल करते हुए काम कर सकते हैं?

1. पूरी तरह कर सकते हैं— 12%
2. एक सीमा तक ही कर सकते हैं— 80%
3. बिल्कुल नहीं कर सकते— 8%

3. आप टीआरपी का दबाव कितना ज़्यादा महसूस करते हैं?

1. बहुत कम— 12%
2. ठीक-ठाक— 40%
3. बहुत ज़्यादा— 36%
4. असहनीय— 16%

4. क्या पत्रकारिता के मूलभूत सिद्धान्तों के हिसाब से आप काम कर पाते हैं, अगर नहीं तो किन वजहों से?

1. टीआरपी की वजह से– 12%
2. मार्केटिंग के दबाव की वजह से– 4%
3. प्रबंधन के तौर तरीकों की वजह से– 56%
4. अल्प प्रशिक्षित कर्मियों की वजह से– 16%

5. क्या आपको लगता है कि चैनलों की सम्पादकीय नीति टीआरपी केन्द्रित हो गयी हैं?

1. नहीं 0%
2. एक हद तक– 48%
3. पूरी तरह– 52%

6. चैनलों मे समाचारों का चयन का सबसे बड़ा आधार क्या होता है?

1. टीआरपी– 44%
2. दर्शकों की पसन्द– 28%
3. समाचारों का महत्त्व– 8%
4. बाज़ार के आधार पर– 12%

7. समाचारों और कार्यक्रमों के निर्माण के समय सबसे ज़्यादा ध्यान किस बात पर दिया जाता है?

1. टीआरपी आयेगी या नहीं– 76%
2. अच्छे कार्यक्रम के तौर पर उसे सराहा जायेगा– 8%
3. विज्ञापनदाताओं को पसन्द आयेगा– 4%
4. चैनल की साख में इजाफ़ा होगा– 8%

8. क्या अधिकांश सम्पादकीय कर्मियों के जहन में ख़बरों को दिखाऊ और बिकाऊ बनाने की बात सबसे ऊपर रहती है?

1. नहीं– 4%
2. बिल्कुल नहीं– 0%
3. थोड़ा बहुत– 32%
4. सबसे ऊपर रहती है– 64%

9. समाचारों एवं समाचार आधारित कार्यक्रमों की प्रस्तुति के अन्दाज में किस बात पर सबसे ज़्यादा ज़ोर दिया जाता है?

1. शालीनता से प्रस्तुत किया जाये–

2. दर्शकों को आकर्षित किया जाये– 100%

10. क्या टीआरपी ने ख़बरों को उथला और मनोरंजनवादी बना दिया है?

1. नहीं बनाया है–
2. थोड़ा-बहुत बनाया है– 4%
3. काफ़ी हद तक बना दिया है– 92%
4. पूरी तरह से बना दिया है– 4%

11. अच्छी पत्रकारिता करने के लिए पत्रकारों के सामने सबसे बड़ी चुनौती और सबसे बड़ी बाधा क्या है?

1. टीआरपी 8%
2. प्रबन्धन और बाज़ार के दबाव– 40%
3. अनुकूल वातावरण का न होना– 28%
4. पत्रकारों में हुनर एवं चाह की कमी– 24%

12. क्या आपको लगता है कि यदि टीआरपी न हो या लम्बे अन्तराल में आये तो पत्रकार बेहतर ढंग से काम कर पायेंगे?

1. हाँ, कर पायेंगे– 40%
2. काफ़ी हद तक कर पायेंगे– 32%
3. टीआरपी का दबाव और बढ़ जायेगा– 20%
4. दबाव कम होगा पर चलेगी टीआरपी की ही– 8%

परिशिष्ट-3

टैम इंडिया द्वारा जारी टॉप-20 कार्यक्रमों की सूची

(1.4.2014 से 6.10.2014 तक)

Week	Rank	Programme	Channel	Sum of 000s	Sum of TVR
1	1	THIRD EYE OF NIRMAL BABA	India TV	469	0.39
	2	THIRD EYE OF NIRMAL BABA	News 24	427	0.36
	3	SAAS BAHU AUR SAAZISH-KY	ABP News	391	0.33
	4	THIRD EYE OF NIRMAL BABA	News 24	391	0.33
	5	THIRD EYE OF NIRMAL BABA	News 24	373	0.31
	6	THIRD EYE OF NIRMAL BABA	News 24	351	0.29
	7	THIRD EYE OF NIRMAL BABA	P-7 news	345	0.29
	8	FATAFAT	ABP News	331	0.28
	9	THIRD EYE OF NIRMAL BABA	India TV	331	0.28
	10	THIRD EYE OF NIRMAL BABA	News 24	330	0.28
	11	THIRD EYE OF NIRMAL BABA	Samay	328	0.28
	12	10 TAK	Aaj Tak	323	0.27
	13	NON STOP SUPERFAST	India TV	323	0.27
	14	FATAFAT	ABP News	319	0.27
	15	SANSANI	ABP News	314	0.26
	16	NON STOP SUPERFAST	India TV	309	0.26
	17	THIRD EYE OF NIRMAL BABA	News 24	305	0.26
	18	THIRD EYE OF NIRMAL BABA	News 24	305	0.26
	19	THIRD EYE OF NIRMAL BABA	India TV	304	0.26
	20	VISHESH	Aaj Tak	294	0.25

2	1	10 TAK	Aaj Tak	748	0.63
	2	DALTANGANJ KE THEKEDAR	ABP News	706	0.59
	3	NIRMAL BABA LIVE	Aaj Tak	689	0.58
	4	NIRMAL BABA LIVE	Aaj Tak	630	0.53
	5	10 TAK	Aaj Tak	533	0.45
	6	VISHESH	Aaj Tak	489	0.41
	7	VYAKTI VISHESH	ABP News	474	0.4
	8	NISHANE PAR NIRMAL DARBAR	Aaj Tak	460	0.39
	9	NIRMAL BABA KA SACH-NIRMAL BABA KI JUBAN	Aaj Tak	444	0.37
	10	DALTANGANJ KE THEKEDAR	ABP News	437	0.37
	11	SANSANI	ABP News	434	0.37
	12	THIRD EYE OF NIRMAL BABA	India TV	415	0.35
	13	THIRD EYE OF NIRMAL BABA	News 24	407	0.34
	14	AAJ KI BAAT	ABP News	402	0.34
	15	THIRD EYE OF NIRMAL BABA	News 24	392	0.33
	16	THIRD EYE OF NIRMAL BABA	News 24	392	0.33
	17	AAJ KI BAAT	ABP News	384	0.32
	18	THIRD EYE OF NIRMAL BABA	News 24	381	0.32
	19	DESH VIDESH	ABP News	377	0.32
	20	NIRMAL BABA KA SACH-NIRMAL BABA KI JUBAN	Aaj Tak	360	0.3
3	1	NON STOP SUPERFAST	India TV	554	0.47
	2	VISHESH	Aaj Tak	501	0.42
	3	SACH KA SAMANA-NIRMAL BABA	Aaj Tak	412	0.35
	4	DELHI KA DABANG KAUN	Aaj Tak	391	0.33
	5	BABA SE 25 SAWAL	Aaj Tak	378	0.32
	6	SAAS BAHU AUR SAAZISH-KY	ABP News	337	0.28
	7	THIRD EYE OF NIRMAL BABA	India TV	328	0.28
	8	NON STOP SUPERFAST	India TV	328	0.28
	9	SAAS BAHU AUR SAAZISH-KY	ABP News	319	0.27
	10	AAP KE TARE	Aaj Tak	316	0.27
	11	VISHESH	Aaj Tak	316	0.27
	12	AAP KE TARE	Aaj Tak	315	0.26
	13	DELHI DARBAR KA SACH	India TV	314	0.26
	14	SAAS BAHU AUR SAAZISH-KY	ABP News	310	0.26
	15	DELHI KA DABANG KAUN	Aaj Tak	309	0.26
	16	CRICKET OOH LA LA	Aaj Tak	308	0.26
	17	SAAS BAHU AUR SAAZISH-KY	ABP News	306	0.26
	18	SUBAH 10 BAJE	Aaj Tak	305	0.26
	19	AANKHEN KHOLO INDIA	India TV	303	0.25
	20	DELHI BADALO DESH BADALO	India TV	302	0.25

4	1	SAAS BAHU AUR SAAZISH-KY	ABP News	330	0.28
	2	10 BADI KHABAR	ABP News	304	0.26
	3	AAP KE TARE	Aaj Tak	296	0.25
	4	SUBAH KI BADI KHABAR	Aaj Tak	294	0.25
	5	NON STOP SUPERFAST	India TV	291	0.24
	6	VYAKTI VISHESH	ABP News	288	0.24
	7	SAAS BAHU AUR SAAZISH-KY	ABP News	288	0.24
	8	BREAKING NEWS	India TV	281	0.24
	9	SUPERFAST 200	India TV	274	0.23
	10	SAAS BAHU AUR SAAZISH-KY	ABP News	270	0.23
	11	SAAS BAHU AUR SAAZISH-KY	ABP News	269	0.23
	12	BREAKING NEWS	India TV	265	0.22
	13	SUBAH KI BADI KHABAR	Aaj Tak	264	0.22
	14	AAJ SUBAH	Aaj Tak	261	0.22
	15	AAP KE TARE	Aaj Tak	258	0.22
	16	AAP KE TARE	Aaj Tak	258	0.22
	17	BREAKING NEWS	India TV	258	0.22
	18	VARDAT	Aaj Tak	256	0.22
	19	COMEDY TAKA-TAK	Samay	256	0.22
	20	SAAS BAHU AUR SAAZISH-KY	ABP News	255	0.21
5	1	SAAS BAHU AUR SAAZISH-KY	ABP News	398	0.33
	2	INDIA TV NEWS	India TV	381	0.32
	3	SAAS BAHU AUR SAAZISH-KY	ABP News	316	0.27
	4	SAAS BAHU AUR SAAZISH-KY	ABP News	282	0.24
	5	AAP KE TARE	Aaj Tak	276	0.23
	6	SUBAH KA BOUNCER	India TV	269	0.23
	7	SUPER SPECIAL	India TV	265	0.22
	8	10 TAK	Aaj Tak	254	0.21
	9	THIRD EYE OF NIRMAL BABA	India TV	253	0.21
	10	SAAS BAHU AUR SAAZISH-KY	ABP News	252	0.21
	11	BREAKING NEWS	India TV	252	0.21
	12	INDIA TV NEWS	India TV	251	0.21
	13	NON STOP SUPERFAST	India TV	247	0.21
	14	SUPERFAST 200	India TV	247	0.21
	15	SAAS BAHU AUR SAAZISH-KY	ABP News	241	0.2
	16	SUBAH KI BADI KHABAR	Aaj Tak	241	0.2
	17	SUPERFAST 200	India TV	240	0.2
	18	SAAS BAHU AUR SAAZISH-KY	ABP News	237	0.2
	19	SAAS BAHOO AUR BETIYAN (TV)	Aaj Tak	231	0.19
	20	21:00:00	Aaj Tak	229	0.19

6	1	BHAVISHYAWANI	India TV	353	0.3
	2	NON STOP 100	Aaj Tak	341	0.29
	3	AAP KE TARE	Aaj Tak	341	0.29
	4	BHAVISHYAWANI	India TV	326	0.27
	5	AAP KE TARE	Aaj Tak	309	0.26
	6	SAAS BAHU AUR SAAZISH-KY	ABP News	299	0.25
	7	SAAS BAHU AUR SAAZISH-KY	ABP News	298	0.25
	8	AAJ TAK	Aaj Tak	296	0.25
	9	SUPER SPECIAL	India TV	280	0.24
	10	AAP KE TARE	Aaj Tak	266	0.22
	11	BHAVISHYAWANI	India TV	266	0.22
	12	KAAL CHAKRA	News 24	262	0.22
	13	AAP KE TARE	Aaj Tak	257	0.22
	14	AANKHEN KHOLO INDIA	India TV	257	0.22
	15	SAAS BAHOO AUR BETIYAN (TV)	Aaj Tak	256	0.22
	16	SUPERFAST 200	India TV	250	0.21
	17	SAAS BAHU AUR SAAZISH-KY	ABP News	249	0.21
	18	AAP KE TARE	Aaj Tak	249	0.21
	19	SAAS BAHU AUR SAAZISH-KY	ABP News	248	0.21
	20	VISHESH	Aaj Tak	247	0.21
7	1	SAAS BAHU AUR SAAZISH-KY	ABP News	443	0.37
	2	SAAS BAHU AUR SAAZISH-KY	ABP News	365	0.31
	3	SAAS BAHU AUR SAAZISH-KY	ABP News	324	0.27
	4	SAAS BAHU AUR SAAZISH-KY	ABP News	305	0.26
	5	NON STOP 100	Aaj Tak	303	0.25
	6	SAAS BAHU AUR SAAZISH-KY	ABP News	288	0.24
	7	SAAS BAHU AUR SAAZISH-KY	ABP News	280	0.24
	8	CRICKET OOH LA LA	Aaj Tak	280	0.24
	9	BHAVISHYAWANI	India TV	272	0.23
	10	FLAT NO L 32	India TV	266	0.22
	11	SAAS BAHU AUR SAAZISH-KY	ABP News	250	0.21
	12	AAP KE TARE	Aaj Tak	250	0.21
	13	SAAS BAHU AUR SAAZISH-KY	ABP News	249	0.21
	14	DASHVI TASHVIR	ABP News	243	0.2
	15	AANKHEN KHOLO INDIA	India TV	237	0.2
	16	SAAS BAHU AUR SAAZISH-KY	ABP News	230	0.19
	17	SPECIAL REPORT	Samay	229	0.19
	18	NON STOP SUPERFAST	India TV	227	0.19
	19	VISHESH	Aaj Tak	223	0.19
	20	BHAVISHYAWANI	India TV	222	0.19

8	1	MODI KA MAYAJAL	Aaj Tak	417	0.35
	2	VISHESH	Aaj Tak	402	0.34
	3	SAAS BAHU AUR SAAZISH-KY	ABP News	387	0.33
	4	BREAKING NEWS	India TV	357	0.3
	5	SAAS BAHU AUR SAAZISH-KY	ABP News	310	0.26
	6	SUPER SPECIAL	India TV	304	0.26
	7	SAAS BAHU AUR SAAZISH-KY	ABP News	303	0.26
	8	SAAS BAHU AUR SAAZISH-KY	ABP News	299	0.25
	9	SAAS BAHU AUR SAAZISH-KY	ABP News	299	0.25
	10	SAAS BAHU AUR SAAZISH-KY	ABP News	292	0.25
	11	SAAS BAHU AUR SAAZISH-KY	ABP News	281	0.24
	12	10 BADI KHABAR	ABP News	280	0.24
	13	NON STOP SUPERFAST	India TV	279	0.23
	14	PRIME TIME	NDTV India	272	0.23
	15	VISHESH	Aaj Tak	271	0.23
	16	FATAFAT	ABP News	268	0.23
	17	10 TAK	Aaj Tak	260	0.22
	18	NON STOP SUPERFAST	India TV	251	0.21
	19	SAAS BAHU AUR SAAZISH-KY	ABP News	250	0.21
	20	FATAFAT	ABP News	246	0.21
9	1	SAAS BAHU AUR SAAZISH-KY	ABP News	447	0.38
	2	SAAS BAHU AUR SAAZISH-KY	ABP News	355	0.3
	3	FATAFAT	ABP News	348	0.29
	4	NONSTOP AT 9	Z News	346	0.29
	5	AAJ BHARAT BANDH HAI	Aaj Tak	338	0.28
	6	KHABAREN SUPERFAST	Aaj Tak	324	0.27
	7	SAAS BAHU AUR SAAZISH-KY	ABP News	312	0.26
	8	VISHESH	Aaj Tak	301	0.25
	9	BHAVISHYAWANI	India TV	295	0.25
	10	BREAKING NEWS	India TV	295	0.25
	11	10 TAK	Aaj Tak	292	0.25
	12	SAAS BAHU AUR SAAZISH-KY	ABP News	290	0.24
	13	KHABAR DIN BHAR	ABP News	287	0.24
	14	10 BADI KHABAR	ABP News	281	0.24
	15	VYAKTI VISHESH	ABP News	281	0.24
	16	SAAS BAHU AUR SAAZISH-KY	ABP News	277	0.23
	17	BHAVISHYAWANI	India TV	277	0.23
	18	KHABAR DIN BHAR	ABP News	276	0.23
	19	AAP KE TARE	Aaj Tak	271	0.23
	20	AAP KE TARE	Aaj Tak	270	0.23

10	1	SAAS BAHU AUR SAAZISH-KY	ABP News	396	0.33
	2	VISHESH	Aaj Tak	390	0.33
	3	AAP KI ADALAT	India TV	380	0.32
	4	RAVIVAAR 10 BAJE	Aaj Tak	361	0.3
	5	21:00:00	Aaj Tak	344	0.29
	6	NON STOP SUPERFAST	India TV	343	0.29
	7	BHAVISHYAWANI	India TV	331	0.28
	8	HANS LO INDIA	News 24	329	0.28
	9	SAAS BAHU AUR SAAZISH-KY	ABP News	326	0.27
	10	SANSANI	ABP News	321	0.27
	11	SUPERFAST 200	India TV	306	0.26
	12	SAAS BAHU AUR SAAZISH-KY	ABP News	304	0.26
	13	HANS LO INDIA	News 24	302	0.25
	14	SAAS BAHU AUR SAAZISH-KY	ABP News	288	0.24
	15	KAAL CHAKRA	News 24	280	0.24
	16	SAAS BAHU AUR SAAZISH-KY	ABP News	275	0.23
	17	VYAKTI VISHESH	ABP News	275	0.23
	18	21:00:00	Aaj Tak	275	0.23
	19	ZEE NEWS	Z News	268	0.23
	20	KAAL CHAKRA	News 24	268	0.23
11	1	SAAS BAHU AUR SAAZISH-KY	ABP News	383	0.32
	2	10 TAK	Aaj Tak	342	0.29
	3	ASAR ME AAMIR KHAN	ABP News	321	0.27
	4	SAAS BAHU AUR SAAZISH-KY	ABP News	316	0.27
	5	SUBAH KI BADI KHABAR	Aaj Tak	310	0.26
	6	SAAS BAHU AUR SAAZISH-KY	ABP News	306	0.26
	7	NON STOP SUPERFAST	India TV	304	0.26
	8	RAISINA KI RACE	Aaj Tak	294	0.25
	9	AJAB LALU KI GAJAB KAHANI	Aaj Tak	290	0.24
	10	KHABAR DIN BHAR	ABP News	278	0.23
	11	BHAVISHYAWANI	India TV	275	0.23
	12	SAAS BAHU AUR SAAZISH-KY	ABP News	273	0.23
	13	NON STOP SUPERFAST	India TV	268	0.23
	14	AAP KI ADALAT	India TV	265	0.22
	15	SAAS BAHU AUR SAAZISH-KY	ABP News	263	0.22
	16	SUBAH KI BADI KHABAR	Aaj Tak	262	0.22
	17	SAAS BAHU AUR SAAZISH-KY	ABP News	252	0.21
	18	SPEED NEWS	IBN 7	245	0.21
	19	AANKHEN KHOLO INDIA	India TV	240	0.2
	20	SANSANI	ABP News	237	0.2

12	1	SAAS BAHU AUR SAAZISH-KY	ABP News	381	0.32
	2	FATAFAT	ABP News	377	0.32
	3	BHAVISHYAWANI	India TV	355	0.3
	4	SPECIAL REPORT	Aaj Tak	345	0.29
	5	BHAVISHYAWANI	India TV	326	0.27
	6	KHABAR DIN BHAR	ABP News	312	0.26
	7	NON STOP 100	Aaj Tak	311	0.26
	8	SPECIAL REPORT	Aaj Tak	308	0.26
	9	KHABAR DIN BHAR	ABP News	302	0.25
	10	PRIME TIME	Z News	299	0.25
	11	AAP KE TARE	Aaj Tak	296	0.25
	12	VISHESH	Aaj Tak	295	0.25
	13	BHAVISHYAWANI	India TV	292	0.25
	14	FATAFAT	ABP News	290	0.24
	15	CHHI CHHI SHAKE	Aaj Tak	285	0.24
	16	AAJ TAK	Aaj Tak	278	0.23
	17	BREAKING NEWS	India TV	276	0.23
	18	SAAS BAHU AUR SAAZISH-KY	ABP News	274	0.23
	19	SPECIAL REPORT	India TV	271	0.23
	20	KHABAR DIN BHAR	ABP News	268	0.23

13	1	BOREWELL SE BAHAR NIKLI MAHI	ABP News	426	0-36
	2	SAAS BAHU AUR SAAZISH-KY	ABP News	414	0-35
	3	KHABAR DIN BHAR	ABP News	344	0-29
	4	5 MINUTE 25 KHABREN	India TV	342	0-29
	5	INDIA TV NEWS	India TV	338	0-28
	6	KHABAR DIN BHAR	ABP News	324	0-27
	7	AANKHEN KHOLO INDIA	India TV	321	0-27
	8	AANKHEN KHOLO INDIA	India TV	319	0-27
	9	SAAS BAHU AUR SAAZISH-KY	ABP News	316	0-27
	10	NON STOP SUPERFAST	India TV	304	0-26
	11	FATAFAT	ABP News	303	0-25
	12	NON STOP SUPERFAST	India TV	290	0-24
	13	5 MINUTE 25 KHABREN	India TV	283	0-24
	14	KHABAR DIN BHAR	ABP News	281	0-24
	15	SAAS BAHU AUR SAAZISH-KY	ABP News	280	0-24
	16	ZEE NEWS	Z News	279	0-23
	17	KHABAR DIN BHAR	ABP News	278	0-23
	18	KHEL FATAFAT	ABP News	276	0-23
	19	VYAKTI VISHESH	ABP News	274	0-23
	20	INDIA TV NEWS	India TV	274	0-23

14	1	NON STOP 100	Aaj Tak	391	0.33
	2	21:00:00	Aaj Tak	388	0.33
	3	VISHESH	Aaj Tak	359	0.3
	4	INDIA TV NEWS	India TV	339	0.29
	5	KHABAR DIN BHAR	ABP News	336	0.28
	6	FATAFAT	ABP News	332	0.28
	7	KAAL CHAKRA	News 24	329	0.28
	8	FATAFAT	ABP News	326	0.27
	9	NON STOP 100	Aaj Tak	323	0.27
	10	AAJ SUBAH	Aaj Tak	322	0.27
	11	SAAS BAHU AUR SAAZISH-KY	ABP News	321	0.27
	12	NON STOP SUPERFAST	India TV	311	0.26
	13	5 MINUTE 25 KHABREN	India TV	309	0.26
	14	NEWS 24	News 24	306	0.26
	15	SAAS BAHU AUR SAAZISH-KY	ABP News	300	0.25
	16	AAJ SUBAH	Aaj Tak	296	0.25
	17	SAAS BAHOO AUR BETIYAN (TV)	Aaj Tak	284	0.24
	18	AAP KE TARE	Aaj Tak	283	0.24
	19	SUPER STAR KI 69 SUPERHIT KAHANIYAN	India TV	278	0.23
	20	AAP KE TARE	Aaj Tak	275	0.23
15	1	SAAS BAHU AUR SAAZISH-KY	ABP News	524	0.44
	2	DARA SINGH NAHI RAHE	ABP News	421	0.35
	3	SAAS BAHU AUR SAAZISH-KY	ABP News	412	0.35
	4	AAJ TAK	Aaj Tak	396	0.33
	5	VISHESH	Aaj Tak	387	0.33
	6	VISHESH	Aaj Tak	372	0.31
	7	10 TAK	Aaj Tak	369	0.31
	8	AAJ SUBAH	Aaj Tak	352	0.3
	9	SAAS BAHU AUR SAAZISH-KY	ABP News	350	0.29
	10	BREAKING NEWS	Aaj Tak	344	0.29
	11	SAAS BAHU AUR SAAZISH-KY	ABP News	343	0.29
	12	NEWS 24	News 24	342	0.29
	13	DOPAHER 2 BAJE	Aaj Tak	337	0.28
	14	SIYASAT KE DARA	India TV	336	0.28
	15	AANKHEN KHOLO INDIA	India TV	323	0.27
	16	DARA KI RAMLEELA	India TV	323	0.27
	17	NON STOP 100	Aaj Tak	322	0.27
	18	SAAS BAHU AUR SAAZISH-KY	ABP News	319	0.27
	19	NON STOP 100	Aaj Tak	314	0.26
	20	21:00:00	Aaj Tak	312	0.26

16	1	ACHCHHA TO HUM CHALTE HAIN	Aaj Tak	1303	1.1
	2	ACHCHHA TO HUM CHALTE HAIN	Aaj Tak	1089	0.92
	3	ANAND KO AAKHIRI BAR DEKH LO	India TV	1038	0.87
	4	ANAND KI AAKHIARI 20 KAHANIYAN	India TV	760	0.64
	5	ACHCHHA TO HUM CHALTE HAIN	Aaj Tak	749	0.63
	6	ACHCHHA TO HUM CHALTE HAIN	Aaj Tak	748	0.63
	7	SUPERSTAR KA AAKHIRI SAFAR	ABP News	649	0.55
	8	JAB RO PADE AMITABH	Aaj Tak	627	0.53
	9	SUPER SPECIAL	India TV	620	0.52
	10	ALVIDA RAJESH KHANNA	Aaj Tak	619	0.52
	11	SAFAR AAKHIRI	Aaj Tak	601	0.51
	12	SUPERSTAR KE PATAN KI KAHANI	ABP News	588	0.49
	13	SUPER STAR KO AAKHARI SALAM	Aaj Tak	578	0.49
	14	FATAFAT	ABP News	557	0.47
	15	ACHCHHA TO HUM CHALTE HAIN	Aaj Tak	555	0.47
	16	SPECIAL REPORT	India TV	545	0.46
	17	ACHCHHA TO HUM CHALTE HAIN	Aaj Tak	514	0.43
	18	KAKA-BOBBY KA AMAR PREM	India TV	513	0.43
	19	BREAKING NEWS	India TV	513	0.43
	20	BREAKING NEWS	India TV	505	0.43
17	1	FATAFAT	ABP News	498	0.42
	2	NON STOP SUPERFAST	India TV	464	0.39
	3	PHIR BANO NUMBER 1	Aaj Tak	455	0.38
	4	SAAS BAHU AUR SAAZISH-KY	ABP News	440	0.37
	5	KAKA KA WARISH KAUN	Aaj Tak	435	0.37
	6	10 TAK	Aaj Tak	416	0.35
	7	SAAS BAHU AUR SAAZISH-KY	ABP News	408	0.34
	8	VISHESH	Aaj Tak	407	0.34
	9	NON STOP SUPERFAST	India TV	393	0.33
	10	NON STOP SUPERFAST	India TV	346	0.29
	11	10 BADI KHABAR	ABP News	343	0.29
	12	SAAS BAHU AUR SAAZISH-KY	ABP News	334	0.28
	13	10 TAK	Aaj Tak	333	0.28
	14	AAJ TAK	Aaj Tak	331	0.28
	15	10 BADI KHABAR	ABP News	329	0.28
	16	KHABAR DIN BHAR	ABP News	329	0.28
	17	10 TAK	Aaj Tak	323	0.27
	18	VISHESH	Aaj Tak	313	0.26
	19	KHABAR DIN BHAR	ABP News	312	0.26
	20	NON STOP SUPERFAST	India TV	307	0.26

18	1	10 TAK	Aaj Tak	604	0.51
	2	10 TAK	Aaj Tak	570	0.48
	3	PHIR BANO NUMBER 1	Aaj Tak	535	0.45
	4	VISHESH	Aaj Tak	406	0.34
	5	24 GHANTE REPORTER	ABP News	393	0.33
	6	WO SUPERSTAR JISE MAINE DEKHA	Aaj Tak	369	0.31
	7	VISHESH	Aaj Tak	368	0.31
	8	LOVE STORY	ABP News	361	0.3
	9	FATAFAT	ABP News	356	0.3
	10	AAP KI ADALAT	India TV	351	0.3
	11	AAJ TAK	Aaj Tak	347	0.29
	12	SUPERFAST 200	India TV	346	0.29
	13	KYA CHUNAV JEETEGI TEAM ANNA	ABP News	343	0.29
	14	AAJ TAK	Aaj Tak	337	0.28
	15	NON STOP 100	Aaj Tak	334	0.28
	16	SAI KA DAULAT DARBAR	Aaj Tak	333	0.28
	17	10 TAK	Aaj Tak	320	0.27
	18	SUPER SPECIAL	India TV	318	0.27
	19	KHABAR DIN BHAR	ABP News	315	0.26
	20	NEWS TOP 10	Z News	308	0.26
19	1	21:00:00	Aaj Tak	562	0.47
	2	NON STOP SUPERFAST	India TV	493	0.41
	3	21:00:00	Aaj Tak	471	0.4
	4	PHIR BANO NUMBER 1	Aaj Tak	447	0.38
	5	10 TAK	Aaj Tak	444	0.37
	6	JAY GOVINDA JAY GOPALA	Aaj Tak	430	0.36
	7	SAAS BAHU AUR SAAZISH-KY	ABP News	416	0.35
	8	RAMDEV KI RAMKAHANI	Aaj Tak	415	0.35
	9	SAAS BAHU AUR SAAZISH-KY	ABP News	408	0.34
	10	SCANDAL	Aaj Tak	402	0.34
	11	24 GHANTE REPORTER	ABP News	398	0.34
	12	SAAS BAHU AUR SAAZISH-KY	ABP News	396	0.33
	13	FATAFAT	ABP News	396	0.33
	14	NON STOP SUPERFAST	India TV	394	0.33
	15	GOVINDA AALA RE	India TV	392	0.33
	16	SAAS BAHU AUR SAAZISH-KY	ABP News	371	0.31
	17	FATAFAT	ABP News	365	0.31
	18	SUPERFAST 200	India TV	360	0.3
	19	VISHESH	Aaj Tak	359	0.3
	20	SAAS BAHU AUR SAAZISH-KY	ABP News	357	0.3

20	1	NON STOP SUPERFAST	India TV	574	0.48
	2	VISHESH	Aaj Tak	421	0.35
	3	HEY RAM	Aaj Tak	415	0.35
	4	VISHESH	Aaj Tak	414	0.35
	5	WOH 60 DIN	Z News	395	0.33
	6	NEWS ROOM MEIN SALMAN. KAITRINA	ABP News	394	0.33
	7	STADIUM MEIN RAMDEV KI RAMLEELA	ABP News	393	0.33
	8	10 TAK	Aaj Tak	376	0.32
	9	21:00:00	Aaj Tak	364	0.31
	10	FATAFAT	ABP News	355	0.3
	11	DESH VIDESH	ABP News	354	0.3
	12	NON STOP 100	Aaj Tak	353	0.3
	13	DANKE KI CHOTE PAR	IBN 7	350	0.29
	14	MODI KA MAGIC	Aaj Tak	348	0.29
	15	SAAS BAHU AUR SAAZISH-KY	ABP News	344	0.29
	16	NEWS ROOM MEIN SALMAN-KAITRINA	ABP News	341	0.29
	17	NON STOP SUPERFAST	India TV	336	0.28
	18	24 GHANTE REPORTER	ABP News	334	0.28
	19	VISHESH	Aaj Tak	332	0.28
	20	DANKE KI CHOTE PAR	IBN 7	331	0.28
21	1	SAAS BAHU AUR SAAZISH-KY	ABP News	433	0.36
	2	LOVE STORY	ABP News	420	0.35
	3	21:00:00	Aaj Tak	417	0.35
	4	SAAS BAHU AUR SAAZISH-KY	ABP News	409	0.34
	5	21:00:00	Aaj Tak	397	0.33
	6	TALAASH	India TV	389	0.33
	7	NEWS 24	News 24	381	0.32
	8	SAAS BAHU AUR SAAZISH-KY	ABP News	369	0.31
	9	VISHESH	Aaj Tak	369	0.31
	10	VISHESH	Aaj Tak	367	0.31
	11	NON STOP 100	Aaj Tak	361	0.3
	12	SAAS BAHU AUR SAAZISH-KY	ABP News	359	0.3
	13	21:00:00	Aaj Tak	358	0.3
	14	VISHESH	Aaj Tak	358	0.3
	15	SAAS BAHU AUR SAAZISH-KY	ABP News	351	0.3
	16	NON STOP SUPERFAST	India TV	351	0.3
	17	VYAKTI VISHESH	ABP News	341	0.29
	18	SAAS BAHU AUR SAAZISH-KY	ABP News	338	0.28
	19	21:00:00	Aaj Tak	328	0.28
	20	SUPERFAST 200	India TV	328	0.28

22	1	LOVE STORY	ABP News	633	0.53
	2	BREAKING NEWS	Aaj Tak	556	0.47
	3	AAJ TAK	Aaj Tak	504	0.42
	4	AAJ TAK	Aaj Tak	497	0.42
	5	SAAS BAHU AUR SAAZISH-KY	ABP News	496	0.42
	6	DESH KA MOOD KYA HAI	ABP News	473	0.4
	7	NON STOP SUPERFAST	India TV	420	0.35
	8	AAJ TAK	Aaj Tak	402	0.34
	9	24 GHANTE REPORTER	ABP News	390	0.33
	10	HANS LO INDIA	News 24	388	0.33
	11	21:00:00	Aaj Tak	387	0.33
	12	KHABAR DIN BHAR	ABP News	383	0.32
	13	DESH KA MOOD KYA HAI	ABP News	379	0.32
	14	SAAS BAHU AUR SAAZISH-KY	ABP News	369	0.31
	15	KHABAR DIN BHAR	ABP News	368	0.31
	16	NON STOP SUPERFAST	India TV	367	0.31
	17	21:00:00	Aaj Tak	354	0.3
	18	SCANDAL	Aaj Tak	353	0.3
	19	BHAVISHYAWANI	India TV	353	0.3
	20	SAAS BAHU AUR SAAZISH-KY	ABP News	347	0.29
23	1	SAAS BAHU AUR SAAZISH-KY	ABP News	440	0.37
	2	SAAS BAHU AUR SAAZISH-KY	ABP News	429	0.36
	3	TALAASH	India TV	429	0.36
	4	NON STOP 100	Aaj Tak	417	0.35
	5	AISI THI INDIRA	Aaj Tak	415	0.35
	6	AAJ TAK	Aaj Tak	398	0.33
	7	21:00:00	Aaj Tak	395	0.33
	8	VISHESH	Aaj Tak	385	0.32
	9	RAN-BHUMI	Aaj Tak	383	0.32
	10	LOVE STORY	ABP News	380	0.32
	11	PHIR BANO NUMBER 1	Aaj Tak	380	0.32
	12	DHAMKI RAJ	Aaj Tak	360	0.3
	13	AAJ TAK	Aaj Tak	360	0.3
	14	SAAS BAHU AUR SAAZISH-KY	ABP News	356	0.3
	15	10 TAK	Aaj Tak	332	0.28
	16	SAAS BAHU AUR SAAZISH-KY	ABP News	329	0.28
	17	DHAMKI RAJ	Aaj Tak	327	0.28
	18	SAAS BAHU AUR SAAZISH-KY	ABP News	324	0.27
	19	21:00:00	Aaj Tak	322	0.27
	20	21:00:00	Aaj Tak	321	0.27

24	1	NON STOP SUPERFAST	India TV	496	0.42
	2	NON STOP 100	Aaj Tak	448	0.38
	3	VISHESH	Aaj Tak	427	0.36
	4	SAAS BAHU AUR SAAZISH-KY	ABP News	426	0.36
	5	MANMOHAN KA MEHANGAI BOMB	Aaj Tak	395	0.33
	6	SAAS BAHU AUR SAAZISH-KY	ABP News	386	0.32
	7	ABP NEWS PAR BADI BEHAS	ABP News	362	0.3
	8	SAAS BAHU AUR SAAZISH-KY	ABP News	347	0.29
	9	AAP KE TARE	Aaj Tak	347	0.29
	10	NEWS 24 SPECIAL	News 24	342	0.29
	11	SAAS BAHU AUR SAAZISH-KY	ABP News	337	0.28
	12	AAJ TAK	Aaj Tak	336	0.28
	13	FATAFAT	ABP News	335	0.28
	14	10 TAK	Aaj Tak	334	0.28
	15	SAAS BAHU AUR SAAZISH-KY	ABP News	333	0.28
	16	MANMOHAN KA MEHANGAI BOMB	Aaj Tak	333	0.28
	17	AAP KE TARE	Aaj Tak	329	0.28
	18	SAAS BAHU AUR SAAZISH-KY	ABP News	328	0.28
	19	10 TAK	Aaj Tak	320	0.27
	20	AAJ TAK	Aaj Tak	320	0.27
25	1	T20 KA TIGER KAUN	Aaj Tak	648	0.55
	2	AAJ TAK	Aaj Tak	406	0.34
	3	SAAS BAHU AUR SAAZISH-KY	ABP News	402	0.34
	4	21:00:00	Aaj Tak	401	0.34
	5	BHARAT BAND	Aaj Tak	397	0.33
	6	BREAKING NEWS	Z News	391	0.33
	7	BHARAT BAND	ABP News	389	0.33
	8	HITLER DIDI KA HUNTER	Aaj Tak	387	0.33
	9	10 TAK	Aaj Tak	371	0.31
	10	BHARAT BAND SE KYA HOGA	India TV	366	0.31
	11	NON STOP 100	Aaj Tak	362	0.3
	12	T20 KA TIGER KAUN	Aaj Tak	350	0.29
	13	NON STOP 100	Aaj Tak	349	0.29
	14	BHARAT BAND	Aaj Tak	347	0.29
	15	AAJ TAK	Aaj Tak	346	0.29
	16	50 ANSUNI KAHANIYAN	News 24	343	0.29
	17	AAJ TAK	Aaj Tak	342	0.29
	18	HITLER DIDI KA HUNTER	Aaj Tak	339	0.28
	19	ZEE NEWS	Z News	337	0.28
	20	NON STOP 100	Aaj Tak	328	0.28

26	1	AA GAYI INDIA KI AANDHI	Aaj Tak	713	0.6
	2	T20 KA TIGER KAUN	Aaj Tak	397	0.33
	3	SAAS BAHU AUR SAAZISH-KY	ABP News	361	0.3
	4	T20 KA TIGER KAUN	Aaj Tak	353	0.3
	5	JEETEGA INDIA	ABP News	346	0.29
	6	FATAFAT	ABP News	341	0.29
	7	10 TAK	Aaj Tak	341	0.29
	8	SAAS BAHU AUR SAAZISH-KY	ABP News	329	0.28
	9	AAJ SUBAH	Aaj Tak	328	0.28
	10	SAAS BAHU AUR SAAZISH-KY	ABP News	326	0.27
	11	LOVE STORY	ABP News	326	0.27
	12	SUPERFAST 200	India TV	320	0.27
	13	NON STOP 100	Aaj Tak	318	0.27
	14	NON STOP SUPERFAST	India TV	312	0.26
	15	NON STOP SUPERFAST	India TV	300	0.25
	16	BHAVISHYAWANI	India TV	300	0.25
	17	T20 KA TIGER KAUN	Aaj Tak	293	0.25
	18	SAAS BAHU AUR SAAZISH-KY	ABP News	289	0.24
	19	SAAS BAHU AUR SAAZISH-KY	ABP News	289	0.24
	20	VISHESH	Aaj Tak	288	0.24

27	1	HINDUSTAN KA JASHAN	Aaj Tak	1051	0.88
	2	T20 KA TIGER KAUN	Aaj Tak	627	0.53
	3	T20 KA TIGER KAUN	Aaj Tak	571	0.48
	4	T20 KA TIGER KAUN	Aaj Tak	560	0.47
	5	BREAKING NEWS	ABP News	520	0.44
	6	T20 KA TIGER KAUN	Aaj Tak	519	0.44
	7	T20 KA TIGER KAUN	Aaj Tak	481	0.41
	8	10 TAK	Aaj Tak	461	0.39
	9	JEETEGA INDIA	ABP News	445	0.37
	10	VISHESH	Aaj Tak	434	0.37
	11	JEETEGA INDIA	ABP News	397	0.33
	12	VISHESH	Aaj Tak	380	0.32
	13	LOVE STORY	ABP News	371	0.31
	14	SPECIAL REPORT	Aaj Tak	346	0.29
	15	T20 KA TIGER KAUN	Aaj Tak	339	0.29
	16	FINAL MEIN PAUNCHA SRILANKA	ABP News	331	0.28
	17	20-BISH KA BADSHAH KAUN	India TV	322	0.27
	18	AAKHRI DIN	News 24	317	0.27
	19	SAAS BAHU AUR SAAZISH-KY	ABP News	316	0.27
	20	SAAS BAHOO AUR BETIYAN (TV)	Aaj Tak	312	0.26

संलग्नक-1

MEDIA MERGERS AND ACQUISITIONS (MARCH 2011-JULY 2012)

S/N	Company	Buyer	Seller	Percentage of Age of Stake Bought (In %)	Invested Amount In INR (Crores)	Month & Year of M&A	Other Details	Useful Links
							PRINT MEDIA	
1	India Today Group	Aditya Birla Group	Living Media (India Today Group)	27.5	NA	May 2012	The stake is being purchased through IGH Holdings Private Ltd, an investment company of industrialist Kumar Mangalam Birla-led business conglomerate. After such transfers, the subsidiaries and associate firms of Living Media would include TV Today Network, ITAS Media, Today Retail Network, Today Merchandise, Harper Collins, Mail Today Newspapers, India Today Online, Universal Learn Today, Integrated Databases India and Automotive Exchange Pvt. Ltd.	http://www.business-standard.com/india/news/cci-approves-birla groups-275-buy-in living-media-/484777/
2	Dainik Bhaskar Group's 50% stake in Diligent Media Corp	Essel Group	DB Corp	50	NA	May 2012	Launched in 2005 by Diligent Media Corporation, DNA (Daily News & Analysis) is a broadsheet published in the English language from Mumbai, Ahmedabad, Pune, Jaipur, Bangalore and Indore in India.Essel bought Bhaskar Group's entire stake in the JV (joint venture).	http://www. dealcurry.com/20120525-Essel-Group-Acquires-DB-Corp-s-Stake-In-DNA.htm
3	Suvi Info Management (Indore) Private Ltd. Naidunia Media Limited is its subsidiary		Nai Dunia	100	300 (Estimated	April 2012		http://www.medianama.com/2012/04/223-jagran-prakashan-buys-naidunia/ http://www.medianama.

								com/ 2012/04/223-jagran-prakashan-buys-naidunia/ http://business-standard.com/india/news/jagran-group-to-buy-nai-dunia/469286/
4	BBC World wide-World wide Media	Bennett, Coleman & Co. Ltd (BCCL)	BBC	50	46.7	August 2011 Planet, among	The JV was formed eight years ago and has under its umbrella a bouquet of brands and magazines such as Femina, Filmfare, GRAZIA, HELLO!, BBC TopGear, BBC Good Homes and Lonely	http://in.mobile.reuters.com/article/indiaDeals/idINIndia-59991120111019 http://www.mediamughals.com/News/1/2/Article/8015/BBC_Magazines_sells_its_stake_to__Bennett,_Coleman_&_Co.htm

5	Divya Prabhat Publication	D B Corp	Divya Prabhat Publication	60	1.2	July 2011	Divya Prabhat runs Prabhat Kiran, an afternoon newspaper in Madhya Pradesh	http://www.indiantelevision.com/headlines/y2k11/july/july183.php
6	Jagran Prakashan Limited (JPL)	Blackstone Group	Jagran Prakashan Limited (JPL)	12	225	April 2011	Blackstone GPV Capital Partners (Mauritius) V-Q Ltd had invested Rs 225 crore in accordance with various government approvals. It took 18 months for a green signal from the Foreign Investment Promotion Board. Jagran Media Network Investment Pvt Ltd is JPL's holding company, holding a stake of 59.46 per cent.	http://business-standard.com/india/news/blackstone-group-invests-rs-225-cr-in-jagran-media/90532/on http://www.dealcurry.com/20110721-Blackstone-Invests-Rs-225-Cr-In-Jagran-Media-Network.htm http://business-standard.com/india/news/jagran-group-to-buy-nai-dunia/469286/

NEWS CHANNEL								
7	NDTV	Oswal Green Tech	NDTV	14.7	24	December 2011	Oswal Green Tech is a chemical and fertilizer company	http://articles.economictimes.indiatimes.com/2012-01-04/news/30588814_1_advertising-revenues-network18-regional-advertising http://www.mxmindia.com/2012/01/recent-media-deals-point-to-consolidation-in-the-industry-say-experts/
GENERAL ENTERTAINMENT CHANNEL								
8	B4U Television Network India Private Limited	Eros International	B4U Television Network India Private Limited	76	284	April 2012	Eros already owns 24% stake in the television network, but has not exercised significant influenceover the company. Eros will purchase the 76% it does not currently own.	http://www.dealcurry.com/20120425-Eros-International-Acquires-76-In-B4U-Television.htm http://www.medianama.com/2012/04/223-eros-international-to-buy-out-b4u-television-network-for-53-1-million/

9	UTV Software Com munications	Walt Disney	UTV Software Communi cations	49.56	242	February 2012	Disney first acquired a 14.9 percent stake in UTV for about $15 million in 2006. Subsequently in 2008, Disney upped its stake to 32.1 percent for about $230 million, which also gave Disney a 15 percent stake (valued at about $30 million) in UTV's broadcasting unit UTV Global Broadcasting Limited. Last year, Disney upped its stake to 50.44 percent in UTV, leaving co-founder Ronnie Screwvala and three other backers holding a 19.82 percent stake.	http:// www.mxmindia. com/2012/01 /recent-media-deals-point-to-consoli dation-in-the-industry-say-experts/ http://www.hollywo odreporter.com/news/ disney-acquires-controlling-stake-indias-286342 http://www.liv emint.com/Companies /LCh Puf2sR fbVNk5n68 EXjI/Walt-Disney-acquires-controlling-stake-in-UTV.html
10	UTV Software Commu nications	Reliance Capital	UTV Software Commu nications	66	NA	December 2011	Reliance Capital, Anil Ambani's company bout 66% in UTV that runs Bloomberg UTV which was UTV founder Ronnie Screwvala's stake	http:// articles.economic times.indiatimes.com /2012-01-04/news /30588814 _1_advertising-revenues-network18-

								regional-advertising http://www.business-standard.com/india/news/r-cap-in-talks-to-buy-majority-stake-in-bloomberg-utv/458716/
SPORTS CHANNEL								
11	ESPN-StarSports	News Corp	Disney Media Networks	50	NA	June 2012	16 year partnership with Walt Disney and ESS ended with this deal. ESPN Star Sports operates 28 broadcast networks in 24 Asian countries, including a number focused on cricket.	http://www.indianexpress.com/news/news-corp-buys-espn-star-sports-stake/958619/0 http://www.reuters.com/article/2012/06/06/us-newscorp-espn-idUSBRE8550EX20120606
REGIONAL CHANNEL								
12	MAA Television Network	Sony Pictures Television	MAA Television Network	30	NA	April 2012	MAA Television Network Limited (MTN), which runs a network of Telugu television channels including the entertainment channel MAA TV, music channel MAA Music, MAA Movies and MAA Junior.	http://www.business-standard.com/india/news/sony-pictures-maa-tv-enter-strategic-alliance/162534/on

13	Eenadu Group	Network18	Reliance India Limited	The deal between RIL and Network18 aims to raise funds for the acquisition of the ETV channels through a rights issue, to be funded by the independent media trust, set up by RIL.	2100	January 2012	Reliance Industries and Network 18 group joined hands for a multi-layered deal, under which the Mukesh Ambani-led corporate giant would sell a part of its interest in Eenadu TV channels and would also fund promoters of the media group. Network 18 and TV18 would raise about Rs 4,000 crore including Rs 1,700 crore contributions of the promoters. TV18 acquired 100 per cent stake in regional news channels, 50 per cent in non-Telugu entertainment channels and 24.5 per cent interest in two Telugu channels.	http://businesstoday.intoday.in/story/network-18-eenadu-ril/1/21375.html http://www.business-standard.com/india/news/eenadu-tv-close-to-merger-dealnetwork18458499/ http://www.business-standard.com/india/news/ril-strikes-mega-media-deal/460697/ http://capital mind.in/2012/01/the-fringe-impact-of-the-ril-tv18-deal/ http://www.thehindubusinessline.com/industry-and-econo

								my/article2772299.ece?homepage=true&ref=wl_home
14	Metronation Chennai Television Limited	Educational Trustee Company Pvt Ltd	New Delhi Television Ltd (NDTV) and Kasturi and Sons Ltd (publisher of The Hindu newspaper)	100 (49% from Kasturi & Sons and 51% from NDTV)	15	October 2011	NDTV, which operates NDTV 24X7, NDTV India, NDTV Profit and NDTV Good Times, owneds 51 per cent stake in the venture, with the remaining 49 per cent lying with Kasturi and Sons. Kasturi and Sons owns a number of publications such as The Hindu, The Hindu Business Line, The Sportstar and Frontline.	http://in.reuters.com/article/2011/10/10/idINIndia-59798520111010 http://investment.contify.com/story/ndtv-hindu-group-to-sell-stakes-in-their-jv-to-dina-thanthi-group-for-rs-150-mln-2011-10-08
15	Asianet News Network (ANN)	Kannada Prabha Publiations	Asianet	51	NA	July 2011	Kannada Prabha is the New Indian Express Group's leading Kannada daily newspaper.	http://www.indiantelevision.com/headlines/y2k11/july/july155.php http://www.moneycharts.co.in/2011/07/20/asianet-news-network-acquires-51-stake-in-kannada-prabha/

LIFESTYLE CHANNEL							
16	NDTV	Astro All Asia Networks Plc. (Astro)	NDTV Lifestyle Holdings Pvt Ltd	49	185	March 2011	NDTV sold 49% of its stake for $40 million (about Rs 180 crore) in its arm NDTV Lifestyle Holdings Pvt Ltd (NLHPL) to Astro All Asia Networks Plc. Last September, the company had announced it had entered into a strategic alliance with South Asia Creative Assets Ltd (SACAL), a subsidiary of Astro All Asia Networks Plc, for lifestyle channels in India. The agreement envisaged SACAL acquiring a 49 per cent stake in NLHPL in two tranches in the proposed holding company for NDTV Lifestyle Ltd. the lifestyle subsidiary of NDTV.	http://in.reuters.com/article/2011/10/10/idINIndia-5979852 0111 010 http://www.financialexpress.com/news/ndtv-completes-stake-sell-in-lifestyle-arm-to-astro-asia/757304/0 http://www.business-standard.com/runup/news/ndtv-completes-stake-sell-in-lifestyle-arm-to-astro-asia/127663/on http://www.thehindubusinessline.com/industry-and-economy/article1505923.ece

							RADIO	
17	Timbre Media	Saregama India	Timbre Media	10	NA	July 2011	Timbre Media is a company floated by ex-WorldSpace Radio employee.	http://www.indiantelevision.com/headlines/y2k11/july/july28.php
							DIGITAL CINEMA	
18	Scrabble Entertainment	UFO Movies	Scrabble Entertainment	26	200	September 2011	UFO Moviez India Ltd is a Satellite-based digital cinema network and Scrabble Entertainment Pvt Ltd is a four-year-old Mumbai-based start-up.	http://articles.economictimes.indiatimes.com/2011-09-23/news/30193978_1_ufo-moviez-digital-cinema-scrabble-entertainment
							DIGITAL CABLE	
19	Sahara India and DigiCable	Sahara India	Ashmore	49	NA	July 2012	DigiCable is a cable service provider.	http://www.thehindubusinessline.com/industry-and-economy/info-tech/article3693301.ece?homepage=true http://www.indiantelevision.com/headlines/y2k12/july/july236.php

संलग्नक-2

Summary of Recommendations

5.1 Need for the Government to regulate the system of Television Rating Points (TRP)

The manner, extent and nature of Regulation.

Recommendation

The Authority recommends Self–regulation through the Industry led body, with Government exercising oversight through its nominees in the industry led body and guidelines covering organisation, functions and methodology to be adopted for ratings by the Industry led body The continuance of Government nominees on BARC's board may be reviewed after five years. Such industry led body should be a not-for-profit body registered under the Companies Act, 1956. Self-regulation should aim to achieve the following objectives;

- Continuous improvement in quality and method of the rating system, to provide accurate, up to date and relevant findings;
- To maintain the highest possible standards of integrity and to ensure that its findings are not misused / manipulated by any one to convey a wrong impression;
- To promote, maintain and uphold fair, ethical and healthy practices relating to ratings and its use;
- Discourage unfair or deceptive practices employed in connection with the sale or use of ratings; and
- Observe and enforce the conditions / standards / norms prescribed by the Government for the ratings process.

The Government guidelines to BARC should cover the following:

(I) Organizational Structure

a) BARC shall have equal representation with equal voting rights from the three Associations namely; AAAI, ISA and IBF. It is expected that these Associations will be truly representative of their segments and that membership rules will be applied in a completely transparent manner by the respective Associations.

b) In addition to 12 Board members proposed in the Articles of Association of BARC, there shall be two nominees of the Ministry of Information and Broadcasting on the Board of Directors of BARC. The Government nominees will not have voting rights on any resolution. Any dissent of the Government nominees shall be recorded in the minutes of the Board Meetings, if so desired by the nominee. The sitting fees for the Government nominees shall be regulated in terms of GoI instructions issued from time to time (Presently Government nominees are not entitled for any sitting fees).

c) There shall be a Technical Committee within BARC which shall guide and supervise the various processes. The Technical Committee shall inter-alia include one nominee each from the Ministry of Statistics and Programme Implementation, National Council of Applied Economic Research (NCAER) and Indian Statistical Institute (ISI), Kolkata. The nominated members of the Technical Committee shall be entitled to remuneration in line with the remuneration of other members of the Committee, if permitted by the rules-regulations of their parent organisation.

d) For specific assignments contracted by BARC to any of the organisations represented through the nominees in the Technical Committee; the terms & conditions and fee shall be governed through mutual negotiation.

(II) Functions

BARC shall not undertake audience measurement directly and shall resort to an open, transparent and competitive bidding process for the various stages involved in the rating process; including (a) establishment survey (b) panel design and quality control (c) recruiting and metering, data collection and processing and (d) Audit.

(III) Methodology

The Ministry of Information & Broadcasting shall provide the key eligibility norms for the selection of rating agencies and also provide performance obligation norms including scope of work in the Request for Proposal (RFP) issued by BARC for appointment of rating agencies. These will be duly considered by the Technical Committee while finalizing the relevant BARC documents.

(IV) Reporting Requirements

a) BARC shall provide such information and reports as may be asked for by the Ministry of Information and Broadcasting from time to time. The Ministry shall maintain confidentiality of the information thus provided, if so desired by BARC. However, the addresses and location of homes where people meter are installed shall not be reported to the Ministry.

b) The reports shall be made available in a transparent and equitable manner. BARC shall display the rate card for the various reports and discounts offered thereon on its website.

(V) Complaint Redressal mechanism

a) BARC shall have in place a complaints Redressal mechanism, which shall be responsible for handling complaints, shortcomings and deficiencies in the rating system brought to notice by Board of Directors, consumer organisations, users of ratings and the general public. BARC may consider the model followed by Advertising Standards Council of India (ASCI).

b) Till BARC is fully functional in terms of selection of Rating Agencies, BARC shall engage constructively with the existing rating agencies for resolution of any complaints received in respect of the rating services. BARC shall formalize MoU with the Ministry of Information and Broadcasting to reflect the above features and the eligibility conditions for selection of rating agencies.

Timeframe for Implementation. The Authority expects that the Government will be able to complete processing the Recommendations in four weeks and the Mox can be signed between BARC and the Ministry within two weeks thereafter. BARC should become fully functional within eight weeks of signing the MOU. Setting up of functional norms by BARC may take another four weeks and initiation of activity by BARC should get started by January 2009.

The Authority further recommends that if BARC fails to meet with the objectives or is found deficient in its functioning, the Government shall then consider regulation of rating system through TRAI by way of legislative enactment or any other institutional framework.

In view of the significant influence exercised by content on the society, the Authority strongly recommends that regulation of content should also be transferred to TRAI.

5.2 Eligibility criteria for registration of rating agencies.

Recommendation

With the setting up of BARC, the Authority considers that there is no need for registration of rating agencies with the Government. The RFP inviting bids for getting the rating work done shall, however, be finalized by BARC after duly considering the eligibility conditions and performance obligations as provided by the Ministry of Information and Broadcasting from time to time. The indicative guidelines /standards are attached as Annexure III. The key features of the eligibility conditions, general, operational & ethical and disclosure standards are given below:

Essential eligibility conditions for rating agencies

1. The Rating Agency is set up and registered as a company under the Companies Act, 1956.
2. The Rating Agency has, in its Memorandum of Association, specified rating activity as one of its main objects.
3. The Rating Agency has, in its employment, persons having adequate professional and other relevant experience.
4. No single company/ legal person, either directly or through its associates, shall have substantial equity holding in more than one Rating agency. 'Substantial equity' herein will mean equity of 10% or more'.
5. A promoter company/ Legal person/ Directors of rating agency cannot have stakes in Broadcaster, Advertiser and Advertising agency either directly or through its associates. Similarly, a Broadcaster, Advertiser or Advertising agency shall also not have any stake in rating agencies.

General Standards

6. A rating agency shall, wherever necessary, disclose to the clients, possible sources of conflict of duties and interests, which could impair its ability to make fair, objective and unbiased ratings.
7. A rating agency or any of its employees shall not render directly or indirectly any advertisement / advertisement related advice about any channel/channel related programme in the publicly accessible media.

Operational and Ethical Standards

8. Appropriate quality control procedures shall be maintained with respect to all external and internal operations which may reason ably be assumed to exert significant effects on the final results.
9. Rating has to be technology neutral. Viewership shall be assessed and rating given irrespective of the source of the viewing platform viz. cable TV, DTH, IP TV etc... The Measurement devices must be able to operate on every platform.

10. The anonymity of all personnel in any way concerned with sample respondents or households shall be preserved.
11. All weighting or data adjustment procedures utilized by a rating agency in the process of converting basic raw data to rating reports shall be based on systematic, logical procedures, consistently applied by the rating agency and defensible by empirical analysis.

Disclosure Standards

12. Each report shall include statements calling attention to all omissions, errors and biases known to the rating service which may exert a significant effect on the findings shown in the report.
13. Each rating report shall point out changes in or deviations from, the standard operating procedures of the rating service which may exert a significant effect on the reported results. This notification shall indicate the estimated magnitude of the effect.
14. Each rating report shall contain standard error data relevant to the audience estimates contained therein. Such data shall be presented whether or not effective sample sizes are shown. The method used to develop standard error estimates as well as the formulas used to compute the standard errors shall be fully disclosed.
15. The rating agency besides publishing the methodology/process in detail shall also publish the comments/viewpoints of the users of the rating data on their website.

5.3 The minimum sample size, and minimum coverage required a) over different platforms, b) rural and urban, c) All states including North-East and J&K, d) Prasar Bharti channels;

The Authority recommends that the sample should be determined in such a manner so as to cover different platforms, including terrestrial/ Prasar Bharati channels, cable and satellite platforms, rural and urban areas, and all the states. The sample should be regularly updated so as to reflect the developments taking place in the delivery platforms, growth in viewership etc.

The Authority further recommends that the sample size shall be decided by the Technical Committee of BARC.

The Technical Committee should have as members, one nominee each from the Ministry of Statistics and Programme Implementation, NCAER and Indian Statistical Institute, Kolkata in addition to the members nominated in the Technical Committee by the Industry Associations.

To bring in transparency, the Authority recommends that BARC should disclose on their website the methodology of sample selection, the sample size, the frequency of the audience panel rotation and margin of statistically acceptable error.

The Authority further recommends that while keeping the above-mentioned recommendation for determination of panel size, the following may also be taken into account by BARC:

Removal of demographic disproportionality. The design of the panel should be in proportion to the urban rural spread of TV Households.

Improved geographic representation in proportion to the TV viewing population.

The recruited panel should inter alia be representative of age, social class, sex, working status, life stage, and number of people in the household.

A detailed weighting scheme to introduce a greater level of representativeness of the reporting sample.

The establishment survey must provide robust estimates, particularly by platform.

5.4 Type of equipment to be used to address the different delivery platforms and Whether technology adopted should be real time system for generation of reports;

Recommendation

The Authority recommends use of technology capable of capturing data over different platforms and constant up-gradations of the technology would be required in the measurement devices. Where electronic meters are used, the system should be capable of providing overnight ratings through unobtrusive means. Diaries, interviews, people meters may have to co-exist in order to address the special needs of specific areas and to augment the sample size. Periodicity of reporting should however be left to BARC to decide.

5.5 Restrictions on crossholding / interests between the Rating Agencies and their clients.

Recommendation

The Authority recommends that there should be no cross holding between the rating agencies and the Broadcasters, Advertisers and the Advertising agencies. This cross-holding restriction is also applicable in respect of individual promoters besides its applicability to legal entities. The

Ownership pattern of the ratings agency, including foreign investment / Joint Venture / Associates in the Agency should be reported to the Government on an annual basis and changes, if any should be reported immediately.

5.6 Safeguards to ensure secrecy of sampled families

Recommendation

The Authority recommends that BARC and the rating agencies should have proper systems in place to safeguard the secrecy of the sampled panel homes. The systems should be subjected to independent audits and the auditors should state in their report that proper mechanisms and procedures exist to ensure the secrecy of the sample homes. The aspect of secrecy should be specifically mentioned in the RFP floated by BARC. The Authority further recommends that at least one fifth of the sample homes should be rotated every year.

5.7 Standards / norms to be followed by the rating agency

Recommendation

The Authority recommends that while following the best practices, minimum standards/norms relating to operations, governance, crossholdings and ethics be followed by the rating agencies as issued by BARC from time to time. Indicative standards / norms are at Annexure III.

5.8 Mandatory audits of rating agencies, qualification of auditor, scope of such audit and reporting.

Recommendation

The Authority recommends that:

- There should be comprehensive mandatory audit of the rating system carried out by independent qualified auditing firms having experience of TV ratings audit.
- The Audit team should comprise of technical experts, statistician, media expert, chartered accountant and legal professional.
- The audit should be conducted at least once in three years. A copy of the Audit report should be submitted to the Government.

5.9 Competition in rating services

Recommendation

The Authority recommends that BARC will follow an open, transparent and competitive bidding process for each stage of the activity in the rating process [(refer para 4.2.3.3 (II)].

5.10 Other suggestions for making ratings more representative, transparent and reliable including .

- FDI related issues
- Net-worth of the Rating Agency
- Responsibility of Agencies to educate listeners and viewers of the methodology adopted

Recommendation

The Authority makes the following recommendations:

- Government shall make efforts to ensure that the concerned agencies are adequately sensitized to make available data relating to Census at reasonable cost.
- No limits on FDI / Net-worth requirement are suggested for rating agencies as registration for rating agencies is not recommended.
- BARC and the rating agencies should invest in programs to educate the general public about the work of audience measurement at regular intervals in various parts of the country and through detailed information available on their websites.
- With the emergence of digital platforms, every programme of a channel and advertisement delivered to a set-top box gets logged. Therefore, capturing of data by using addressability features of CAS, DTH, IPTV etc. would enhance the results of the rating system.
- The industry should invest in research for upgrading the set top boxes so as to make them compatible for audience measurement.
- Government should examine making digital watermarks mandatory for channels.

संलग्नक-3

Measurement companies

- The **Kantar Media** network (including **TNS**) currently measures TV, radio, and internet audiences in over 40 countries.
- AGB **Nielsen Media Research** currently measures TV audiences in 27 countries globally using people meter technology in more than 58,000 homes.
- In **Australia, television** ratings are collected by three main organizations. **OzTAM** serves **metropolitan areas**, Regional TAM serves regional areas serviced by three commercial networks, and **Nielsen Media Research Australia** handles for regional areas serviced by two commercial networks. Ratings are collected over 40 weeks of the year, with a two-week break over **Easter** and 10 weeks over summer.
- In **Argentina**, radio and **television** measurement is done by Ibope and Infortecnica.
- In **Belgium** the measurement is done by GfK Audimetrie and MediaXim at the request of Centrum voor Informatie over de Media (CIM).
- In **Bosnia and Herzegovina, Mareco Index Bosnia** is the provider of TAM ratings (TV Meters). This company also provides Radio & Print Measurement data (Diary).
- In **Brazil, IBOPE** provides measurement services for TV.
- The provider of **Bulgarian** TAM ratings is **Taylor Nelson Sofres** TV PLAN; this company uses TV meters.
- In **Canada, BBM Canada** measures both TV and radio while its subsidiary BBM Analytics is one of several companies that provide software for analyzing the data.
- In **Colombia, television** measurement is done by **IBOPE** and **Nielsen.**

In Radio, measurements are handled by ECAR

- Finnpanel measures both radio and TV in **Finland.**
- In **Czech Republic**, television ratings are collected by Mediaresearch.
- In **Denmark, radio** measurement is handled by **TNS Gallup**.
- In **France, radio** and **television** measurement is handled by **Médiamétrie.**
- In **Germany** TV audience measurement is done by **Gesellschaft für Konsumforschung** (known as GfK).
- In **India, television ratings** are collected by - **TAM Media Research**
- In **Japan** Video Research handles **radio** and **television** measurement.
- In **Kazakhstan, TV** measurement is handled by **TNS.**
- In **Lithuania, TV** and **radio** measurements are handled by **TNS Gallup.**
- In the **Netherlands** the measurement is done by Intomart GfK and MediaXim at the request of Stichting KijkOnderzoek (SKO).
- In the **Philippines, TV** measurement is handled by **AGB Nielsen Media Research Philippines** and **TNS Philippines/Kantar Media.** AGB Nielsen Philippines monitors its ratings in Mega Manila while TNS Philippines/Kantar Media monitors its ratings in the whole Philippines including Mega Manila.
- In **Pakistan** TV audience measurement is done by Gallup BRB & Medialogic Pakistan.
- In **Portugal** TV, Radio, Press and Internet audience measurement are done by Marktest.
- In **Poland** TV audience measurement is done by Nielsen Audience Measurement.
- In **Russia** TV, Radio, Press and Internet measurements are handled by TNS Gallup, OOH is measured by ESPAR Analytics in cooperation with **TNS Gallup**.
- In **Slovakia** TV audience measurement is done by TNS.
- In **Spain**, digital signage audience measurement is done by aiTech. **radio** and **television** measurement is done by Infortecnica.
- In **Sweden** TV audience measurement is done by MMS. Mediamätning i Skandinavien.
- In **Turkey**, TV measurement is done by **AGB Nielsen**, radio by **IPSOS-KMG.**

- In the UK, **television** measurement is handled by the **Broadcasters' Audience Research Board** via a metered panel and radio by **RAJAR,** using a **diary** system. The NRS (National Readership Survey) measures **newspaper** and **magazine** readership.
- In the **United States,** TV measurement is done by **Nielsen Media Research**, radio by **Arbitron**, and digital signage by TruMedia and **CognoVision.**
- In the US, **Stratacache** uses audience measurement technology to build reports for digital signage.
- In Vietnam, TV measurement is done by **Kantar Media** in 6 main cities.

संलग्नक-4

Telecom Regulatory Authority of India

(IS/ISO 9001-2008 Certified Organisation)

Recommendations on
Issues Relating to Media Ownership
New Delhi: August 12, 2014
Mahanagar Doorsanchar Bhawan
Jawaharlal Nehru Marg
New Delhi- 110 002
www.trai.gov.in

Chapter 2 - Defining Ownership and Control

2.1 Concentration of control has a negative impact on media diversity and plurality. Identification of who controls a media outlet is the first step in documenting plurality. There may be thousands of newspapers and hundreds of news channels in the news media market, but if they are all "controlled" by only a handful of entities, then there is insufficient plurality of news and views presented to the people. Thus, it is essential to know the actual number of independent voices in the market to determine the extent of plurality. Also, there are numerous ways by which "control" can be exercised over a media outlet. Therefore, it is imperative to clearly define what constitutes or can amount to ownership and/or control of a media owning entity.

2.2 Shielding the media that forms public opinion from government interference and control as well as from the control of political parties and business entities is critical for the proper functioning of a democracy. However, the media can do harm if it propagates biased information. The plurality of views and opinions must be ensured and the factual integrity of information must be protected. This is why one has to clearly identify - who owns a media outlet and who in effect controls its output?

2.3 To obtain views on ownership/ control over media, the CP discussed the need for regulating ownership of media outlets. Apart from citing the cap of 20% of the equity, recommended by the Authority with regard to vertical integration in a media segment11, the CP also noted that in the telecom sector the license agreement for Unified Access Services (UASL) defines 'substantial equity' as equity of 10% or more. Though the definition of ownership and control have largely been based on equity holding, the CP discussed the possibility of control being exercised in terms of influence over the way in which the company is run such as for example by control over the number of directors represented on the board of the company. The CP raised two specific questions - if the ownership/control of the media outlet could be measured in terms of equity holding and, what would be an appropriate threshold to impose restrictions. The stakeholders were also asked to suggest other measures of control/ownership that could be used to measure control/ownership over a media outlet.

2.4 Most stakeholders argued that "control" as defined in the Competition Act (2002) is adequate for the purpose and is applicable to all industries; therefore, there is no need for a separate definition of control for the media industry. Some other stakeholders have suggested different percentages to determine the threshold equity level, like 10%, 15% etc. as alternatives to the 20% cap proposed in the CP, but none of these stakeholders have provided the justification or the analysis used to arrive at the numbers. A few stakeholders cautioned about the insufficiency of the equity criterion as there are numerous other ways by which an entity can exercise control over another. These include the possibility of entities investing in companies indirectly through sister concerns or subsidiaries; undisclosed contracts or agreements that bind the parties involved to obligations not mentioned in the official agreements; direct or indirect loans to media companies and accompanying agreements which provide for conversion of loans not repaid into equity - all of these could lead to control that can profoundly influence content broadcast or published. Hence, identifying and defining who has control over the medium through which content is broadcast or published is crucial, especially in cases where these are not the majority shareholders. Stakeholders have also suggested ways in which these aspects can be incorporated in the definition of control - disclosure of information regarding all layers of equity holding in order to trace indirect ownership, disclosure of all agreements signed by media companies, details of loans received and advanced by media companies and agreements signed.

2.5 There is a clear distinction between the terms 'ownership' and 'control'. Ownership implies a pure economic interest in the form of equity or shareholding in a company. Control implies the ability to influence decision-making in the company, which is of greater significance in the media context, as those who exercise control over management and operations of the company could also control content. As ownership of equity beyond a threshold level can contribute to control and influence over content, the ownership clause is subsumed in the definition of control. Control of a media company can be acquired through capital ownership
either directly or indirectly through associates, subsidiaries or relatives of the entity (the definition of an entity is provided in the CP).

International Practices

2.6 That control over media outlets can impact the news and views carried by a media
outlet is an international phenomenon is clearly brought out in the 1st Report (2007-08) of the Select Committee on Communication (House of Lords) UK.[12] As has also been cited in the CP, this Report identifies four methods by which ownership can
impact news output: (i) direct intervention by an owner; (ii) indirect influence of an owner through the appointment of an editor who shares his view; (iii) the influence of the business approaches that an owner can take; and (iv) different approaches to journalism. Most democratic countries with a free and vibrant media have adopted comprehensive definitions for ownership/ control in their media ownership regulations. South Africa makes a distinction between ownership interest and control interests. While a shareholding of more than 5% will be deemed to be ownership interest, "control" is considered to be a much broader concept and as compared to ownership, can be exercised in many ways other than just by equity holding. In the UK, in addition to voting rights and other direct methods of ownership/ control, more subtle methods to influence news content and plurality of views while avoiding any direct/indirect control over media outlets is also covered. In Australia, the emphasis is on control over content generation as the main criterion for investigating and determining control over media

12. The Ownership of the News: Volume I: Report (HL Paper 122-I)10

outlets. While the threshold equity level for determining control over a media enterprise in Australia is 15%, in addition to equity ownership, lenders and loans as a means for backdoor control are also considered. While this is not a comprehensive round-up of the global position, the purpose here is to highlight that equity holding; loans; agreements; power to appoint directors; de facto control over content creation et al go into identifying ownership and control over media.

Domestic Position

2.7 As has been extensively discussed in the CP, the issue of de jure and de facto control of corporate entities has implications beyond the media sphere. Both the Competition Act 2002 and the Companies Act 2013 contain definitions/ provisions on ownership and control of corporate entities for various purposes such as in cases of mergers and acquisitions, investments; market dominance; etc. Control is deemed to be exercised through equity ownership, appointment of directors, shareholding and loan agreements. In addition, recognising the possibility of de facto control of a business entity through debt instruments, the definition for 'associate enterprises' has been extended in the Income Tax Act 1961. Clause 2 (c) of Section 92A in Chapter X of the Income Tax Act 1961 provides that "Two enterprises shall be deemed to be associated enterprises if a loan advanced by one enterprise to the other enterprise constitutes not less than 51% of the book value of the total assets of the other enterprise."

2.8 It may be noted that in addition to definitions provided in various laws, the Orders of the Competition Commission of India (CCI) also provide meaningful guidance on the determination of control for our purposes (see Box 1).

Box 1 - Orders of CCI on 'Control'

1. In the case of the Business Partnership Agreement signed between Century Tokyo Leasing Corporation ('CTLC') and the Leasing Division of Tata Capital Financial Services Limited (TCFSL) the CCI declared the Leasing Division to be under joint control of both parties via acquisition of joint managerial rights, despite absence of acquisition of shares, voting rights or assets, i.e. control could result from mutual agreements between entities; it also listed the functions, control over which could be considered as control over management

and affairs of the company. **(Combination Registration No C-2012/09/78 Order dtd 04 Oct.2012**

2. In the case of Independent Media Trust (IMT), which is controlled by Reliance Industries Limited, when it subscribed to Zero Coupon Optionally Convertible Debentures (ZOCDs) of six companies promoted and owned by Mr. Raghav Bahl, who also controls Network18 with a 40% shareholding which was proposed to be transferred to the six companies (the ZOCDs also had the option of being converted to equity with voting rights anytime within ten years from the date of subscription), the CCI concluded that these provisions bestowed IMT, and in turn RIL, with the ability to exercise decisive influence over the management and affairs of each of the target companies and thus the same would amount to control. Thus, not only the provision for conversion of options into equity but the very act of acquisition of an option is concluded to confer de facto control on the acquirer. **(Combination Registration No C-2012/03/47 Order dtd 28 May 2012)**

2.9 In view of the sensitivity surrounding the diversity of news and views in a democracy, it is important to frame rules to include all possible mechanisms by which an entity can influence a media outlet. For this, we may have to go beyond the definition of control in the Companies Act. Based on stakeholder comments, international practices and the existing Indian laws, a comprehensive definition of control can be arrived at exclusively for the media industry.

2.10 Since the Companies Act 2013 provides the threshold level of equity holding that defines control, it would be appropriate to consider the same as the threshold for defining an entity with significant influence in a media company. Such a shareholding might be directly held in a media company or indirectly through associates, subsidiaries and/or relatives. The definitions for associate, subsidiary and relative may be considered as given in the Companies Act 2013. The definition for associate for media entities may be extended in line with the definition provided in the Income Tax Act 1961, as mentioned in Para 2.7 above, to include control through loan and debt instruments.

2.11 In order to trace indirect equity ownership of a media company through a chain of associates and subsidiaries, the multiplicative rule may be used. For example, an entity which owns, say, 30% equity in Company A, which in turn owns 20% equity in Company B, then the entity's indirect holding in Company B is calculated as 30% * 20%, which is 6%.

2.12 As the primary objective is to enhance plurality of opinions in the media, control should be defined in terms of ability to control the content generated by a media entity. A comprehensive definition of 'control' has been adopted in the Authority's Recommendations on "Monopoly/Market Dominance in Cable TV Services" dated 26.11.2013 and "Recommendations on Issues related to New DTH Licenses" dated 23.07.2014. The same is recommended for adoption in this case.

2.13 **The Authority recommends that the following definition of control should be adopted for all issues concerning media ownership discussed in this paper:**

An entity (E1) is said to 'Control' another entity (E2) and the business decisions thereby taken, if E1, directly or indirectly through associate companies, subsidiaries and/or relatives:

(a) Owns at least twenty per cent of total share capital of E2. In case of indirect shareholding by E1 in E2, the extent of ownership would be calculated using the multiplicative rule. For example, an entity who owns, say, 30% equity in Company A, which in turn owns 20% equity in Company B, then the entity's indirect holding in Company B is calculated as 30% * 20%, which is 6%.; Or

(b) exercises de jure control by means of:

(i) having not less than fifty per cent of voting rights in E2; Or

(ii) appointing more than fifty per cent of the members of the board of directors in E2; or

(iii) controlling the management or affairs through decision-making in strategic affairs of E2 and appointment of key managerial personnel; or

(c) exercises de facto control by means of being a party to agreements, contracts and/or understandings, overtly or covertly drafted, whether legally binding or not, that enable the entity to control the business decisions taken in E2, in ways as mentioned in (b) (i) (ii) and (iii) above. For this purpose:

(i) The definitions of 'associate company', 'subsidiary' and 'relative' are as given in the Companies Act 2013.

(ii) An 'entity' means individuals, group of individuals, companies, firms, trusts, societies and undertakings.

2.14 Stakeholder comments emphasised that indirect control in the media sector for influencing the news content can also be achieved through extending loans to media organisations. Accordingly, the **Authority recommends that the following proviso be added to the definition of control as provided in the 'Recommendations on Issues related to New DTH Licenses' dated 23.07.2014:**

- **"Provided that if E1 advances a loan to E2 that constitutes not less than - [51%] of the book value of the total assets of E2, E1 will be deemed to 'control' E2."**

Summary of Recommendations

Defining Ownership and Control

6.1 The Authority recommends that the following definition of control should be adopted for all issues concerning media ownership discussed in this paper:

An entity (E1) is said to 'Control' another entity (E2) and the business decisions thereby taken, if E1, directly or indirectly through associate companies, subsidiaries and/or relatives:

(a) Owns at least twenty per cent of total share capital of E2. In case of indirect shareholding by E1 in E2, the extent of ownership would be calculated using the multiplicative rule. For example, an entity who owns, say, 30% equity in Company A, which in turn owns 20% equity in Company B, then the entity's indirect holding in Company B is calculated as 30% * 20%, which is 6%.; Or

(b) exercises de jure control by means of:

(i) having not less than fifty per cent of voting rights in E2; Or

(ii) appointing more than fifty per cent of the members of the board of directors in E2; or

(iii) controlling the management or affairs through decision-making in strategic affairs of E2 and appointment of key managerial personnel; or

(c) exercises de facto control by means of being a party to agreements, contracts and/or understandings, overtly or covertly drafted, whether legally binding or not, that enable the entity to control the business decisions taken in E2, in ways as mentioned in (b) (i) (ii) and (iii) above.

For this purpose:

(i) The definitions of 'associate company', 'subsidiary' and 'relative' are as given in the Companies Act 2013.

(ii) An 'entity' means individuals, group of individuals, companies, firms, trusts, societies and undertakings.

6.2 The Authority recommends that the following proviso be added to the definition of control as provided in the 'Recommendations on Issues related to New DTH Licenses' dated 23.07.2014:

- "Provided that if E1 advances a loan to E2 that constitutes not less than - [51%] of the book value of the total assets of E2, E1 will be deemed to
'control' E2."

Cross-Media Ownership

6.3 The Authority recommends that the News and Current Affairs genre is of utmost importance and direct relevance to the plurality and diversity of viewpoints and, hence, should be considered as the relevant genre in the product market for formulating cross-media ownership rules.

6.4 The Authority recommends that television and print should be considered as the relevant segments in the product market. For print, only daily newspapers, including business and financial newspapers, should be considered. Once private radio channels are allowed to air news generated on their own and become significant in the relevant market, a review of the cross-media ownership rules should be undertaken.

6.5 The Authority recommends that the relevant geographic market should be defined in terms of the language and the State(s) in which that language is spoken in majority. Thus the twelve relevant geographic markets would be as follows -

(i) Assamese and Assam (meaning, Assamese newspapers read and Assamese television channels watched in Assam, and similarly henceforth);
(ii) Bengali and West Bengal;
(iii) English pan-India.
(iv) Gujarati and Gujarat;
(v) Hindi and Himachal Pradesh, Haryana, Delhi, Uttarakhand, Uttar Pradesh, Rajasthan, Madhya Pradesh, Chhattisgarh, Bihar, Jharkhand (these ten States together should be considered as a single market);
(vi) Kannada and Karnataka;
(vii) Malayalam and Kerala;
(viii) Marathi and Maharashtra;
(ix) Odia and Odisha;
(x) Punjabi and Punjab;
(xi) Tamil and Tamil Nadu;
(xii) Telugu and Andhra Pradesh and Telangana;

In this list, the other languages included in the Eighth Schedule of the Constitution, namely - Bodo, Dogri, Kashmiri, Konkani, Maithili, Manipuri, Nepali, Sanskrit, Santhali, Sindhi and Urdu, to be considered based on the growth of newspaper circulation and television viewership in these languages in the future.

6.6 The Authority recommends that a combination of reach and volume of consumption metrics should be used for computing market shares for the television segment. For the print segment, using only the reach metric is sufficient.

6.7 The Authority also recommends that for calculating market shares, in the relevant market for the television segment, the GRP of a channel* should be compared with the sum of the GRP ratings of all the channels* in the relevant market and the market share of an entity# would be the sum of the market shares of all the channels* controlled by it i.e. :

==> Market share of a channel = $\frac{\text{GRP of the channel*}}{\text{GRP of all channels* in the relevant market}}$

==> Market share of an entity# =? Market share of all channels* controlled by it

(*In the television segment, apart from pure news channels, some regional markets are characterized by the presence of news-cum-entertainment channels, which broadcast news bulletins for only some parts of the day in 30-minute slots, amidst various entertainment programs. The GRP of only the news content aired on these news-cum-entertainment channels is taken into account so that they are comparable, for the purpose of analysis, with the pure news channels.)

6.8 Similarly, in the relevant market for the print segment, the market share of a newspaper would be the circulation of that newspaper compared with the

combined circulation of all newspapers in the relevant market, and the market share of an entity# would the sum of the circulation of all the newspapers controlled by it i.e.:

==> Market share of a newspaper = $\frac{\text{Circulation of the newspaper}}{\text{Circulation of all newspapers in the relevant market}}$

==> Market share of an entity# = ? Market share of all newspapers controlled by it

(# this entity may be a media entity itself, which is operating the television channel(s) and/or daily newspaper(s) in the relevant market or an entity which is controlling many media entities, which in turn are operating the television channel(s) and daily newspaper(s).)

6.9 The Authority recommends that the Herfindahl Hirschman Index (HHI) be adopted to measure concentration in a media segment in a relevant market.

6.10 The Authority recommends that a rule based on HHI be implemented i.e. if the television as well as newspaper markets are concentrated (HHI> 1800 in each), then, an entity contributing more than 1000 to the HHI of the television market, cannot contribute more than 1000 towards HHI in the newspaper market as well, and vice-versa. If it does so, it will have to dilute its control (as defined in paragraph 6.1 & 6.2 above) in one of the two segments. This rule applies only if the HHI thresholds are violated consecutively for two years.

6.11 The Authority recommends that the cross-media ownership rules be reviewed three years after the announcement of the rules by the licensor and once every three years thereafter. The existing entities in the media sector which are in breach of the rules, should be given a maximum period of one year to comply with the rules.

6.12 The Authority recommends that Mergers and Acquisitions (M&A) in the media sector will be permitted only to the extent that the rule based on HHI, as recommended in Para 6.10 above, is not breached.

6.13 The Authority recommends the following list of reporting requirements for this section. These reports are to be made on an annual basis to the licensor and the regulator.

A. Transparency Disclosures (to be placed in public domain)

(i) Shareholding pattern of the entity
(ii) Foreign direct investment pattern of the entity
(iii) Interests, direct and indirect, of the entity in other entities engaged in media sector
(iv) Interests of entities, direct and indirect, having shareholding beyond 5% in the media entity under consideration, in other media entities/companies
(v) Shareholders Agreements, Loan Agreements and any other contract/ agreement
(vi) Details of key executives and Board of Directors of the entity.
(vii) Details of loans made by and to the entity
(viii) For all channels registered as news channels with MIB - Registered language(s) of operation, actual language(s) of operation, time slots for news programs

B. Reports to be submitted to the Licensor and regulator (confidential)

(ix) Subscription and advertisement revenue of the entity/ company

(x) Advertising rates

(xi) Top ten advertisers for each media outlet of the entity

Changes in any of the parameters (i) to (vi) listed above must be reported to the licensor and regulator within thirty days of implementation of the change.

Vertical Integration amongst Media Entities

6.14 Based on an examination of the issues and analysis of the comments received in this exercise, the Authority reiterates its recommendations on vertical integration amongst broadcasters and DPOs as contained in its "Recommendations on Issues related to New DTH Licenses" dated July 23, 2014 and recommends early notification and implementation of the same. For ease of reference these are annexed at the end of these recommendations as Annex-3.

Issues affecting Internal Plurality

6.15 Given that about six years have elapsed without any concrete action being taken by the Government, the Authority strongly recommends that its Recommendations of 12 November 2008 and 28 December 2012 may be implemented forthwith. These Recommendations inter alia specified:

(a) the entities (political bodies, religious bodies, urban, local, panchayati raj, and other publicly funded bodies, and Central and State Government ministries, departments, companies, undertakings, joint ventures, and government-funded entities and affiliates) to be barred from entry into broadcasting and TV channel distribution sectors;

(b) that in case permission to any such organisations have already been granted an appropriate exit route is to be provided;

(c) that the arm's length relationship between Prasar Bharati and the Government be further strengthened and that such measures should ensure functional independence and autonomy of Prasar Bharati ; and

(d) that pending enactment of any new legislation on broadcasting, specified disqualifications for the entities in (a) above from entering into broadcasting and/or TV channel distribution activities should be implemented through executive decision by incorporating the disqualifications into Rules, Regulations and Guidelines as necessary.

6.16 The Authority further recommends that even surrogates of the entities listed in paragraph 6.15 above should be barred from entry into broadcasting and TV channel distribution sectors.

6.17 Given the inherent conflict of interest arising from practices such as "private treaties", the Authority recommends that such practices be immediately proscribed through orders of the PCI or through statutory rules and regulations. This would cover all forms of treaties including (i) advertising in exchange for the equity of the company advertised; (ii) advertising in exchange for favourable coverage/ publicity; (iii) exclusive advertising rights in exchange for favourable coverage.

6.18 The Authority recommends that in "advertorials" (for that matter any content which is paid for), a clear disclaimer should be mandated, to be printed in bold letters, stating that the succeeding content has been paid for. The Authority is absolutely clear that placing such a disclaimer in fine print will not suffice. The Authority recommends that such action on advertorials and other material which is paid for[81] may be taken immediately.

6.19 On "paid news", in addition to the above, it is imperative that liability reposes in both parties to the transaction if it is tried to be passed off as news. For instance, if an MP/ MLA seeks favourable coverage in the media in exchange for payment, then if such coverage was given in the garb of "news", responsibility would be that of both parties, not only of the politician.

6.20 Again, on grounds of the inherent conflict of interest, the Authority recommends that ownership restrictions on corporates entering the media should be seriously considered by the Government and the regulator. This may entail restricting the amount of equity holding/ loans by a corporate in a media company, viz., to comply with provisions relating to control[82].

6.21 The Authority recommends that editorial independence must be ensured through a regulatory framework as described in paragraph 5.73 (iii) above.

6.22 With respect to the "media regulator", the Authority recommends that:

(a) Government should not regulate the media;

(b) There should be a single regulatory authority for TV and print mediums;

(c) The regulatory body should consist of eminent persons from differ-

81. This covers promotional write-ups for a company, write-ups from publicists on individuals and favourable write-ups on politicians in exchange for payment.

82. Here, control would have the same meaning as enunciated in paragraphs 2.13 and 2.14 of these Recommendations.

ent walks of life, including the media. It should be manned predominantly by eminent non-media persons;

(d) The appointments to the regulatory body should be done through a just, fair, transparent and impartial process;

(e) The "media regulator" shall inter alia entertain complaints on "paid news"; "private treaties"; issues related to editorial independence; etc, investigate the complaints and shall have the power to impose and enforce an appropriate regime of penalties.

6.23 The above recommendations, once implemented, will address the immediate objective of curbing unhealthy media practices. The Authority notes that there would still exist the need for a comprehensive evaluation of the legislative and legal framework in order to establish a robust institutional mechanism for the long term. The Authority, therefore, recommends that a Commission, perhaps headed by a retired Supreme Court Judge, be set up to comprehensively examine the various issues relating to the media, including the role and performance of various existing institutions, and the way forward. More than

5 years have elapsed since the Authority released its 'Recommendations on Media Ownership' on 25 February 2009. The situation has become graver. Clear time-lines may, therefore, be indicated to the Commission so appointed.

❑❑❑